3e

ÉTONNANTiss!mes

ÉTONNANTiss!mes

SOLOMON NORTHUP

Douze Ans dans l'esclavage

Traduction
par ANNA SOUILLAC

Présentation, notes et cahier photos
par ANNE PRINCEN

Flammarion

« Étonnantissimes », une série
de la collection « Étonnants Classiques »
ISBN : 978-2-0813-1386-6

La véridique histoire de Solomon Northup, ou comment on devient esclave en Amérique

L'Amérique des désenchantés

La littérature d'outre-Atlantique nous a habitués aux grands déçus du rêve américain. À toutes les époques, la nef des aventuriers du Nouveau Monde a produit son lot de désenchantés. Dans l'Amérique des pionniers, Hester Prynne est mise au ban de leur société puritaine et porte, comme un stigmate, une *Lettre écarlate* [1] pour expier l'adultère qu'elle a commis. Huckleberry Finn [2], ce

1. *La Lettre écarlate* est un roman de Nathaniel Hawthorne (1804-1864), publié en 1850. Il se déroule dans les milieux puritains des premières colonies américaines, au début du XVIIe siècle, et explore les conséquences tragiques d'un adultère entre une jeune femme et un pasteur de la même communauté.
2. *Les Aventures de Huckleberry Finn*, roman de Mark Twain (1835-1910) paru en 1884, relate le vagabondage d'un jeune garçon qui descend le Mississippi en radeau, en compagnie d'un esclave en

chenapan aventurier, fait son apprentissage le long des rives du Mississippi, loin des adultes dépravés qui le pourchassent. Cinquante ans plus tard, les fermiers déshérités des *Raisins de la colère* [1] de John Steinbeck migrent vers l'Ouest californien, où ils ne trouvent que salaires de misère et briseurs de grève.

Toutefois, parmi ces créatures de fiction, pas une ne subit un revers de fortune aussi spectaculaire que Solomon Northup. Preuve, s'il en fallait une, que la réalité n'a rien à envier à la littérature quand il s'agit de faire tourner la roue de la destinée. Car Solomon Northup a réellement existé. Né libre en 1808 à Minerva, ce citoyen noir américain commence son existence sous les meilleurs auspices. Son père Mintus, esclave affranchi par son maître, a doté ses enfants d'une solide éducation et leur a transmis les valeurs de la foi chrétienne. Heureux père de famille, agriculteur et charpentier de profession, Solomon Northup est appelé, semble-t-il, à devenir un artisan prospère, maître de sa destinée, de l'espèce triomphante de ceux que chérit la mythologie américaine. Il se lance à la poursuite du bonheur, se promettant de goûter aux fruits de la vie et de

---

fuite. Au gré de leurs aventures, le héros fait l'apprentissage des vices de la société américaine et se forge une morale personnelle.

1. Roman de John Steinbeck (1902-1968), paru en 1939, qui se déroule pendant la période de marasme économique qu'on a appelée la Grande Dépression (du krach de 1929 à la Seconde Guerre mondiale).

la liberté [1], quand, à l'âge de trente-trois ans, son destin bascule brutalement dans l'esclavage.

Au cœur de « l'institution particulière [2] »

Kidnappé, drogué et séquestré à Washington, il est jeté dans les fers et revendu à un trafiquant d'esclaves. Après un bref séjour dans la capitale, au cours duquel on lui fait passer l'envie de revendiquer sa liberté, il embarque avec d'autres esclaves à destination de La Nouvelle-Orléans. Débute alors une série d'aventures à faire pâlir d'envie les plus grands imaginaires picaresques : emprisonnement dans des nègreries, projet de mutinerie, épidémie de variole, tentative de meurtre sur la personne d'un maître tyrannique et alcoolique, fuite dans les marécages de la Louisiane et, enfin, point d'orgue de ces tribulations d'esclave, une libération miraculeuse favorisée par la rencontre d'un homme providentiel. Quelques mois plus tard, avec la collaboration de l'écrivain David Wilson, il rédige le récit de sa captivité, *Douze Ans dans l'esclavage*. De ce jour, devenu un militant abolitionniste, Solomon Northup consacre sa

1. « Life, liberty and pursuit of happiness » sont les droits inaliénables du citoyen américain inscrits dans la Constitution de l'Union dès 1776.
2. Cet euphémisme désigne l'esclavage. Il aurait été inventé par Thomas Jefferson (1743-1809), troisième président des États-Unis.

vie à donner des conférences sur ce thème et à favoriser la fuite d'esclaves [1].

Pour parfaire ce destin extraordinaire, l'homme disparaît mystérieusement quelques années à peine après sa libération [2], sans qu'on sache s'il a été victime d'un enlèvement politique, s'il est devenu un vagabond ou s'il est mort de cause naturelle.

Revenons à son témoignage : douze ans de captivité au cœur de la machine esclavagiste du Sud, dans les plantations de coton et de canne à sucre. À l'occasion du portrait de ses compagnons d'infortune – Eliza, la mère de famille, Patsey, la jeune et gracieuse esclave, ou le débonnaire Wiley –, les plus abjectes réalités de l'esclavage sont révélées. Le lecteur découvre des familles déchirées, l'exploitation sexuelle des esclaves par des maîtres pervers, ou encore la surenchère infernale des châtiments infligés aux fugitifs. Rare contrepoids à cette matière désolante, les scènes collectives telles que la trêve de Noël offrent quelques trouées de lumière dans un sombre continuum de travaux et de peines. Chronique attentive de la vie de l'esclave, le texte évoque avec le même scrupule les détails de la culture du coton, la cruauté du pilori où se succèdent

1. Il aurait travaillé pour une organisation abolitionniste clandestine, The Underground Railroad, qui aidait les esclaves fugitifs à s'extrader au Canada grâce au réseau naissant de chemins de fer.
2. Aucune trace de lui n'est attestée dans le grand recensement de la population américaine effectué en 1860.

les lynchages, et la liesse du bal. Telle est la force de ce récit qui mêle le drame personnel à la clarté documentaire du témoignage.

Terre d'esclaves

L'histoire de Solomon renverse le paradigme des glorieux héros de l'Amérique. Loin de l'esprit de conquête individuelle qui fonde la mythologie de l'Oncle Sam, elle nous plonge dans l'enfer inhumain du travail forcé. Odyssée de l'impuissance, *Douze Ans dans l'esclavage* est le négatif des récits fondateurs qui célèbrent le triomphe personnel. Mais ce renversement est aussi le gage de la portée du témoignage : parce qu'il est un citoyen lambda, parfaitement libre et intègre, Solomon incarne mieux qu'un autre le scandale de la condition d'esclave. Avec un tel personnage, l'identification marche à plein : chacun se projette dans le destin de ce père de famille ordinaire qui disparaît un jour dans l'ombre d'une nègrerie.

Toutefois, comme les grandes épopées du continent américain, ce témoignage s'ancre dans l'expérience du territoire et de la frontière. Si tant de héros ont misé leur salut sur la conquête de l'Ouest, Solomon, lui, est un pionnier d'un nouveau genre, que ses pérégrinations involontaires mènent du Nord au Sud. Nouvelle rose des vents, nouvel axe de l'identité américaine… On l'oublie quelquefois, les promesses du Far West, sources de l'imaginaire national, sont contemporaines de la barbarie esclavagiste des États du Sud. Pratiqué depuis la conquête du

Nouveau Monde, l'esclavage est la clef de voûte de l'économie agraire de ces *slave States* (par opposition aux *free States* du Nord, qui ont aboli l'esclavage). Les propriétaires terriens des grandes plantations ont réussi à le maintenir dans la Déclaration d'indépendance en 1776 [1] et obtenu de la Constitution de l'Union qu'elle ne décrète pas l'égalité civique entre Blancs et Noirs. Liée au développement de la culture du coton, la possession d'une main-d'œuvre bon marché et exploitable à discrétion est garante de la prospérité économique des États du Sud. Aussi, lorsque l'abolitionniste Abraham Lincoln est élu président, ceux-ci se séparent du reste de l'Union, ce qui entraînera la guerre de Sécession, de 1861 à 1865. Il faudra attendre la fin de la guerre et la victoire du Nord pour que l'abolitionnisme l'emporte.

Entre liberté et propriété : l'irréductible clivage entre le Nord et le Sud

Entre ces deux dates, le pays est écartelé entre une conscience humaniste et la défense des droits de la propriété, dont les esclaves noirs sont l'objet. Et c'est précisément de cette disparité territoriale, morale et politique que témoigne admirablement le récit autobiographique de Solomon. Citoyen justiciable au Nord,

1. Les slogans adoptés par les citoyens du Sud (« Pas de commerce d'esclaves, pas d'Union ! ») sont la preuve de ce militantisme économique et politique. Pour les grandes étapes de l'histoire de l'esclavage aux États-Unis, voir p. 347.

marchandise et rouage d'un système capitaliste au Sud, l'homme de couleur subit des destins contrastés sur le territoire du même pays. Le chapelet des villes de plus en plus méridionales – Washington, Richmond, La Nouvelle-Orléans, Alexandria – qui éloignent Solomon de sa terre natale sont aussi les étapes d'un voyage qui le relègue loin du progrès social et des lumières de la civilisation. En les franchissant, il perd tout espoir de redevenir libre.

Les lois successives du *Fugitive Slave Act*, votées par le Congrès en 1793 et en 1850, sont le reflet de cette scission du territoire. Ces lois stipulent qu'un esclave évadé doit être considéré comme fugitif sur tout le territoire des États-Unis, y compris dans les États qui ont aboli l'esclavage. Elles enjoignent aux agents de la force publique d'arrêter les esclaves présumés en fuite, sous peine d'une amende pouvant aller jusqu'à 1 000 dollars. Toute aide apportée à un fuyard est passible de poursuites. Mais ce durcissement punitif développe des effets pervers : les *slave catchers*, ou « chasseurs d'esclaves », se multiplient sur tout le territoire, quitte à inventer de toutes pièces de « faux évadés ». Quand ces chasseurs de prime d'un nouveau genre ne trouvent pas de proie, ils capturent des hommes libres pour les revendre comme esclaves. C'est ce type d'énergumènes que Solomon croise sur sa route un jour de mars 1841, au détour d'une rue de Saratoga. Son enlèvement est l'histoire d'une identité qui se perd dans l'immensité d'un territoire hostile ; c'est aussi celle d'une nation balbutiante, dont les divergences morales et juridiques incitent à la pire des contrebandes.

Le péché de fiction

Indignée par le vote du *Fugitive Slave Act* et la surenchère de trafic humain qu'il entraîne, une femme originaire d'un « État libre » – le Connecticut –, Harriet Beecher-Stowe (1811-1896), fait paraître un roman sur ce sujet. *La Case de l'oncle Tom* est d'abord publiée en feuilleton en 1850, puis en un volume unique deux ans plus tard. Ce livre, tiré à plus de 300 000 exemplaires et appelé à une incroyable postérité, a joué un rôle de premier ordre dans la victoire de l'abolitionnisme sur les partisans de l'esclavage. Il fait toute la lumière sur l'iniquité d'un système où les propriétaires bienveillants sont l'exception et les brutes cyniques et corrompues la norme. Le couple formé par l'esclave martyr, Tom, le héros du roman, et son bourreau de maître, Simon Legree, sert à dénoncer l'extrême vulnérabilité de la condition d'esclave et l'incompatibilité d'un tel commerce avec les valeurs de charité chrétienne.

Mais *La Case de l'oncle Tom* a les défauts de la littérature feuilletonesque : le livre recourt abusivement au pathétique du mélodrame et son intrigue pèche par invraisemblance. Dès lors, pris dans la bataille idéologique qui divise toute une nation, le roman est la victime de l'éternel procès de la fiction et de la réalité et devient la cible d'attaques politiques. Les esclavagistes en soulignent les exagérations, crient à la propagande et à la diffamation ; ils prétendent que l'esclavage est un système patriarcal et mutualiste, où les intérêts de chacun sont préservés. À quoi les partisans de la cause abolitionniste répliquent par une collecte de récits authentiques d'esclaves, qui dressent le tableau d'une exploitation inhumaine et avilissante. Fleurissent ainsi, dans les années 1840-1850, les *slave narratives*, ou « récits d'esclaves », fruits de la collaboration d'esclaves et d'éditeurs. Plus d'une centaine d'ouvrages sont publiés entre 1750 et 1865, dont ceux, célèbres, de Frederick Douglass (*La Vie de Frederick Douglass, esclave américain, écrite par lui-même*) et de Harriet Jacobs (*Incidents de la vie d'une esclave, écrits par elle-même*).

Harriet Beecher-Stowe elle-même entreprend, un an après son roman, la rédaction d'*A Key to Uncle Tom's Cabin* (*Une clé de la Case de l'oncle Tom*), ouvrage qui vise à recenser des faits authentiques pour corroborer son œuvre de fiction. L'aventure de Solomon Northup y est d'ailleurs mentionnée dans le chapitre consacré aux cas de kidnapping.

Le nègre avait-il un nègre ?

C'est dans ce contexte polémique que paraît *Douze Ans dans l'esclavage*, en 1853. Il se présente comme une nouvelle pièce à conviction à verser au dossier des sources attestant l'iniquité de l'esclavage. Il est dédicacé à Harriet Beecher-Stowe, mais il rend hommage à la militante abolitionniste plus qu'à la romancière. Les lieux, les dates, les noms des intermédiaires rencontrés, tous les indices attestant la véracité du récit, ressassés à l'envi par le narrateur, traduisent cette quête de crédibilité. C'est aussi dans ce dessein que l'ouvrage rompt avec le manichéisme qui prête systématiquement au propriétaire d'esclaves les traits d'une brute. Le témoignage de Solomon fait se succéder des maîtres profondément humains, doués de clémence, et des planteurs viciés par le plus impitoyable des sadismes. Le pacte de lecture initial formule très précisément ce positionnement : il s'agit de faire « un exposé sincère et fidèle, de raconter l'histoire de [sa] vie, sans exagération, laissant aux autres le soin de décider ce qui, de la fiction ou de la réalité, donne l'image de l'injustice la plus cruelle ou de l'aliénation la plus sévère ». La recette est couronnée de succès et, en moins de deux ans, plus de 30 000 exemplaires sont écoulés, tandis que la presse suit avec intérêt les efforts de Solomon Northup pour assigner ses ravisseurs en justice.

Mais la postérité jette un œil plus critique sur la caution de l'ouvrage. On soupçonne ces Mémoires d'avoir été entièrement rédigées par David Wilson, le juriste et apprenti poète qui a signé la préface et supervisé l'édition. L'abondance des références littéraires qui émaillent le texte – citations de William Shakespeare, de Robert Burns, de William Wordsworth, d'Alfred Tennyson [1] – étayent ce soupçon. Solomon a bénéficié d'une éducation raffinée, comme le prouve sa biographie, mais on veut croire ces ornementations poétiques plutôt redevables à un Blanc lettré qu'à un artisan noir. L'ouvrage connaît

1. Poètes britanniques, respectivement du XVIe, du XVIIe, du XVIIIe et du XIXe siècle.

alors une longue période d'oubli ; on lui préfère les témoignages jugés authentiques, d'un style plus accompli, de Frederick Douglass et de Harriet Jacobs. À elle seule, l'histoire de la réception de *Douze Ans dans l'esclavage* illustre le cheminement complexe que la traite puis l'esclavage noir a suivi dans nos consciences. Non content d'avoir entravé des générations d'hommes et de femmes, ce sont leurs témoignages, ensuite, qu'on a cherché à bâillonner. Rappelons en effet qu'à leur publication on a dénié toute authenticité aux témoignages de Douglass et de Harriet Jacobs, au prétexte qu'ils étaient trop littéraires !

Les voies tortueuses du devoir de mémoire

Si Solomon Northup n'a pas réellement signé le récit de *Douze Ans dans l'esclavage*, il en a vécu le calvaire. À ce sujet, nul doute ne persiste. Les innombrables preuves qu'il apporte de son périple, de ses changements d'identité et de ses transferts de propriété lèvent tout soupçon de mystification. Même les brusques embardées de l'intrigue, ses piétinements, la résistance obstinée des faits attestent la vérité de l'œuvre. Quel écrivain de fiction aurait osé imaginer un projet de mutinerie, élaboré avec soin, et qui tourne court à la première occasion ? Une lettre écrite et envoyée au péril de sa vie, qui se perd dans les dédales de la narration et reste aussi impunie qu'inefficace ? Une évasion dans des marécages qui aboutit tout bonnement à un retour à la case départ ? Une seconde lettre enfin, qui, contre toute attente, parvient à ses destinataires et qui, comme par miracle, suffit à actionner la mécanique légale des droits de l'individu ? Jusque dans son dénouement, les retrouvailles du providentiel Henry B. Northup et de Solomon sous le nom de « Platt » ne tiennent qu'à un fil, qu'un écrivain fabriquant une histoire n'aurait sans doute pas osé dévider…

Interdire à l'esclave d'accéder au livre pendant le temps de son oppression, puis lui refuser toute reconnaissance en tant qu'auteur après sa libération, c'est museler doublement le captif. Laissons aux historiens et aux biographes érudits le soin de critiquer l'autorité problématique du texte. Contentons-nous de prêter l'oreille au cri d'indignation sincère qu'une victime adresse aux témoins de son temps et de toujours. Apocryphe ou non, de première ou de seconde main, *Douze Ans dans l'esclavage* nous offre un inégalable témoignage sur le système esclavagiste du Sud des États-Unis et nous invite à accomplir un devoir de mémoire qui vient tout juste de conquérir son droit à la vérité.

Périple de NORTHUP,
de l'État de New York à la Louisiane

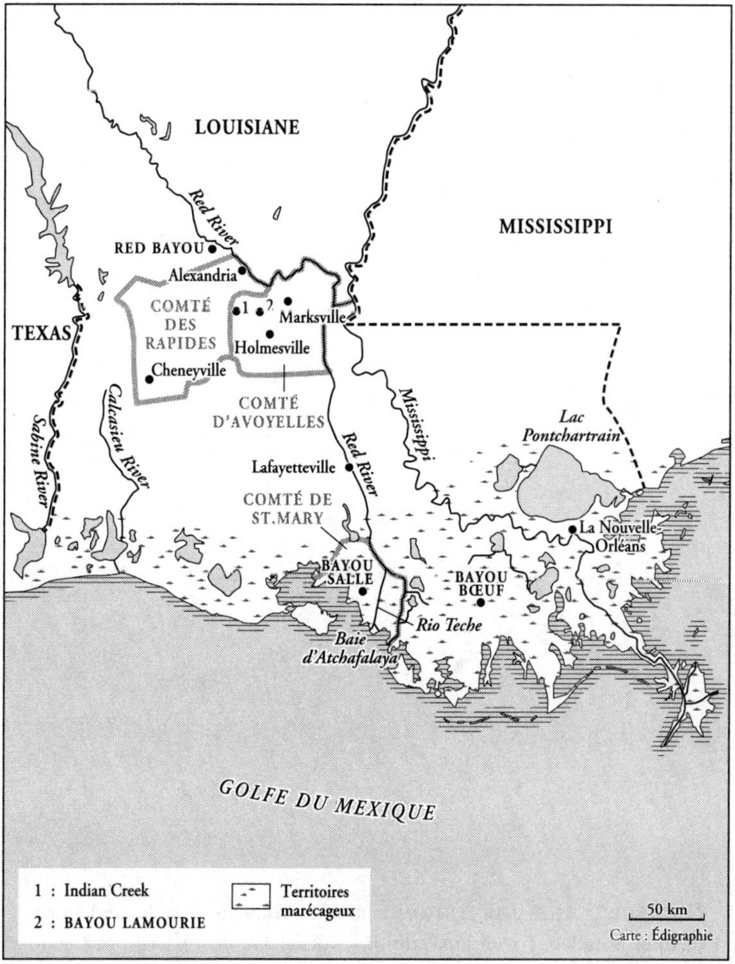
LOUISIANE
MISSISSIPPI
TEXAS
Red River
RED BAYOU
Alexandria
COMTÉ DES RAPIDES
1
2
Marksville
Holmesville
Cheneyville
COMTÉ D'AVOYELLES
Mississippi
Lac Pontchartrain
Calcasieu River
Sabine River
Red River
Lafayetteville
COMTÉ DE ST.MARY
La Nouvelle-Orléans
BAYOU SALLE
BAYOU BŒUF
Rio Teche
Baie d'Atchafalaya
GOLFE DU MEXIQUE
1 : Indian Creek
2 : BAYOU LAMOURIE
Territoires marécageux
50 km
Carte : Édigraphie

LOUISIANE

NOTE SUR LA PRÉSENTE ÉDITION : nous reproduisons ici la traduction d'Anna Souillac, parue aux éditions Michel Lafon, révisée pour cette édition avec l'autorisation et la collaboration de la traductrice. Les notes de la traductrice sont suivies de la mention « NdT ».

Douze Ans dans l'esclavage

« C'est une singulière coïncidence que Solomon Northup ait été emmené dans une plantation de la région de la Red River – l'endroit même où se déroule la captivité de l'oncle Tom –, et la peinture qu'il fait de la plantation, le mode de vie là-bas et quelques incidents qu'il décrit forment un parallèle frappant avec cette histoire. »

Une clé de la Case de l'oncle Tom, p. 174.

À Harriet Beecher-Stowe [1],
dont le nom, partout dans le monde,
est associé à la grande réforme,
cet ouvrage, qui fournit une autre
Clé de la Case de l'oncle Tom,
est respectueusement dédié.

---

1. Femme de lettres (1811-1896), auteur du roman abolitionniste *La Case de l'oncle Tom*, paru en feuilleton en 1850 et en partie responsable de l'exacerbation des tensions qui conduisirent à la guerre de Sécession (1861-1865). Accusée d'avoir exagéré la condition pathétique des esclaves dans son roman, Harriet Beecher-Stowe publia *Une clé de la Case de l'oncle Tom* un an plus tard, afin de démontrer la véracité des réalités dénoncées dans son œuvre de fiction. L'histoire de Solomon Northup y est brièvement évoquée.

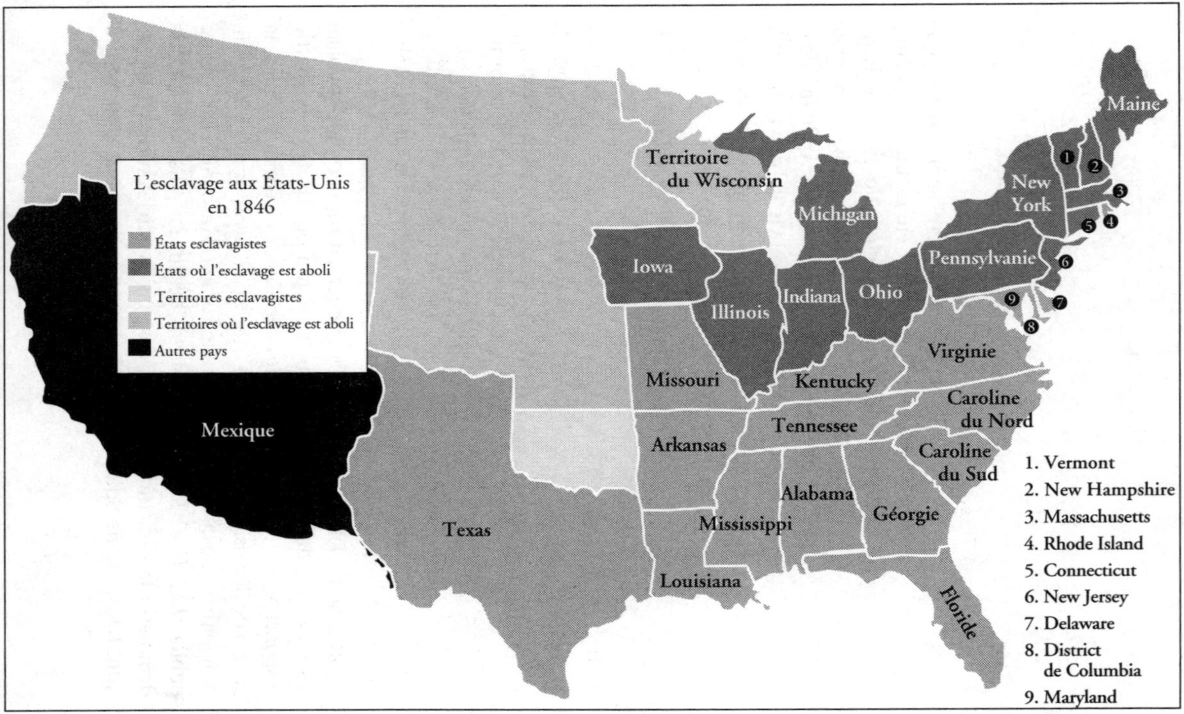
L'esclavage aux États-Unis en 1846
États esclavagistes
États où l'esclavage est aboli
Territoires esclavagistes
Territoires où l'esclavage est aboli
Autres pays
Maine
New York
Territoire du Wisconsin
Michigan
Iowa
Illinois
Indiana
Ohio
Pennsylvanie
Virginie
Missouri
Kentucky
Caroline du Nord
Mexique
Tennessee
Arkansas
Caroline du Sud
Alabama
Mississippi
Géorgie
Texas
Louisiana
Floride
1. Vermont
2. New Hampshire
3. Massachusetts
4. Rhode Island
5. Connecticut
6. New Jersey
7. Delaware
8. District de Columbia
9. Maryland

Préface de l'éditeur original (1853)

Quand l'éditeur a entrepris la préparation de ce récit, il n'imaginait pas que ce dernier atteindrait une telle envergure. Cependant, afin de pouvoir rapporter tous les faits qui lui ont été relatés, il lui est apparu nécessaire de le présenter dans son intégralité.

La plupart des faits rapportés dans les pages suivantes sont corroborés par une multitude de preuves, d'autres reposent exclusivement sur les déclarations de Solomon. Pour sa part, l'éditeur, qui a eu l'opportunité de pouvoir déceler la moindre contradiction ou incohérence dans ces déclarations, est convaincu que Solomon ne dit que la stricte vérité : il a invariablement raconté la même histoire sans en changer le moindre détail, il a également relu attentivement le manuscrit et n'a jamais manqué d'exiger une correction quand la moindre erreur s'y était glissée.

Le destin de Solomon a voulu qu'il appartienne à différents maîtres durant sa captivité. La façon dont il a été traité quand il était à Pine Woods montre qu'il y a, parmi les propriétaires d'esclaves, des hommes pleins d'humanité comme des hommes cruels. Certains d'entre eux sont évoqués avec gratitude, d'autres dans un esprit d'amertume. Le récit suivant de la vie de Solomon à Bayou Bœuf donne une image précise de l'esclavage, avec ses bons et ses mauvais côtés, tel qu'il existe aujourd'hui dans cette localité. Impartial et dépourvu, comme il l'espère, de tout préjugé, l'éditeur a eu pour seul objectif de retranscrire fidèlement l'histoire de Solomon Northup comme il la lui a racontée. Il estime avoir atteint son but, en dépit des nombreuses erreurs de style et de langue que contient sans doute ce récit.

David WILSON.
Whitehall, New York, mai 1853.

Chapitre I

Je suis né libre. Pendant plus de trente ans, j'ai goûté aux joies de cette liberté dans un État libre [1]. J'ai ensuite été enlevé et vendu comme esclave, demeurant dans cette condition d'asservissement jusqu'à ce que l'on vienne me secourir, en janvier 1853, après douze ans de captivité. On m'a alors suggéré de faire le récit de ma vie et de mes mésaventures, qui ne laisseraient sans doute pas le public insensible.

Depuis ma libération, je n'ai pu m'empêcher de noter la curiosité croissante, à travers les États du Nord, pour la question de l'esclavage. Des œuvres de fiction, qu'elles cherchent à en décrire les aspects les plus plaisants ou les plus répugnants, ont connu une diffusion sans précédent et ont, je crois, donné lieu à de fructueux débats et commentaires [2].

---

1. Un *free State*, un des États du Nord où l'esclavage a été aboli, par opposition aux *slave States*, États esclavagistes du Sud. Voir carte, p. 24, et les grandes dates de l'histoire de l'esclavage aux États-Unis, p. 347.
2. Allusion à *La Case de l'oncle Tom* (voir note 1, p. 23) et aux nombreux romans pro-esclavagistes qui le combattirent (appelés

Je ne peux parler de l'esclavage qu'à partir de ce que j'ai vu, de ce que j'ai personnellement connu et vécu. Mon objectif est d'en faire un exposé sincère et fidèle, de raconter l'histoire de ma vie, sans exagération, laissant aux autres le soin de décider ce qui, de la fiction ou de la réalité, donne l'image de l'injustice la plus cruelle ou de l'aliénation la plus sévère.

Aussi loin que je puisse remonter avec certitude, mes ancêtres paternels étaient esclaves dans le Rhode Island. Ils appartenaient à une famille du nom de Northup. L'un d'entre eux vint s'installer dans l'État de New York, à Hoosick, ville du comté[1] de Rensselaer, et emmena avec lui Mintus Northup, mon père. À la mort de son maître, il y a une cinquantaine d'années, mon père fut affranchi par clause testamentaire et devint un homme libre.

Le sieur Henry B. Northup, juriste renommé de Sandy Hill, l'homme à qui je dois, avec la grâce de Dieu, ma présente liberté et mon retour auprès des miens, est donc un parent de la famille pour laquelle travaillaient mes ancêtres. C'est à elle qu'ils ont emprunté le nom que je porte. Cela explique sans doute l'attention constante que cet homme m'a portée.

« littérature anti-Tom »), présentant la vie d'esclave comme une existence agréable.

1. Échelon territorial, entre la ville et l'État, qui comporte une juridiction locale et que l'on nomme d'après la ville qui lui sert de centre administratif ou « chef-lieu ».

Peu après avoir été affranchi, mon père partit pour la ville de Minerva, dans le comté d'Essex, dans l'État de New York. C'est là que je suis né, au mois de juillet 1808. Je ne saurais dire avec certitude combien de temps il y demeura. De là, il déménagea à Granville, dans le comté de Washington [1], près de Slyborough, où il travailla plusieurs années à la ferme de Clark Northup, un autre parent de son ancien maître. Il passa ensuite quelque temps à la ferme Alden, près de Moss Street, à quelques lieues au nord du village de Sandy Hill. Il s'installa enfin à la ferme qui appartient aujourd'hui à Russel Pratt, située sur la route qui va de Fort Edward à Argyle, où il résida jusqu'à sa mort, le 22 novembre 1829, laissant derrière lui une veuve et deux enfants, mon frère aîné Joseph et moi-même. Joseph vit toujours dans le comté d'Oswego, près de la ville du même nom, ma mère est morte durant ma période de captivité.

Bien que né esclave et forcé de travailler dans les conditions terribles auxquelles ma race est soumise, mon père était un homme respecté pour son ardeur au travail et son honnêteté. De nombreuses personnes, encore en vie aujourd'hui, se souviennent très bien de lui et seraient prêtes à en témoigner. Il passa sa vie dans

1. Comté de l'est de l'État de New York, à ne pas confondre avec Washington, la capitale des États-Unis, située dans le district de Columbia.

le calme des champs et eut la chance de ne jamais avoir à chercher de ces emplois de domestique qui sont souvent le lot des enfants d'Afrique. En plus de nous avoir donné une éducation qui dépassait celle ordinairement accordée à ceux de notre condition, il acquit, par ses efforts soutenus et sa prévoyance, suffisamment de biens pour que lui soit reconnu le droit au suffrage [1]. Il avait l'habitude de nous parler de sa jeunesse. Et s'il n'avait pour la famille dont il avait été l'esclave que des sentiments de tendre bonté, voire d'affection, il comprenait néanmoins les rouages de la servitude et demeurait très attristé de l'humiliation imposée à sa race. Il s'efforça de nous inculquer des principes de moralité et nous apprit à avoir confiance en Lui, qui regarde de la même manière la plus humble et la plus noble de Ses créatures. Combien de fois, allongé dans ma case d'esclave, au fin fond de cette infecte région de Louisiane, je me remémorais ses conseils paternels ! Souffrant des blessures injustes infligées par un maître inhumain, je ne souhaitais qu'une chose : que la tombe qui l'abritait vienne me préserver moi aussi du joug de l'oppresseur. Dans la cour de l'église de Sandy Hill, une modeste pierre marque l'endroit où il repose enfin,

1. Jusqu'à la moitié du XIXe siècle, le droit de vote aux États-Unis est soumis à des conditions de propriété. Dans l'État de New York, ces conditions sont plus restrictives pour les Noirs que pour les Blancs.

après avoir vaillamment exécuté ici-bas les tâches imposées par le monde dans lequel Dieu l'avait condamné à marcher.

Jusqu'à la mort de mon père, j'avais principalement travaillé à ses côtés à la ferme. J'employais mes heures de loisir à lire ou à jouer du violon – cette distraction fut la passion dévorante de ma jeunesse. Elle devint ensuite une source de consolation, apportant du réconfort aux humbles créatures qui partagèrent mon sort et me détournant, des heures durant, de la douloureuse contemplation de mon destin.

J'épousai Anne Hampton, une femme de couleur qui vivait dans les environs, le jour de Noël 1829. La cérémonie eut lieu à Fort Edward. Elle fut conduite par un magistrat local, Timothy Eddy, lequel est encore aujourd'hui un citoyen émérite de cette ville. Anne avait longtemps vécu à Sandy Hill, chez M. Baird, le propriétaire de l'*Eagle Tavern*, ainsi que chez le révérend [1] Alexander Proudfit. Originaire de Salem, ce dernier en avait présidé la communauté presbytérienne [2] pendant des années et avait été largement reconnu pour ses enseignements et sa foi. Ma femme garde un souvenir plein de gratitude à l'égard de son extrême bonté et de ses conseils avisés.

---

1. Pasteur protestant.

2. Communauté religieuse issue de l'Église protestante, née en Écosse, qui rejette le clergé hiérarchisé de l'Église catholique romaine.

Anne ne saurait déterminer avec certitude la ligne exacte de sa filiation, mais le sang de trois races se mélange dans ses veines. Il est difficile d'établir lequel du rouge, du blanc ou du noir l'emporte. L'association des trois lui a cependant donné un visage attirant et singulier que l'on a peu l'occasion de croiser. Bien qu'ayant des traits communs avec les quarterons [1], elle ne saurait être véritablement rangée dans cette catégorie, classe à laquelle – j'ai omis de le mentionner – appartenait ma mère.

Ayant fêté mes vingt et un ans au mois de juillet, je n'étais plus mineur. Privé des conseils et de l'assistance de mon père, avec une femme qui dépendait de moi, je me résolus à trouver du travail. Oubliant l'obstacle de ma couleur et de mon statut inférieur, je me pris à rêver d'un futur dans lequel l'acquisition d'une humble demeure, entourée de quelques hectares de terre, viendrait me récompenser de mes peines et m'apporterait bonheur et réconfort.

De mon mariage jusqu'à aujourd'hui, je n'ai jamais cessé d'aimer sincèrement ma femme. Et seuls ceux qui connaissent la tendresse radieuse avec laquelle un père chérit sa progéniture peuvent comprendre l'affection que j'ai pour mes enfants. Il me semble encore nécessaire de préciser tout cela, afin que ceux qui lisent ces

1. Le mot « quarteron » désignait les personnes qui avaient un quart de sang noir (NdT).

pages mesurent pleinement le caractère déchirant des peines que j'ai été contraint d'endurer.

Dès notre mariage, nous nous installâmes dans la vieille bâtisse qui se trouvait à l'extrémité sud du village de Fort Edward. Elle a, depuis, été transformée en villa moderne ; c'est là que réside désormais le capitaine Lathrop. Elle est connue sous le nom de Fort House. C'est là aussi que se tenait parfois la Cour de justice après la création du comté. Ce bâtiment a également été occupé par John Burgoyne[1] en 1777, sans doute parce qu'il était situé près du vieux fort, sur la rive de l'Hudson.

Cet hiver-là, je fus employé avec d'autres à la réparation du canal Champlain[2], William von Nortwick était le contremaître du segment qui nous occupait, et David McEachron le responsable direct des hommes avec lesquels je travaillais. Quand le canal ouvrit, au printemps, j'étais en mesure, grâce aux économies faites sur mes salaires, d'acheter deux chevaux ainsi que du matériel nécessaire au commerce fluvial.

J'engageai de l'aide et me lançai dans des contrats de transport fluvial du bois depuis le lac Champlain

1. Général britannique (1722-1792) battu par les Américains lors de la guerre d'Indépendance des États-Unis.

2. Canal construit dans les années 1820, entre le lac Champlain et le fleuve Hudson, dans l'État de New York.

jusqu'à Troy. Dyer Beckwith et M. Bartemy, originaire de Whitehall [1], m'accompagnèrent à plusieurs reprises. Durant cette période, je me familiarisai avec l'art et les subtilités du flottage du bois – savoir qui me permettrait ensuite d'être utile à un bon maître et d'impressionner les frustes bûcherons de Bayou Bœuf.

Lors d'un de mes voyages, je fus amené à visiter le Canada. À Montréal [2], j'admirai la cathédrale et d'autres curiosités, puis continuai mon chemin vers Kingston [3] et différentes villes, acquérant sur ces localités des connaissances qui me seraient utiles ensuite, comme nous le verrons à la fin de ce récit.

Ayant rempli tous mes contrats sur le canal à ma satisfaction et à celle de mon employeur, je ne souhaitai pas rester oisif quand la navigation sur le canal fut à nouveau suspendue. Je fus donc engagé par Medad Gunn [4] durant l'hiver 1831-1832 pour couper de grandes quantités de bois.

Le printemps revenu, Anne et moi décidâmes de reprendre une ferme dans les environs. J'avais l'habitude des tâches agricoles depuis mon plus jeune âge et c'était une activité qui me plaisait. Je me lançai donc

---

1. Ville de l'État de New York.
2. Ville canadienne placée à l'époque sous mandat colonial britannique.
3. Ville canadienne située dans l'Ontario.
4. Société d'exploitation du bois.

dans des négociations pour obtenir une partie de la vieille ferme Alden, où mon père avait vécu. Nous prîmes la route vers notre nouvelle maison de Kingsbury avec pour toute fortune une vache, un porc, deux bœufs que j'avais récemment achetés à Lewis Brown, à Hartford, et quelques effets personnels. Cette année-là, je plantai dix hectares de maïs, semai des champs d'avoine et cultivai la terre aussi intensément que mes moyens me le permettaient. Anne s'appliquait aux affaires domestiques tandis que je peinais laborieusement aux champs.

Nous vécûmes à Kingsbury jusqu'en 1834. Durant l'hiver, je fus engagé de nombreuses fois pour jouer du violon. Quel que soit l'endroit où les jeunes gens se retrouvaient pour danser, j'y étais moi aussi. Mon violon était connu dans tous les environs.

De son côté, Anne, pendant son long séjour à l'*Eagle Tavern*, était devenue relativement célèbre pour sa cuisine. On l'embauchait souvent, à des salaires élevés, pendant les semaines d'assemblée ou autres réunions publiques, à la *Sherrill Coffee House*.

C'est toujours les poches pleines d'argent que nous rentrions à la maison après ces contrats. Ainsi, entre le violon, la cuisine et la culture de la terre, nous connûmes l'abondance et, de fait, une vie heureuse et prospère. Celle-ci aurait sans doute duré toujours si nous étions restés à la ferme de Kingsbury. Mais le temps était venu de faire le pas suivant, celui qui allait me conduire à mon cruel destin.

En mars 1834, nous déménageâmes à Saratoga Springs.

Nous habitions une maison appartenant à Daniel O'Brien, située au nord de Washington Street. À cette époque, Isaac Taylor tenait une pension au nord de Broadway, connue sous le nom de *Washington Hall*. Il m'engagea comme cocher, je restai deux ans à son service. Parallèlement à cela, Anne et moi étions généralement employés dans divers établissements, dont l'*United States Hotel*, pour la haute saison. Pendant la période hivernale, je comptais sur mon violon, mais aussi sur mes journées de dur labeur – et elles furent nombreuses – passées à la construction du chemin de fer entre Troy et Saratoga.

J'avais l'habitude, à Saratoga, de m'approvisionner, pour les besoins de ma famille, dans les magasins de MM. Cephas Parker et William Perry. Leurs nombreux actes de bonté font que j'ai à leur égard une profonde estime. C'est pour cette raison que, douze ans après, je leur adressai la lettre que vous pourrez lire plus loin et qui, une fois dans les mains de M. Northup, conduisit à mon heureuse libération.

Durant mon séjour à l'*United States Hotel*, il m'arriva souvent de croiser des esclaves venus du Sud avec leurs maîtres. Ils étaient toujours bien habillés et bien nourris, menant en apparence une vie facile, où les soucis ordinaires ne les touchaient guère. Il m'arriva plusieurs fois de discuter avec certains d'entre eux de la question de l'esclavage. Je constatai presque toujours qu'ils chérissaient un espoir secret de liberté. Certains exprimaient même leur désir ardent de s'enfuir, me consultant sur la meilleure méthode pour y parvenir.

La peur du châtiment qu'ils étaient cependant certains de subir si on les rattrapait suffisait toujours à les dissuader de toute tentative. N'ayant respiré toute ma vie que l'air libre du Nord, j'ai toujours eu la certitude de posséder les mêmes émotions et les mêmes sentiments que ceux que l'on trouve dans le cœur d'un homme blanc, et la certitude aussi d'avoir une intelligence égale à celle des hommes dont la peau est plus claire, au moins certains d'entre eux. J'étais trop ignorant, ou peut-être trop indépendant, pour concevoir que l'on puisse se satisfaire de l'abjecte condition d'esclave. Je ne pouvais pas comprendre où était la justice de cette loi, ou de cette religion, qui reconnaissait le principe esclavagiste. Et je suis fier de pouvoir affirmer que je n'ai jamais donné d'autre conseil à ceux qui venaient à moi, que celui de saisir la première occasion pour conquérir leur liberté.

Je restai à Saratoga jusqu'au printemps 1841. Les perspectives prometteuses qui, sept ans auparavant, nous avaient fait quitter notre paisible ferme pour la rive est de l'Hudson ne s'étaient pas concrétisées. Nous vivions dans des conditions toujours confortables mais nous n'avions pas prospéré. Les personnes qui fréquentaient cette ville d'eau de renommée mondiale ne formaient pas une société propre à entretenir les habitudes simples de la vie laborieuse et frugale à laquelle j'étais accoutumé ; elle encourageait au contraire l'oisiveté et la prodigalité.

À cette époque, nous étions déjà les parents de trois enfants – Elizabeth, Margaret et Alonzo. L'aînée, Elizabeth, avait dix ans, Margaret deux ans de moins et le petit Alonzo venait de fêter son cinquième anniversaire. Tous faisaient la joie de notre foyer. Le son de leurs jeunes voix était pour nous une musique. Combien de rêves leur mère et moi n'avons-nous pas échafaudés pour ces petits innocents ! Je passais mon temps libre à me promener avec eux, vêtus de leurs plus beaux habits, dans les rues et les bois de Saratoga. Je me délectais de leur présence et les serrais contre ma poitrine avec un amour aussi chaud et tendre que si leur peau ombrée avait été blanche comme neige.

Jusqu'ici l'histoire de ma vie ne présente rien d'inhabituel. Rien d'autre que les espoirs, les amours et les labeurs ordinaires d'un homme de couleur avançant humblement dans le monde. J'étais en réalité arrivé à un moment crucial de mon existence, qui allait me faire basculer dans l'injustice, la douleur et le désespoir les plus cruels. J'étais sur le point de passer de l'ombre du nuage aux ténèbres les plus profondes. J'allais y sombrer, soustrait au regard des miens et à la douce lumière de la liberté, et ce, pour de longues et pénibles années.

Chapitre II

Un matin, vers la fin de mars 1841, n'ayant aucune affaire particulière nécessitant mon attention, je me promenais dans le village de Saratoga Springs, à la recherche d'un emploi qui m'occuperait jusqu'à l'arrivée de la pleine saison. Anne, comme à son habitude, s'était rendue à Sandy Hill, à trente kilomètres de là, pour prendre la tête de la cuisine de la *Sherrill Coffee House*, durant la session de la Cour de justice. Elizabeth, je crois, l'avait accompagnée. Margaret et Alonzo étaient restés à Saratoga Springs, chez leur tante.

Au coin de Congress Street et de Broadway, près de la taverne tenue à l'époque, et encore aujourd'hui pour autant que je sache, par M. Moon, je rencontrai deux hommes d'apparence respectable. Ils m'étaient tous deux totalement inconnus. Je crois qu'ils m'avaient été présentés par l'une de mes connaissances. Je me suis efforcé depuis de me souvenir par qui, en vain. Celle-ci avait mentionné que j'étais un violoniste hors pair.

Quoi qu'il en soit, ils engagèrent immédiatement la conversation sur ce sujet, m'interrogeant en détail sur ma maîtrise de cet instrument. Mes réponses ayant dû leur paraître satisfaisantes, ils me proposèrent d'employer mes services pour une courte période, affirmant que j'étais exactement la personne nécessaire à leur entreprise. Ils se présentèrent sous les noms de

Merrill Brown et Abraham Hamilton. J'ai cependant de fortes raisons de douter que cela ait été leurs véritables patronymes. Le premier était un homme d'une quarantaine d'années plutôt petit et corpulent, avec un visage sur lequel on lisait la ruse et l'intelligence. Il portait une redingote et un chapeau noir et dit qu'il résidait à Rochester ou Syracuse[1]. Le second était un jeune homme à la peau et aux yeux clairs qui, selon moi, n'avait pas plus de vingt-cinq ans. Il était grand et mince, vêtu d'un manteau couleur tabac, d'un chapeau lustré et d'une veste de bonne coupe. Le tout était extrêmement à la mode. Son apparence était quelque peu précieuse mais avenante. Il y avait chez lui une certaine aisance qui montrait qu'il avait l'usage du monde. Ils étaient en relation, me dirent-ils, avec la troupe d'un cirque qui se trouvait à ce moment-là dans la ville de Washington. Ils étaient en route pour la rejoindre après une excursion de courte durée vers le nord, pour visiter la région. Ils payaient leurs dépenses en donnant un spectacle de temps à autre. Ils mentionnèrent également qu'ils avaient eu de grandes difficultés à trouver un musicien pour leurs numéros et que, si j'acceptais de les accompagner jusqu'à New York, ils me paieraient 1 dollar par jour, et 3 dollars supplémentaires par soir où je jouerais à leurs côtés, ainsi que ce qui serait nécessaire à mon voyage de retour de New York à Saratoga.

1. Villes de l'État de New York.

J'acceptai l'offre sans hésiter, tant pour la rétribution qu'elle promettait que par désir de visiter la métropole. Ils tenaient à partir immédiatement. Convaincu que mon absence serait brève, je ne jugeai pas nécessaire d'écrire à Anne pour l'informer de mon départ. Je pensais, en effet, être probablement de retour en même temps qu'elle. Je n'eus qu'à prendre un change de linge et mon violon, et fus prêt à partir. On amena la calèche ; elle était couverte et tirée par deux chevaux racés, l'ensemble avait une certaine élégance. Ils attachèrent les trois grandes malles qui leur servaient de bagages sur le toit de la voiture. Je pris la place du cocher tandis qu'ils s'installaient à l'arrière. Je suivis la route d'Albany, laissant Saratoga derrière moi, ravi de mon nouvel emploi et heureux comme je l'étais chaque jour de ma vie.

Nous traversâmes Ballston et suivîmes la route de la Crête – c'était son nom si ma mémoire est bonne – jusqu'à Albany. Nous arrivâmes avant la nuit et descendîmes dans un hôtel au sud du musée. J'eus l'occasion ce soir-là d'assister à l'un de leurs spectacles – le seul de toute la période où je fus avec eux. Hamilton s'occupait des entrées, je formais l'orchestre tandis que Brown assurait le spectacle. Celui-ci consistait à jongler avec des balles, à danser sur une corde, à faire cuire des crêpes dans un chapeau, à faire couiner des cochons invisibles et d'autres exercices de ventriloquie et tours de passe-passe. Le public était rare et pas des meilleurs, et Hamilton décrivit la recette de la soirée comme « le misérable décompte de rangées de sièges vides ».

Nous repartîmes tôt le lendemain matin. Ils voulaient rejoindre le cirque au plus vite. Ils se hâtèrent, sans s'arrêter pour d'autres représentations, et nous atteignîmes bientôt New York. Nous prîmes pension dans une maison à l'ouest de la ville, dans une rue qui allait de Broadway au fleuve. Je pensais être arrivé à la fin de mon voyage et je m'attendais à retrouver les miens à Saratoga deux jours plus tard. Cependant, Brown et Hamilton insistèrent pour que je les suive jusqu'à Washington. Ils affirmèrent que, l'été approchant, le cirque se dirigerait vers le nord dès leur arrivée. Ils me promirent un emploi et un bon salaire si je les accompagnais. Ils énumérèrent les avantages que j'en tirerais de façon si détaillée et si prometteuse que je finis par accepter leur offre.

Le matin suivant, ils me suggérèrent, vu que nous étions sur le point de nous rendre dans un État esclavagiste[1], de me procurer un certificat d'homme libre avant de quitter New York. L'idée me parut avisée, je pense qu'elle ne me serait pas venue s'ils ne me

1. La capitale fédérale des États-Unis, Washington, se trouve dans le district de Columbia, qui se situe entre la Virginie et le Maryland et qui figurait en 1841 au nombre des États esclavagistes (voir carte, p. 24). Il ne faut pas confondre cette ville, Washington DC, avec l'État de Washington situé sur la côte nord-ouest du pays.

l'avaient pas proposée. Nous allâmes alors à ce que je compris être le Bureau des douanes. Brown et Hamilton prêtèrent serment et confirmèrent certains éléments attestant mon statut d'homme libre. On rédigea un certificat que nous devions porter au bureau du clerc. Nous nous exécutâmes, le clerc y ajouta quelque chose, cela nous coûta 6 shillings, puis nous retournâmes au Bureau des douanes. Il y eut encore quelques formalités, je donnai 2 dollars à l'agent, puis rangeai les papiers dans ma poche et rejoignis l'hôtel avec mes deux amis. Je dois admettre qu'à l'époque je pensais que ce certificat ne valait pas véritablement le coût de son obtention – l'idée d'un danger pour ma sécurité personnelle ne m'avait jamais, jusqu'alors, traversé l'esprit de quelque façon que ce soit. Je me souviens que le clerc à qui nous avions été adressés avait inscrit une note dans un grand livre, lequel se trouve toujours, je suppose, dans son cabinet. Une consultation des registres datant de la fin mars ou du début d'avril 1841 satisfera les sceptiques, à n'en pas douter, du moins en ce qui concerne cette opération spécifique.

La preuve de ma liberté en ma possession, nous prîmes le ferry vers Jersey City puis la route de Philadelphie. Nous y restâmes une nuit et continuâmes notre voyage vers Baltimore tôt le lendemain matin. Nous y arrivâmes rapidement et nous nous arrêtâmes dans un hôtel près de la gare, tenu par un certain M. Rathbone ou portant le nom de *Rathbone House*. Leur volonté de rejoindre le cirque au plus vite n'avait fait que s'intensifier depuis notre départ de New York. Nous laissâmes la calèche à Baltimore et prîmes le train en direction de Washington. Nous atteignîmes la ville au crépuscule, la veille de l'enterrement du général Harrison [1], et descendîmes au *Gatsby's Hotel*, sur Pennsylvania Avenue.

Après dîner, ils me firent appeler dans leur chambre et me donnèrent 43 dollars, somme qui dépassait de loin les salaires qui m'étaient dus. La raison de cet acte de générosité, me dirent-ils, était qu'ils n'avaient pas donné autant de représentations que ce qu'ils m'avaient laissé envisager à notre départ de Saratoga. Ils m'informèrent également que le cirque avait eu l'intention de quitter Washington le lendemain mais avait finalement décidé, à cause des funérailles, de rester un jour supplémentaire. Comme toujours depuis notre rencontre, ils étaient envers moi d'une extrême gentillesse. Ils ne perdaient jamais une occasion de me féliciter et j'éprouvais pour eux une admiration certaine. J'avais en eux une foi sans réserve et leur aurais fait confiance dans toute situation. Leur conversation, leur constante bienveillance – leur encouragement à me procurer un certificat d'homme libre et une centaine d'autres petites

---

1. William Henry Harrison (1773-1841) fut le neuvième président des États-Unis. Il mourut trente jours à peine après son investiture, à cause d'une pneumonie vraisemblablement contractée le jour de son discours d'élection.

attentions qu'il est inutile de retranscrire ici – indiquaient qu'ils étaient véritablement des amis, soucieux de mon bien-être. Je ne les imaginais pas être autre chose à l'époque. Pour moi, ils étaient alors innocents de cette incroyable vilenie dont je les crois désormais coupables. Ceux qui lisent ces pages auront autant d'éléments que moi pour déterminer s'ils étaient complices de mes malheurs – monstres inhumains subtilement déguisés en hommes, qui me séparaient sciemment de mon foyer, de ma famille et de ma liberté. S'ils étaient innocents, ma soudaine disparition a, en effet, dû leur sembler inexplicable. Mais, ayant depuis analysé mille fois chaque détail, je n'ai jamais pu me résoudre à une conclusion qui leur soit aussi charitable.

Après m'avoir remis l'argent, dont ils semblaient disposer en abondance, ils me déconseillèrent de sortir ce soir-là, au prétexte que je n'étais pas un habitué de la ville. Je promis de suivre leur conseil et les laissai tous les deux. Je suivis un domestique de couleur jusqu'à ma chambre, située au fond du rez-de-chaussée. Je m'allongeai et pensai à ma femme, à mes enfants et à la distance qui nous séparait, puis m'endormis. Mais aucun ange miséricordieux ne vint à mon chevet cette nuit-là pour m'enjoindre de m'enfuir ; aucune voix de compassion ne m'avertit, dans mes rêves, de l'épreuve qui m'attendait.

Le lendemain, de grandes funérailles eurent lieu à Washington. L'air était empli du grondement des canons et du tintement des cloches, les maisons étaient recouvertes de crêpe [1], et les rues noires de monde. La journée avançait, le cortège apparut, remontant l'avenue lentement, calèche après calèche, formant une longue file, tandis que des milliers de personnes le suivaient à pied, tous se déplaçant au rythme d'une musique mélancolique. On conduisait le cadavre de Harrison à sa tombe.

Je n'avais pas quitté Brown et Hamilton depuis le début de la matinée. Ils étaient les seules personnes que je connaissais à Washington. Nous étions ensemble quand le cortège funèbre passa. Je me souviens distinctement du verre des fenêtres explosant et heurtant le sol après chaque tir de canon. Nous marchâmes jusqu'au Capitole et nous promenâmes un long moment dans le quartier. L'après-midi, Brown et Hamilton m'emmenèrent avec eux pour une promenade près de la maison du président et me montrèrent tous les lieux intéressants. Je n'avais toujours pas vu le cirque. Pour être honnête, j'y avais à peine songé, voire nullement, tout à l'euphorie de cette journée.

À plusieurs reprises au cours de l'après-midi, mes amis s'arrêtèrent dans des saloons et commandèrent de l'alcool. Pourtant, à ma connaissance, ils n'avaient pas pour habitude d'en boire avec excès.

1. Tissu léger, souvent noir, dont on recouvrait les bâtiments en signe de deuil.

À chaque fois, après s'être servis, ils remplissaient un autre verre et me le tendaient. En dépit de ce que pourrait laisser croire la suite des événements, je n'étais pas ivre. En début de soirée, peu après avoir ingurgité un de ces breuvages, une sensation désagréable m'envahit ; je me sentis mal et fus saisi de maux de tête qui me causaient une douleur sourde et lancinante, extrêmement désagréable. Au dîner, j'avais perdu tout appétit, la vue et l'odeur de la nourriture suffisaient à me donner la nausée. La nuit tombée, le même domestique me conduisit à la chambre que j'avais occupée la veille. Brown et Hamilton me conseillèrent de me reposer ; compatissant à mon malheur, ils me souhaitèrent de me sentir mieux au matin. Je me contentai d'enlever mon manteau et mes bottes, et je me laissai tomber sur le lit. Il me fut impossible de dormir. Mon mal de tête empira jusqu'à devenir quasiment insoutenable. J'eus bientôt soif. Mes lèvres étaient desséchées. L'eau devint mon unique obsession – je pensais aux lacs et aux rivières, aux ruisseaux où j'avais étanché ma soif, au seau dégoulinant que l'on remonte du fond du puits, plein de son frais nectar. Il était près de minuit quand, ne tenant plus de soif, je me levai. J'étais un étranger dans cette maison et je ne savais rien de son agencement. Je ne trouvai personne qui soit éveillé. À force d'avancer au hasard et à tâtons, je finis par trouver le chemin de la cuisine au sous-sol. Deux ou trois domestiques, des femmes de couleur, s'y affairaient, l'une d'entre elles me donna deux verres d'eau. Ils me procurèrent un soulagement temporaire mais, dès mon retour dans la chambre, l'envie ardente d'un verre d'eau, le supplice de la soif s'emparèrent à nouveau de moi. Ils me faisaient souffrir encore plus intensément qu'avant, si tant est que cela soit possible, tout comme mon violent mal de tête. Ma détresse était immense, ma souffrance des plus abominables ! J'avais l'impression d'être au bord de la folie ! Le souvenir de cette nuit atroce me hantera jusqu'à ma mort.

Dans l'heure qui suivit mon retour de la cuisine, on entra dans ma chambre. Je crois qu'ils étaient plusieurs – j'entendais différentes voix se mélanger – mais je ne saurais dire combien, ni de qui il s'agissait. Je ne pourrais déterminer si Brown et Hamilton se trouvaient parmi eux. La seule chose dont je me souvienne à peu près distinctement, c'est qu'ils me dirent qu'il fallait aller voir un médecin pour me procurer des médicaments et que, après avoir enfilé mes bottes, je les suivis, sans manteau ni chapeau, dans un long couloir, ou une ruelle, qui débouchait sur Pennsylvania Avenue. De l'autre côté de la rue, une lampe brûlait à la fenêtre. Je crois qu'il y avait trois personnes avec moi, mais tout cela reste vague, comme le souvenir flou d'un rêve douloureux. Je marchai vers la lumière, qui me semblait provenir du cabinet d'un médecin, mais semblait s'éloigner au fur et à mesure que j'avançais. C'est la dernière lueur de souvenir qu'il me reste aujourd'hui. À partir de ce moment-là, je fus inconscient. Combien de temps je le restai – cette nuit-là seulement ou des jours durant ? –, je ne le sais pas. Mais quand je revins à moi, j'étais seul, dans l'obscurité la plus complète, et enchaîné.

Mon mal de tête avait presque disparu, mais j'étais faible et épuisé. J'étais assis sur un petit banc fait de planches mal dégrossies, sans manteau ni chapeau. J'avais des menottes aux poignets. Mes chevilles étaient lourdement enchaînées. Une extrémité de la chaîne était rattachée à un grand anneau fixé au sol, l'autre aux fers qui enserraient mes pieds. Je tentai en vain de me lever. Comme je me réveillais d'une transe si douloureuse, je mis un moment à retrouver mes esprits. Où étais-je ? Que signifiaient ces chaînes ? Où étaient Brown et Hamilton ? Qu'avais-je fait pour mériter d'être emprisonné dans ce cachot ? Je n'y comprenais rien. Un trou de mémoire, dont je ne saurais dire la durée, précédait mon réveil dans cet endroit solitaire, et j'étais incapable de me souvenir, malgré tous mes efforts. Je tendis attentivement l'oreille, à l'affût du moindre signe de vie. Mais rien ne vint briser ce silence oppressant, si ce n'est le tintement de mes chaînes quand je me hasardais à bouger. Je parlai tout haut, mais le son de ma propre voix me fit tressaillir. Je fouillai mes poches – dans la mesure où mes chaînes me le permettaient. Ce fut suffisant pour m'apercevoir que la liberté n'était pas la seule chose que l'on m'avait volée : mon argent et mon certificat d'homme libre avaient également disparu ! C'est à cet instant que me vint la pensée, d'abord sombre et confuse, que j'avais été enlevé. Mais cela me sembla inimaginable.

Il devait s'agir d'un malentendu, d'une regrettable erreur. Il était impossible qu'un citoyen libre de l'État de New York, qui n'avait causé de tort à aucun homme ni violé aucune loi, puisse être traité de façon aussi inhumaine. Cependant, plus je considérais ma situation, plus mes soupçons se confirmaient. Quelle triste réflexion ! L'homme avait-il donc perdu toute sa compassion et toute sa foi ? Je m'en remis au Dieu des opprimés et, laissant tomber ma tête dans mes mains enchaînées, je pleurai amèrement.

Chapitre III

Environ trois heures passèrent. Durant ce temps, je restai assis sur le petit banc, plongé dans mes sombres pensées. J'entendis au loin le chant d'un coq. Puis un grondement distant, comme celui des calèches qui se pressent dans les rues, se fit entendre, et je sus qu'il faisait jour. Aucun rayon de lumière ne pénétrait cependant ma prison. J'entendis enfin des pas qui allaient et venaient au-dessus de ma tête. Je me dis que je devais être dans une salle en sous-sol, et l'odeur humide et moisie de la pièce renforçait cette hypothèse. Le bruit au-dessus de ma tête durait depuis au moins une heure quand j'entendis enfin des pas se rapprocher. Une clé tourna dans le verrou, une lourde porte pivota sur ses gonds, laissant pénétrer un flot de lumière, deux hommes entrèrent et me firent face. L'un d'eux était fort, puissant, quarante ans peut-être, avec des cheveux châtain foncé, légèrement parsemés de gris. Son visage était rond, sa peau rougeaude ; ses traits, grossiers, n'exprimaient que cruauté et fourberie. L'homme mesurait environ un mètre quatre-vingts, il était imposant. Force est de reconnaître que son apparence était aussi sinistre que répugnante. Il s'appelait James H. Burch, comme je l'appris plus tard. C'était un marchand d'esclaves connu à Washington et, à l'époque ou peu après, partenaire en affaires avec Theophilus Freeman de La Nouvelle-Orléans. La personne qui l'accompagnait était un simple laquais, du nom d'Ebenezer Radburn, dont la fonction se bornait à tourner des clés. Ces deux hommes vivent toujours à Washington ; du moins y vivaient-ils lors de mon dernier passage dans la ville, à mon retour de servitude, en janvier dernier.

La lumière que l'ouverture de la porte avait laissée entrer me permit d'observer la pièce dans laquelle j'étais retenu prisonnier. Elle mesurait environ quatre mètres carrés ; les murs étaient faits de pierres solides, un parquet massif recouvrait le sol. Une petite fenêtre, en travers de laquelle s'élevaient de grandes barres de fer, était fermée par un volet solidement accroché du côté extérieur.

Une porte en fer menait à la cellule adjacente, une sorte de caveau, dépourvu de fenêtre ou de tout autre moyen qui aurait laissé pénétrer la lumière. Les meubles de la pièce dans laquelle je me trouvais se limitaient au petit banc en bois sur lequel j'étais assis et à un poêle crasseux et obsolète. Il n'y avait, dans aucune des deux cellules, ni lit, ni couverture, ni quoi que ce soit d'autre. De l'autre côté de la porte par laquelle Burch et Radburn étaient entrés se trouvait un passage menant à un petit escalier, en haut duquel on arrivait dans une cour, entourée d'un mur de briques d'environ quatre mètres de hauteur. Au fond de la cour, qui s'étendait sur une dizaine de mètres, s'élevait un bâtiment qui en occupait toute la largeur. Sur un des murs, on trouvait une imposante porte en fer qui ouvrait sur un petit passage couvert jusqu'à la rue. Cette porte scellait le sort malheureux de tout homme de couleur sur qui elle se refermait. Une des extrémités du toit reposait sur le mur et formait une sorte d'appentis ouvert. Ce toit abritait un immense grenier où les esclaves pouvaient, s'ils le voulaient, passer la nuit ou trouver refuge par temps d'orage. Cette bâtisse ressemblait à une grange de ferme, sauf qu'elle était construite de façon que le monde extérieur ne puisse jamais voir le bétail humain que l'on y rassemblait.

Le bâtiment auquel la cour était rattachée s'élevait sur deux étages et donnait sur l'une des rues populaires de Washington. Sa façade ressemblait à celle d'une paisible résidence privée. Un étranger n'aurait jamais soupçonné, en la regardant, les atrocités qui s'y déroulaient. Aussi étrange que cela paraisse, on avait de l'immeuble une vue imprenable sur le Capitole, lequel semblait se pencher sur nous, perché depuis ses hauteurs majestueuses. Les voix des députés patriotes vantant la liberté et l'égalité se mélangeaient presque au bruit des chaînes du pauvre esclave. Une nègrerie à l'ombre même du Capitole !

Voilà l'exacte description de ce qu'était la nègrerie Williams [1] à Washington en 1841, dans l'une des cellules de laquelle je me trouvais inexplicablement enfermé.

« Alors, mon garçon, comment te sens-tu maintenant ? » m'interrogea Burch en passant la porte.

Je répondis que j'étais malade, et demandai à connaître la cause de mon emprisonnement. Il rétorqua que j'étais son esclave, qu'il m'avait acheté et qu'il était sur le point de m'envoyer à La Nouvelle-Orléans. J'affirmai, haut et fort, que j'étais un homme libre, un

---

1. Aussi connue sous le nom de « The Yellow House », cette nègrerie se situait à un pâté de maisons du Capitole, lieu d'exercice du pouvoir législatif américain où siègent le Sénat et la Chambre des représentants.

résident de Saratoga, où j'avais une femme et des enfants, libres eux aussi, et que mon nom était Northup. Je me plaignis amèrement de l'étrange traitement que j'avais reçu et menaçai de demander réparation dès ma libération. Il nia le fait que j'étais libre et jura que je venais de Géorgie. J'affirmai encore et toujours que je n'étais l'esclave de personne et j'insistai pour qu'il m'enlève mes chaînes immédiatement. Il s'efforça de me faire taire, comme s'il craignait que quelqu'un m'entende. Mais je ne pouvais me résoudre au silence. J'accusai les responsables de mon emprisonnement, quelle que soit leur identité, d'être de purs scélérats. Quand il comprit qu'il ne parviendrait pas à me faire taire, il entra dans une colère noire. Il se mit à jurer et me traita de « menteur nègre », de « fuyard de Géorgie » et de tous les autres adjectifs impies et vulgaires que seuls les esprits les plus grossiers peuvent concevoir [1].

Pendant ce temps, Radburn se tenait à l'écart, silencieux. Sa tâche consistait à surveiller cette étable humaine, ou plutôt inhumaine, à accueillir les esclaves, à les nourrir et à les fouetter, pour la somme de 2 shillings par tête et par jour. Burch se tourna vers lui et

1. Le christianisme interdit de proférer des jurons et, surtout, d'y utiliser le nom de Dieu (interdiction qui s'étend aux mentions du diable ou de la mort). Les négriers et les maîtres, eux, ne se privent pas pour lâcher des termes comme *hell* (enfer), *devil* (diable) ou *dead* (mort).

lui ordonna de rapporter la « batte » et le « chat-à-neuf-queues ». Radburn disparut et revint peu après avec ces instruments de torture. La batte – c'était le nom qu'on lui donnait dans le jargon de la violence esclavagiste, ou du moins le premier que je connus – était une planche de bois d'environ cinquante centimètres, taillée comme un vieux bâton à faire du boudin, ou comme une simple rame. La portion aplatie, qui avait une largeur équivalente à celle de deux mains ouvertes, était percée de nombreux trous. Le « chat », lui, consistait en une épaisse corde que l'on avait détressée pour nouer le bout de ses torons[1].

Ces deux redoutables fouets en main, les deux hommes me saisirent et me déshabillèrent. Mes pieds, comme je l'ai mentionné, étaient attachés au sol. Ils m'allongèrent en travers du banc, le visage vers le bas. Radburn posa son pied lourd sur les chaînes entre mes poignets douloureux, les maintenant ainsi par terre. Burch commença à me frapper avec la batte, à faire pleuvoir les coups sur mon corps nu. Quand son bras fatigua malgré son obstination, il s'arrêta et me demanda si j'affirmais toujours être un homme libre. Je l'affirmai de nouveau, et les coups recommencèrent, plus rapides et plus brutaux qu'avant, si tant est que cela soit possible. Quand il fatiguait de nouveau, il répétait la question et, comme je lui donnais la même

1. Filins qui, tressés, forment une corde solide.

réponse, continuait son cruel labeur. Pendant tout ce temps, cette incarnation du mal proféra les injures les plus diaboliques. À force, la batte cassa, et il n'eut dans la main plus que son manche inutile. Mais je ne cédai toujours pas. La violence de ses coups n'avait pu forcer mes lèvres à formuler le mensonge infect que j'étais un esclave. Il jeta rageusement au sol le manche de la batte cassée et saisit le fouet. Cet instrument-là me fit encore plus mal. Je luttai tant que je pus, en vain. Je criai grâce, mais ma prière n'eut d'autre réponse que les imprécations et les coups. Je crus mourir sous le fouet de cette maudite brute. Encore aujourd'hui, ma chair se crispe autour de mes os chaque fois que cette scène me revient en mémoire. J'étais en feu. Mes douleurs n'auraient pu être comparées qu'aux tourments brûlants de l'enfer.

Je gardai finalement le silence face à ses questions répétées. Je ne voulais plus répondre. En réalité, j'étais incapable de parler. Burch continua tout de même à battre mon pauvre corps, jusqu'à ce que la chair lacérée semble s'arracher un peu plus de l'os à chaque coup. Un homme qui aurait eu en lui ne serait-ce qu'une once d'humanité n'aurait pas frappé un chien avec autant de cruauté. Radburn finit par dire qu'il était inutile de continuer à me fouetter, que mon corps était suffisamment endolori. Burch cessa donc et, brandissant le poing devant mon visage en guise de mise en garde, sifflant les mots à travers ses dents serrées, me dit que, si j'osais proférer à nouveau que j'étais un homme libre, que l'on m'avait kidnappé ou tout autre propos de la sorte, la punition que je venais de recevoir ne serait rien en comparaison de ce qui m'arriverait alors. Il jura de me dompter ou de me tuer. Sur ces mots de réconfort, on enleva les chaînes autour de mes poignets, en maintenant mes pieds attachés au sol. Le volet de la petite fenêtre grillagée, qui avait été ouvert, fut refermé. Ils sortirent et, verrouillant la grande porte derrière eux, me laissèrent dans l'obscurité dans laquelle ils m'avaient trouvé.

Au bout d'une heure, peut-être deux, j'entendis la clé tourner dans le verrou et mon cœur bondit dans ma poitrine. Moi qui avais été si seul et qui avais si ardemment voulu voir quelqu'un, peu importait qui, je tremblais désormais à l'approche d'un homme. Maintenant, j'avais peur du visage humain, surtout s'il était blanc. Radburn entra pour apporter une assiette en fer-blanc qui contenait un morceau de porc desséché, une tranche de pain et un gobelet d'eau. Il me demanda comment je me sentais, et reconnut que j'avais reçu une correction sévère. Il m'avertit qu'affirmer ma liberté ne me vaudrait rien de bon. Sur un ton plutôt condescendant et intime, il ajouta que moins j'en dirais à ce sujet, mieux je me porterais. L'homme s'efforçait de toute évidence d'être gentil – il est inutile aujourd'hui de chercher à savoir si c'était parce qu'il s'était ému de ma triste condition, ou dans le but de faire taire en moi toute tentative future d'affirmer mes droits. Il défit les chaînes de mes chevilles, ouvrit le volet de la petite fenêtre et sortit, me laissant à nouveau seul.

À ce stade, mon corps était complètement fourbu, courbatu, couvert de cloques, et je ne me déplaçais qu'avec douleur et difficulté. De ma fenêtre, je ne voyais rien d'autre que le toit reposant sur le mur adjacent. La nuit, je m'allongeais sur le sol dur et humide, sans oreiller, ni couverture. Deux fois par jour, à heure fixe, Radburn entrait avec son porc, son pain et son eau. Je n'avais que peu d'appétit, mais la soif me tourmentait constamment. Comme mes blessures ne me permettaient pas de rester plus de quelques minutes dans la même position, je passais mes journées à m'asseoir, à me lever ou à tourner lentement en rond. J'étais dégoûté et découragé, et je pensais sans cesse à ma famille, ma femme et mes enfants. Quand le sommeil avait raison de moi, c'était d'eux que je rêvais ; je rêvais que j'étais de retour à Saratoga, que je pouvais voir leurs visages et entendre leurs voix m'appeler. Lorsque je quittais des songes agréables pour retrouver l'amère réalité qui m'entourait, je ne pouvais que gémir et sangloter. Mon moral néanmoins n'était pas anéanti. Je m'imaginais que je m'échapperais, et rapidement. Il était impossible, raisonnais-je, que des hommes soient assez injustes pour me retenir comme esclave, quand ils connaîtraient la vérité de ma condition. Burch, une fois qu'on lui aurait prouvé que je n'étais pas un évadé de Géorgie, me laisserait certainement partir. Même s'il m'arrivait d'avoir des doutes sur Brown et Hamilton, je ne parvenais pas à me résoudre à l'idée qu'ils aient joué un rôle dans mon emprisonnement. J'étais certain qu'ils me chercheraient et me délivreraient de ma servitude. Hélas ! Je n'avais pas encore conscience de l'étendue de « l'inhumanité de l'homme envers l'homme[1] », ni du degré infini de cruauté qu'il est prêt à atteindre par amour du gain.

Dans les jours qui suivirent, la porte fut laissée ouverte, ce qui m'autorisa l'accès à la cour. J'y rencontrai trois esclaves. L'un d'entre eux était un gamin de dix ans, les autres des jeunes de vingt et vingt-cinq ans. Je fis bientôt leur connaissance, j'appris leurs noms et le détail de leurs histoires.

Le plus vieux était un homme de couleur du nom de Clemens Ray. Il avait vécu à Washington, conduit un fiacre et travaillé pendant longtemps dans une écurie. Très intelligent, il avait pleinement conscience de sa situation. L'idée d'être envoyé dans le Sud le dévastait. Burch l'avait acheté quelques jours auparavant, puis placé là jusqu'à ce qu'il soit prêt à l'envoyer sur le marché de La Nouvelle-Orléans. C'est lui qui m'apprit

---

1. Cette expression, traduite de la formule « Man's inhumanity to man », est tirée du poème « Man was made to mourn : A Dirge » (« L'homme est fait pour gémir, chant funèbre »), datant de 1784, de Robert Burns. Né en 1759 et mort en 1796, ce célèbre poète écossais est l'un des précurseurs du romantisme.

que j'étais dans la nègrerie Williams, nom que je n'avais jamais entendu auparavant. Il m'en décrivit les rouages. Je lui racontai les détails de ma mésaventure, mais la seule consolation qu'il put m'offrir fut sa compassion. Il me conseilla de me taire dorénavant au sujet de mon statut d'homme libre car, m'assura-t-il, étant donné la personnalité de Burch, le fouet serait sa seule réponse.

Le nom du cadet était John Williams. Il avait grandi en Virginie, non loin de Washington. Burch l'avait pris en guise de remboursement d'une dette, et John gardait sans faillir l'espoir que son maître viendrait le racheter – espoir qui se réalisa par la suite. Le petit était un enfant vif, qui répondait au nom de Randall. Il passait la plupart de son temps à jouer dans la cour mais, de temps en temps, il fondait en larmes, appelait sa mère et demandait quand elle allait venir. L'absence de sa mère semblait être l'unique et immense chagrin de son petit cœur. Il était trop jeune pour avoir conscience de sa condition et, quand son esprit n'était pas à sa mère, il nous amusait avec ses espiègleries charmantes.

La nuit, Ray, Williams et le petit dormaient dans le grenier tandis que j'étais enfermé dans ma cellule. Chacun d'entre nous reçut enfin une couverture, de celles qu'on utilise pour couvrir les chevaux – la seule literie dont je disposai durant les douze années qui suivirent. Ray et Williams me posèrent de nombreuses questions sur New York, sur le traitement réservé aux gens de couleur, sur le fait qu'ils pouvaient avoir leur propre maison, leur propre famille, sans personne pour les déranger ou les opprimer. Ray, en particulier, aspirait sans relâche à la liberté. Ce type de conversation n'avait jamais lieu en présence de Burch ou du gardien Radburn. De telles aspirations auraient fait tomber le fouet sur notre dos.

Il est nécessaire dans ce récit de parler d'endroits connus et des nombreuses personnes qui sont encore en vie aujourd'hui. Et ce, afin de faire une description complète et exacte des principaux événements de ma vie et de l'institution esclavagiste, telle que je l'ai vue et connue. Je suis, et j'ai toujours été, un étranger à Washington et ses environs ; Burch et Radburn mis à part, je n'y connais personne, exception faite de ceux dont j'ai entendu parler par mes compagnons de captivité. Ce que je m'apprête à vous raconter est aisément vérifiable.

Je restai à la nègrerie Williams pendant deux semaines. La veille de mon départ, une femme en pleurs fut amenée, elle tenait une petite fille par la main. C'étaient la mère de Randall et sa demi-sœur. Comblé de joie à ce spectacle, Randall s'accrochait à la robe de sa mère, embrassait la petite et exprimait tous les signes d'affection possibles. La mère le prit aussi dans ses bras, l'enlaça avec amour, le regarda affectueusement à travers ses larmes, l'appela par des noms tendres.

Emily, l'enfant, avait sept ou huit ans, la peau claire et un visage de toute beauté. Ses cheveux tombaient en boucles sur sa nuque. Le style et l'élégance de sa robe, le caractère soigné de son apparence indiquaient qu'elle avait été élevée dans un milieu aisé. C'était en effet une adorable enfant. La femme portait de la soie, des bagues et des boucles d'oreilles en or. Son air, ses manières, la correction de son langage, tout désignait de façon évidente qu'elle avait vécu bien au-dessus du niveau commun des esclaves. Elle semblait stupéfaite de se retrouver dans un tel endroit. C'était manifestement un revers de fortune inattendu qui l'avait conduite ici. Malgré ses supplications, on les enferma, elle et ses enfants, avec moi, dans la cellule. Les lamentations incessantes de la mère étaient indescriptibles. Elle se jeta sur le sol et, enlaçant ses enfants, les inonda de mots affectueux comme seuls l'amour et la bonté maternels peuvent en formuler. Ils se blottirent contre elle, comme si c'était le seul endroit au monde où ils étaient en sécurité. Ils finirent par s'endormir, leur tête sur ses genoux. Tandis qu'ils dormaient, elle caressa leur visage, dégageant leurs cheveux de leur front, et leur parla toute la nuit. Elle les appela ses chéris, ses petits bébés, pauvres choses innocentes qui ignoraient quelles souffrances ils allaient devoir endurer. Bientôt ils n'auraient plus de mère pour les réconforter, ils lui seraient enlevés. Qu'adviendrait-il alors d'eux ? Oh ! Elle ne pouvait pas vivre loin de sa petite Emmy et de son garçon bien-aimé. Ils avaient toujours été de bons enfants, ils montraient tellement de tendresse. Dieu lui était témoin, dit-elle, que son cœur se briserait si on les lui enlevait. Elle n'ignorait pourtant pas qu'on voulait les vendre, qu'ils seraient peut-être séparés et ne se reverraient jamais plus. Écouter le désespoir de cette mère dévastée et bouleversée aurait fait fondre un cœur de pierre. Elle s'appelait Eliza, et voici l'histoire de sa vie, telle qu'elle me la raconta par la suite.

Elle était l'esclave d'un homme riche, Berry, qui vivait dans les environs de Washington. Je crois qu'elle affirma être née dans sa plantation. Des années auparavant, il avait sombré dans la débauche et s'était querellé avec sa femme. Ils se séparèrent, en effet, peu après la naissance de Randall. Laissant sa femme et sa fille dans la maison qu'elles avaient toujours occupée, le maître en fit construire une autre à côté, sur le domaine. Il y emmena Eliza et lui promit de les affranchir, elle et ses enfants, si elle vivait avec lui. Elle passa là neuf ans, entourée de domestiques à son service et de tout le confort et le luxe qu'on puisse désirer. Emily était la fille de Berry ! Sa jeune maîtresse, qui était restée avec sa mère dans la maison principale, finit par épouser un certain Jacob Brooks. Avec le temps, pour une raison ou pour une autre (à ce que j'ai compris d'après son récit), et sans que Berry puisse rien y faire, on divisa le domaine en deux. Eliza et ses enfants devinrent la propriété de M. Brooks. Elle avait vécu avec Berry neuf ans durant et, par la position qu'elle et Emily avaient, de fait, occupée au côté du maître, elles étaient devenues l'objet de toutes les haines et rancœurs de Mme Berry et de sa fille. Eliza décrivait Berry comme un homme naturellement bon, qui lui avait toujours promis qu'elle obtiendrait sa liberté et qui, elle n'en doutait pas, la lui aurait donnée à ce moment-là si cela avait été en son pouvoir. Dès qu'elles devinrent la propriété de la fille de Berry, il sembla manifeste qu'elles ne vivraient plus longtemps ensemble. La vue d'Eliza était odieuse à Mme Brooks, tout comme celle de l'enfant, sa propre demi-sœur, aussi belle que puisse être Emily.

Le jour où Eliza fut conduite à la nègrerie, Brooks l'avait emmenée en ville sous prétexte qu'il était temps de lui procurer son certificat d'affranchissement, comme l'avait promis son maître. Euphorique à l'idée de leur liberté imminente, elle se para, ainsi que la petite Emily, de ses plus beaux habits, et suivit Brooks le cœur joyeux. Une fois en ville, au lieu d'être enfin baptisée au sein de la famille des hommes libres, elle fut vendue à Burch. Le seul papier que l'on rédigea fut une facture. L'espoir nourri pendant tant d'années vola en éclats en un instant. Ce jour-là, Eliza descendit des hauteurs de la plus grande exaltation aux profondeurs les plus misérables. Il n'était pas étonnant qu'elle pleure autant, qu'elle emplisse la nègrerie de ses lamentations et des cris de détresse de son cœur déchiré.

Eliza est aujourd'hui morte. Loin en amont de la Red River, là où les eaux de la rivière s'écoulent paresseusement à travers les marécages pestilentiels de Louisiane, elle repose enfin dans sa tombe – seul lieu de répit pour un esclave ! Il sera expliqué dans la suite de ce récit comment elle se lamenta jour et nuit, sans être jamais consolée, et comment son cœur se brisa, ainsi qu'elle l'avait prévu, sous le poids du chagrin maternel.

Chapitre IV

Durant sa première nuit d'incarcération à la nègrerie, Eliza se plaignit amèrement, et à plusieurs reprises, de Jacob Brooks, le mari de sa jeune maîtresse. Elle déclara que si elle avait eu la moindre idée du tour qu'il avait voulu lui jouer, il ne l'aurait jamais amenée jusqu'ici vivante. Il avait profité de ce que M. Berry s'était absenté de la plantation pour l'en éloigner, elle. M. Berry avait toujours été bon avec elle. Elle aurait tant voulu le voir ! mais elle savait que même lui n'aurait pu la sauver désormais. Elle se remit alors à pleurer, embrassant ses enfants endormis, parlant à l'un puis à l'autre, tandis que ces derniers étaient plongés dans l'inconscience du sommeil, leur tête posée sur ses genoux. Ainsi passa la nuit, puis le jour, et, quand le soir tomba à nouveau, elle pleurait encore. Rien ne semblait pouvoir la consoler.

Un peu après minuit, la porte de la cellule s'ouvrit ; Burch et Radburn entrèrent, lanterne à la main. Burch, avec un juron, nous ordonna de plier nos couvertures sans délai et de nous tenir prêts à embarquer sur le bateau à vapeur. Il jura qu'il nous laisserait ici si l'on ne se dépêchait pas. Pour les tirer de leur sommeil, il secoua brutalement les enfants, qui avaient l'air « foutrement endormis », disait-il. Il sortit dans la cour, appela Clemens Ray, lui ordonna de quitter le grenier pour le rejoindre dans la cellule et de prendre avec lui sa couverture. Quand Clemens arriva, Burch nous mit côte à côte et nous enchaîna l'un à l'autre, ma main gauche à sa droite. John Williams était parti un ou deux jours plus tôt : à sa grande joie, son maître l'avait racheté. Burch nous ordonna à Clem et à moi d'avancer, Eliza et les enfants suivirent. Nous fûmes conduits dans la cour et, de là, nous empruntâmes le passage couvert puis un escalier, en haut duquel se trouvait une porte. Nous la franchîmes et nous nous retrouvâmes dans la salle du haut, celle où j'avais entendu les pas aller et venir le premier jour. La pièce était meublée d'un four, de quelques vieilles chaises et d'une longue table couverte de papiers. Les murs étaient blanchis à la chaux, il n'y avait pas de tapis au sol, on aurait dit une sorte de bureau. Je me souviens qu'une épée rouillée accrochée près d'une des fenêtres retint mon attention. La malle de Burch était là. Suivant ses ordres, j'en saisis une poignée avec ma main libre tandis qu'il prenait l'autre, nous passâmes la porte d'entrée qui donnait sur la rue dans le même ordre que celui dans lequel nous avions quitté la cellule.

C'était une nuit obscure. Tout était calme. Je pouvais voir les lumières, ou leur reflet, sur Pennsylvania Avenue, mais il n'y avait personne aux alentours, pas même un ivrogne. J'étais à deux doigts de tenter de m'échapper. J'aurais certainement essayé si je n'avais pas été menotté, quelles qu'aient pu en être les conséquences. Radburn se tenait à l'arrière, un grand bâton à la main, forçant les petits à avancer aussi vite qu'ils le pouvaient. Nous traversâmes ainsi, menottés et en silence, les rues de Washington, la capitale d'une nation dont les principes de gouvernement, nous dit-on, reposent sur le droit inaliénable de l'homme à la liberté et à la recherche du bonheur ! Bonjour, Columbia ! Columbia, terre du bonheur, ça, c'est sûr [1] !

Arrivés au bateau à vapeur, nous fûmes aussitôt enfermés dans la cale, au milieu des tonneaux et des caisses de marchandises. Un domestique de couleur nous apporta une lampe, la sirène retentit et bientôt le

---

1. Au XIXe siècle, *Hail Columbia* est un des chants patriotiques les plus populaires des États-Unis. Son premier vers est le suivant : « Hail Columbia, happy land ! » Northup le détourne ici de façon ironique (NdT).

navire se mit en route sur le Potomac[1], vers une destination inconnue. La sirène hurla à nouveau quand nous passâmes près de la tombe de Washington[2] ! Burch, la tête découverte, s'inclina respectueusement, et sans hésiter, devant les cendres sacrées de l'homme qui avait consacré son illustre vie à se battre pour la liberté de son pays.

Aucun de nous ne dormit cette nuit-là, à l'exception de Randall et de la petite Emily. Pour la première fois, Clem Ray paraissait complètement abattu. L'idée de prendre la direction du Sud lui était insupportable. Il laissait derrière lui ses amis, ceux qu'il avait connus dans sa jeunesse, tout ce qui était cher et précieux à son cœur… Il ne reviendrait probablement jamais. Eliza et lui mêlèrent leurs larmes, se lamentant sur leur cruel destin. Je m'efforçais de tenir bon. Je forgeai dans mon esprit une centaine de plans d'évasion, bien déterminé à tenter ma chance à la première occasion, si maigre soit-elle. J'avais cependant, à ce stade, accepté l'idée de ne plus rien dire au sujet de ma liberté de naissance. Cela n'aurait servi qu'à m'exposer à de mauvais traitements et à diminuer mes chances de libération.

---

1. Fleuve de l'est des États-Unis, qui arrose le district de Columbia et les États de Virginie et du Maryland.

2. George Washington (1732-1799) fut le premier président des États-Unis d'Amérique. Général en chef pendant la guerre d'Indépendance, il est considéré comme l'un des pères fondateurs de la nation.

Au matin, nous fûmes appelés sur le pont pour le petit déjeuner. Burch enleva nos chaînes et nous nous assîmes autour de la table. Il demanda à Eliza si elle voulait un petit verre de whisky. Elle refusa avec un remerciement poli. Durant le repas, nous gardâmes tous le silence. Une mulâtresse [1] qui nous servait sembla s'émouvoir de notre sort et nous incita à sourire et à ne pas nous décourager. Le petit déjeuner fini, on nous enchaîna de nouveau et Burch nous appela sur le pont arrière. Nous nous assîmes ensemble sur des caisses, demeurant silencieux en présence de Burch. De temps en temps, un passager marchait jusqu'à nous, nous observait un moment, puis s'en allait sans rien dire.

C'était une très belle matinée. Les champs sur les rives du fleuve verdoyaient déjà, bien plus tôt que ce dont j'avais l'habitude à cette époque de l'année. Le soleil était chaud et radieux, les oiseaux chantaient dans les arbres. Heureux oiseaux ! je les enviais… Je souhaitais avoir des ailes comme eux, qui fendraient l'air et voleraient vers le nord, là où mes oisillons attendaient vainement le retour de leur père.

En fin de matinée, le bateau rejoignit Aquia Creek [2]. Là, les passagers montèrent dans des diligences ; Burch et ses cinq esclaves en occupaient une à eux seuls.

---

1. Métisse.
2. Rivière, affluent du fleuve Potomac.

Burch riait avec les enfants et alla même, lors d'une escale, jusqu'à leur acheter un morceau de pain d'épice. Il me dit de redresser la tête et d'avoir l'air intelligent. Je pourrais peut-être trouver un bon maître si je me comportais bien. Je ne répondis pas. Son visage m'était si odieux que je ne pouvais pas le regarder. Je m'assis dans un coin et me pris à espérer du fond de mon cœur, comme je le fais encore parfois, que j'aurais un jour l'occasion de croiser de nouveau ce tyran, mais dans mon pays natal.

À Fredericksburgh [1], on nous transféra de la diligence dans un chariot et nous rejoignîmes Richmond, la ville principale de Virginie, avant la nuit. Une fois là-bas, on nous fit sortir du chariot et on nous emmena à pied vers une nègrerie située entre la gare et le fleuve, tenue par un certain M. Goodin. Elle était semblable à celle de Williams à Washington, sauf qu'elle était plus grande et que deux petites maisons entouraient la cour. On trouve souvent ce type de maisons dans les nègreries. Les acheteurs s'en servent pour examiner la marchandise humaine avant de conclure une transaction. La mauvaise santé d'un esclave, comme pour un cheval, diminue sa valeur marchande. Quand on ne donne aucune garantie, un examen minutieux est une affaire particulièrement importante pour un négrier.

---

1. Ville de l'État de Virginie, un État esclavagiste.

C'est Goodin lui-même qui nous accueillit : un homme petit et gros, avec un visage rond et dodu, des cheveux noirs et des moustaches, et une peau presque aussi sombre que certains de ses propres nègres. Son regard était dur et sévère, et il paraissait âgé d'une cinquantaine d'années. Burch et lui se saluèrent avec une grande cordialité. Ils étaient, de toute évidence, amis de longue date. Ils se serrèrent chaleureusement la main. Burch dit qu'il avait amené de la compagnie, et demanda à quelle heure partait le brick. On lui répondit qu'il devrait partir le lendemain à la même heure. Goodin se tourna vers moi, me prit le bras, me fit pivoter, me regarda attentivement avec l'air de quelqu'un qui se considérait comme un connaisseur, et comme s'il estimait mentalement combien je valais.

« Eh bien, mon garçon, d'où viens-tu ? »

M'oubliant un instant, je répondis :

« De New York.

– New York ! Bon Dieu ! Que faisais-tu là-bas ? » me demanda-t-il, étonné.

À cet instant, je vis Burch me regarder avec une expression de colère dont la signification n'était pas difficile à comprendre, et je dis aussitôt : « Je n'y étais qu'un court moment ! » Ainsi, je laissais croire que, même si j'étais allé aussi loin que New York, il était clair que je n'étais pas originaire de cet État libre, ni d'aucun autre.

Goodin se tourna ensuite vers Clem, puis vers Eliza et les enfants, les examinant tour à tour et leur posant différentes questions. Il était charmé par Emily, comme tous ceux qui ont posé les yeux sur la figure adorable de cette enfant. Elle n'était pas aussi soignée que lorsque je l'avais vue la première fois, ses cheveux étaient un peu dépeignés, mais sous leur abondance hirsute et douce rayonnait toujours un visage dont la beauté dépassait celle des minois les plus agréables. Dans l'ensemble, nous étions « un bon lot, un sacré bon lot », dit-il, en soulignant ses propos par plusieurs termes énergiques qui n'appartenaient pas à un vocabulaire de chrétien. Sur ce nous entrâmes dans la cour. Il y avait là un bon nombre d'esclaves, une trentaine, je dirais, certains allaient et venaient, d'autres étaient assis sur des bancs sous l'appentis. Ils étaient tous habillés avec soin, les hommes en chapeau, les femmes avec un foulard noué autour de la tête.

Burch et Goodin nous laissèrent, montèrent les marches qui menaient à l'arrière du bâtiment et s'assirent sur le seuil de la porte. Ils commencèrent à discuter, mais je ne pus entendre à quel sujet. Au bout de quelques minutes, Burch redescendit dans la cour, m'enleva mes chaînes et me conduisit dans l'une des petites maisons.

« Tu as dit à cet homme que tu venais de New York.

– Je lui ai dit que j'étais allé jusqu'à New York, c'est vrai, mais je ne lui ai pas dit que c'était de là que je venais, ni que j'étais un homme libre. Je ne pensais pas à mal, maître Burch. Je n'aurais rien dit si j'avais un peu réfléchi », répondis-je.

Il me regarda un instant, comme s'il était prêt à me dévorer, puis fit demi-tour et sortit. Il revint quelques minutes plus tard.

« Si jamais je t'entends redire un mot sur New York ou sur ta liberté, ce sera ton arrêt de mort. Je te tuerai, tu peux y compter », lança-t-il férocement.

Je pense qu'il comprenait encore mieux que moi le danger et la sanction liés à la vente d'un homme libre comme esclave. Il sentait la nécessité de me faire taire face au crime qu'il commettait sciemment. De toute évidence, si une urgence avait rendu nécessaire le sacrifice de ma vie, cette dernière n'aurait pas pesé bien lourd dans la balance. Il ne faisait aucun doute qu'il pensait ce qu'il disait.

Sous l'appentis, d'un côté de la cour, on avait construit une table sommaire et, au-dessus, un grenier faisant office de chambres, comme à la nègrerie de Washington. Nous dînâmes de pain et de porc à cette table, puis on me menotta à un homme corpulent, à la peau claire, plutôt gros et gras, dont le visage exprimait la plus grande mélancolie. C'était un homme intelligent et instruit. Enchaînés ensemble, nous en arrivâmes rapidement à nous raconter nos histoires respectives. Il s'appelait Robert. Comme moi, il était né libre et avait une femme et deux enfants à Cincinnati [1]. Il disait être venu dans le Sud avec deux hommes qui l'avaient engagé dans sa ville de résidence. Sans certificat d'homme libre, il avait été arrêté à Fredericksburgh, placé en détention et frappé jusqu'à ce qu'il « apprenne », comme je l'avais fait, la nécessité et la stratégie du silence. Il était à la nègrerie Goodin depuis trois semaines. Je m'attachai grandement à cet homme. Nous avions de l'empathie l'un pour l'autre et nous nous comprenions. Ce fut en larmes et le cœur meurtri que je le vis mourir, peu de jours après, et regardai pour la dernière fois son corps sans vie.

Robert et moi, ainsi que Clem, Eliza et ses enfants, dormîmes cette nuit-là sur nos couvertures dans l'une des petites maisons de la cour. Quatre autres personnes l'occupaient avec nous. Tous originaires de la même plantation, ils avaient été vendus et faisaient route vers le Sud. Il y avait David et sa femme Caroline, deux mulâtres, qui étaient plus que bouleversés. Ils redoutaient de se retrouver dans un champ de canne à sucre ou de coton, mais leur plus grande angoisse était d'être séparés. Mary, une grande fille svelte à la peau d'un noir de jais, était apathique et semblait indifférente. Comme beaucoup de ceux de sa classe, elle connaissait à peine l'existence du mot liberté. Élevée dans l'ignorance, comme une brute, elle ne possédait par conséquent pas beaucoup plus d'intelligence qu'une bête.

1. Ville de l'État de l'Ohio, un État libre.

Elle faisait partie de ceux, et ils sont nombreux, qui ne craignent rien d'autre que le fouet de leur maître et ne connaissent d'autre devoir que celui d'obéir à sa voix. Enfin, il y avait Lethe. C'était un tout autre personnage. Elle avait de longs cheveux lisses et plutôt les traits d'une Indienne que ceux d'une négresse. Elle avait un regard perçant et méchant, et prononçait sans relâche des mots de haine et de vengeance. Son mari avait été vendu. Elle ne savait pas où il se trouvait. Elle était convaincue que son prochain maître ne saurait être pire que le précédent. Peu lui importait où on l'emmènerait. Montrant du doigt les cicatrices sur son visage, cette créature désespérée attendait le jour où elle pourrait les effacer avec du sang humain !

Tandis que nous écoutions le récit des malheurs de chacun, Eliza restait assise seule dans un coin, chantant des cantiques et priant pour ses enfants. Épuisé par le manque de sommeil, je ne pus résister plus longtemps aux avances du « doux réparateur [1] » et, m'allongeant près de Robert sur le sol, j'oubliai vite mes problèmes et dormis jusqu'à l'aube.

Le matin, après que nous eûmes balayé la cour et que nous nous fûmes lavés sous la surveillance de Goodin,

1. Allusion à l'expression anglaise « Tired nature's sweet restorer, balmy sleep ! » (« Baume du sommeil, doux réparateur de la nature fatiguée »), tirée d'un poème d'Edward Young (1683-1765), auteur de *Night Thoughts* (1742-1745).

on nous ordonna de plier nos couvertures et de nous tenir prêts pour la suite de notre voyage. On informa Clem Ray qu'il n'irait pas plus loin : Burch, pour une raison ou une autre, avait décidé de le ramener avec lui à Washington. Il en était ravi. Nous nous séparâmes à la nègrerie de Richmond avec une poignée de main. Je ne l'ai jamais revu depuis. Mais, à ma grande surprise, j'appris à mon retour qu'il s'était échappé, que, en chemin vers la terre libre du Canada, il avait logé une nuit chez mon beau-frère à Saratoga, et qu'il avait informé ma famille du lieu et de la situation dans lesquels il m'avait laissé.

L'après-midi, on nous rangea deux par deux, les uns derrière les autres. De cette manière, Burch et Goodin nous conduisirent de la cour aux rues de Richmond puis au brick [1] *Orleans*. C'était un navire de taille respectable, tout équipé, et chargé principalement de tabac. Tout le monde monta à bord avant 17 heures. Burch nous apporta à chacun un gobelet en fer et une cuillère. Nous étions quarante esclaves à bord, tous ceux qui venaient de la nègrerie, à l'exception de Clem.

J'inscrivis mes initiales sur le gobelet avec un petit couteau de poche qu'on ne m'avait pas confisqué. Tout le monde m'entoura aussitôt, me demandant de graver leurs gobelets comme je l'avais fait pour le mien. Je finis par tous les contenter ; ils ne l'oublièrent pas, je crois.

1. Bateau à deux mâts.

Nous fûmes tous entassés dans la cale durant la nuit, la trappe baissée. Nous nous allongeâmes sur des caisses ou à n'importe quel endroit du sol où nous avions la place d'étendre nos couvertures.

Burch ne nous accompagna pas plus loin que Richmond ; il rentra avec Clem à la capitale. Il me fallut attendre douze ans, à savoir en janvier dernier, dans le bureau de la police de Washington, pour revoir son visage.

James H. Burch était un marchand d'esclaves : il achetait des hommes, des femmes et des enfants à bas prix et les revendait au prix fort. C'était un spéculateur de chair humaine – une profession honteuse, et qui n'est pas mieux considérée dans le Sud. Pour le moment, il disparaît des scènes rapportées dans ce récit, mais il réapparaîtra avant la fin, non pas dans le rôle d'un tyran fouetteur d'hommes, mais dans celui d'un criminel arrêté et obséquieux envers un tribunal qui, hélas, ne le condamnera pas.

Chapitre V

Une fois que nous fûmes tous embarqués, le brick *Orleans* descendit la James River. Traversant Chesapeake Bay, nous arrivâmes le jour suivant en face de

Norfolk et y jetâmes l'ancre. Une péniche venue de la ville s'approcha de nous, amenant quatre esclaves supplémentaires. Frederick, un garçon de dix-huit ans, était né esclave, tout comme Henry, qui avait quelques années de plus. Tous deux avaient travaillé comme domestiques à la ville. Maria était une fille de couleur, d'apparence assez raffinée. Sa silhouette était parfaite, mais elle était ignorante et extrêmement vaniteuse. L'idée d'aller à La Nouvelle-Orléans lui plaisait. Elle se faisait une opinion extravagamment haute de ses charmes. D'un air arrogant, elle déclara à ses compagnons qu'elle n'avait aucun doute sur le fait que, dès notre arrivée à La Nouvelle-Orléans, un gentilhomme de goût, riche et célibataire, l'achèterait immédiatement !

Mais le plus remarquable des quatre était un homme du nom d'Arthur. Quand la péniche s'approcha, il lutta vigoureusement contre ses gardes. C'est par la force qu'il fut traîné à bord. Il protesta bruyamment contre le traitement qu'il recevait et exigea d'être libéré. Son visage était enflé, couvert de blessures et de bleus, et l'un de ses profils n'était vraiment qu'une plaie à vif. On se hâta de le pousser de force à travers la trappe, puis on l'enferma dans la cale. En le voyant se débattre alors qu'on l'emmenait, je compris les grandes lignes de son histoire. Il m'en fit plus tard un exposé complet. Résident de longue date de la ville de Norfolk, il était un homme libre. Il avait une famille qui vivait là-bas, et était maçon de métier. Un soir, ayant dû s'attarder, il rentra tard chez lui dans la banlieue de la ville. Dans une rue déserte, il fut attaqué par un groupe d'inconnus. Il se battit jusqu'à ce que la force lui manque. Une fois qu'ils l'eurent maîtrisé, les hommes le bâillonnèrent et l'attachèrent avec des cordes, puis on le frappa jusqu'à ce qu'il sombre dans l'inconscience. On le cacha pendant plusieurs jours dans la nègrerie de Norfolk – un établissement très banal, semble-t-il, dans ces villes du Sud. La nuit précédente, on l'en avait sorti et on l'avait fait embarquer sur la péniche, qui avait pris le large et attendu notre arrivée. Arthur continua de protester pendant un moment, sans jamais se résigner. Il finit par se taire et sombra dans une humeur tourmentée et lugubre. On aurait dit qu'il conversait avec lui-même. Il y avait sur son visage quelque chose de proche du désespoir.

Après avoir quitté Norfolk, on nous enleva nos chaînes et nous fûmes autorisés à rester sur le pont durant la journée. Le capitaine prit Robert comme domestique et je fus désigné responsable de la cuisine, de la distribution d'eau et de nourriture. J'avais trois assistants : Jim, Cuffee et Jenny. Jenny avait pour tâche de préparer le café, ce qui consistait à griller de la semoule de maïs dans une bouilloire, la faire bouillir puis la sucrer à la mélasse [1]. Jim et Cuffee faisaient cuire

1. Un liquide sucré et brun.

la galette et revenir le lard. Je me tenais derrière la table, une large planche posée sur deux tonneaux, coupais et donnais à chacun une tranche de viande et une rondelle de pain. Je leur versais aussi une tasse de café de la bouilloire de Jenny. On se passait d'assiettes et leurs doigts sombres faisaient office de couteaux et de fourchettes. Jim et Cuffee étaient réservés et consciencieux. Flattés de leur position de sous-chefs, ils pensaient, à n'en pas douter, qu'une grande responsabilité leur incombait. On m'appelait « l'intendant », nom que m'avait donné le capitaine.

Les esclaves mangeaient deux fois par jour, à 10 heures et à 17 heures, et recevaient toujours la même quantité de nourriture, comme décrit ci-dessus. La nuit, nous étions enfermés dans la cale et lourdement enchaînés.

Nous avions à peine perdu la terre de vue qu'une violente tempête éclata. Le navire tangua et plongea au point que nous craignions qu'il ne coule. Certains étaient malades, d'autres priaient à genoux, tandis que d'autres encore se serraient les uns contre les autres, paralysés par la peur. Le mal de mer fit de notre cachot un endroit dégoûtant et répugnant. Il aurait été heureux pour la plupart d'entre nous que la mer, dans sa compassion, nous arrache ce jour-là des griffes d'hommes sans cœur – cela nous aurait épargné la souffrance de centaines de coups de fouet et, pour finir, une mort lamentable. Imaginer Randall et la petite Emmy sombrant dans les profondeurs monstrueuses est moins douloureux que de les savoir ployant, comme c'est probablement le cas aujourd'hui, sous le fardeau d'une vie de labeur dont ils ne récoltent pas les fruits.

Quand la rive des Bahamas fut en vue, dans un lieu appelé « Old Point Compass », ou « The Hole in the Wall », nous fûmes immobilisés trois jours. Il n'y avait presque aucun souffle de vent. Les eaux du golfe étaient d'un blanc singulier qui rappelait le calcaire.

À ce stade de l'histoire, j'en arrive au récit d'un événement auquel je ne peux repenser sans un certain regret. Cependant je remercie Dieu, qui m'a depuis permis d'échapper à la coupe de l'esclavage, de m'avoir, par Son intervention miséricordieuse, empêché de tacher mes mains du sang de Ses créatures. Que ceux qui n'ont jamais connu la situation dans laquelle je me trouvais ne me jugent pas trop sévèrement. Tant qu'ils n'ont pas été enchaînés et battus, tant qu'ils ne se sont pas retrouvés dans la situation dans laquelle j'étais – enlevé à mon pays et aux miens pour être emmené en pays d'esclavage –, qu'ils se gardent de dire ce qu'ils feraient ou non pour leur liberté. Dans quelle mesure mon comportement aurait pu se justifier aux yeux de Dieu et des hommes, il n'est pas nécessaire d'en débattre aujourd'hui. Il suffit de dire que je peux me féliciter qu'une affaire qui, à un moment, aurait pu avoir de graves conséquences se soit terminée sans grands dommages.

Dans la soirée, au premier jour d'accalmie, Arthur et moi étions à la proue du navire, assis sur un treuil. Nous discutions du sort qui nous attendait sans doute et nous nous lamentions tous deux sur nos malheurs. Arthur disait, et j'étais d'accord avec lui, que la mort était bien moins terrible que la perspective de la vie qui s'ouvrait pour nous. Nous parlâmes longtemps de nos enfants, de nos vies passées et de nos chances d'évasion. L'un de nous émit l'idée de prendre le contrôle du bateau. Nous discutâmes de notre capacité, le cas échéant, à rejoindre le port de New York. Je ne connaissais rien aux boussoles, mais l'idée de tenter l'expérience fut débattue avec passion. On estima nos chances, en pesant le pour et le contre. On détermina, au sein de l'équipage, ceux à qui l'on pouvait se fier, ceux à qui l'on ne pouvait pas faire confiance, le moment opportun et la façon d'attaquer… Tout fut débattu à maintes reprises. À partir du moment où notre complot commença à prendre forme, je me mis à espérer. J'y pensais constamment. À mesure que les difficultés se présentaient, notre esprit trouvait le moyen de les contourner. Quand les autres dormaient, Arthur et moi affinions nos plans. Puis, avec beaucoup de précautions, nous mîmes progressivement Robert dans la confidence. Il approuva tout de suite et entra avec zèle dans la conspiration. Il n'y avait pas d'autre esclave à qui nous osions nous fier. Il est impressionnant de voir comment ces derniers, élevés dans la peur et l'ignorance, se courbent servilement sous le regard d'un homme blanc. Il n'aurait pas été prudent de confier ce dangereux secret à l'un d'eux, et nous décidâmes finalement, tous les trois, d'assumer seuls la terrible responsabilité de cette tentative.

La nuit, comme je l'ai dit, on nous conduisait à la cale et on refermait la trappe sur nous. La première difficulté était donc de savoir comment rejoindre le pont. J'avais remarqué, à la proue du bateau, une petite barque retournée. Je me dis que, si nous nous cachions dessous, personne ne remarquerait notre absence, puisque nous étions censés être enfermés dans la cale durant la nuit. Je fus désigné pour tenter l'expérience, afin de nous assurer de sa faisabilité. Le lendemain soir, donc, après dîner, guettant l'occasion, je me cachai sous la barque en hâte. Allongé sur le pont, je pouvais voir ce qui se passait autour de moi sans être moi-même repéré. Au matin, quand mes compagnons remontèrent, je me glissai hors de ma cachette sans être vu. Le résultat était entièrement satisfaisant.

Le capitaine et son lieutenant dormaient dans la même cabine. Nous eûmes plusieurs occasions, grâce au statut de domestique de Robert, d'enquêter et de déterminer la position exacte de leurs couchettes respectives. Robert nous informa également qu'il y avait toujours deux pistolets et un coutelas posés sur la table.

Le cuisinier de l'équipage dormait dans la cambuse[1] sur le pont, une sorte de roulotte que l'on pouvait déplacer à l'envi, tandis que les matelots, qui n'étaient que six, couchaient soit sur le gaillard[2], soit dans des hamacs accrochés au gréement[3].

Notre plan fut enfin prêt. Arthur et moi devions nous faufiler dans la cabine du capitaine, prendre les pistolets et le coutelas, et les tuer, lui et le lieutenant, aussi vite que possible. Robert se tiendrait avec une massue devant la porte qui menait du pont à la cabine et retiendrait les marins, si nécessaire, jusqu'à ce que nous puissions venir l'aider. La suite dépendait des circonstances. Si l'attaque était rapide et réussie, sans aucune résistance, la trappe de la cale resterait fermée. Dans le cas contraire, on ferait appel aux esclaves. Alors, dans la cohue, dans la hâte et la confusion, nous n'aurions plus qu'un seul choix : reprendre notre liberté ou perdre la vie. J'aurais alors pris le poste, peu familier, de pilote et, barrant vers le nord, nous comptions sur un vent heureux pour nous conduire vers les terres de la liberté.

Le lieutenant s'appelait Biddee, quant au capitaine, je ne m'en souviens plus aujourd'hui – j'oublie pourtant rarement un nom une fois entendu. Le capitaine était

---

1. Espace où sont entreposés les vivres d'un équipage.
2. Partie surélevée à l'avant ou à l'arrière du pont d'un navire.
3. Ensemble de cordes servant à la manœuvre des voiles.

un homme petit et distingué, droit et vif, qui semblait être l'incarnation du courage. S'il est toujours en vie et que ses yeux lisent ces pages, il apprendra quelque chose sur la traversée de Richmond à La Nouvelle-Orléans, en 1841, qui n'était pas consigné dans son carnet de bord.

Nous étions tous prêts et attendions avec impatience l'occasion de mettre nos plans à exécution, quand ils furent anéantis par un événement aussi triste que soudain. Robert tomba malade. On nous annonça qu'il avait la variole[1]. Son état continua d'empirer, et il mourut quatre jours avant notre arrivée à La Nouvelle-Orléans. L'un des matelots cousit son cadavre dans sa couverture, une grosse pierre du ballast[2] à ses pieds. Puis, couché sur la trappe et hissé par des chaînes au-dessus du bastingage[3], le corps inanimé du pauvre Robert fut abandonné aux eaux blanches du golfe.

L'arrivée de la variole nous saisit tous de panique. Le capitaine ordonna que l'on passe la cale à la chaux, et d'autres précautions furent prises. La mort de Robert et la présence de la maladie à bord m'affectaient

1. Grave maladie, très contagieuse. Entre autres symptômes, elle cause des éruptions de pustules qui laissent aux malades des cicatrices permanentes.

2. Poids, sous forme de pierres ou de gravats, chargé sur un navire pour assurer sa stabilité.

3. Parapet bordant le pont d'un navire.

lourdement, et je scrutais l'infini des eaux dans un malheur inconsolable.

Un soir ou deux après les funérailles de Robert, j'étais appuyé à l'écoutille[1] près du gaillard, plein de pensées mélancoliques, quand un matelot me demanda d'une voix douce pourquoi j'avais l'air si abattu. Son intonation et ses manières me rassurèrent ; je répondis que c'était parce que j'étais un homme libre et que j'avais été enlevé. Il y avait là de quoi faire perdre courage à n'importe qui, remarqua-t-il, et il continua de m'interroger jusqu'à connaître tous les détails de mon histoire. De toute évidence, mon cas l'intéressa vivement et il jura, dans le langage sans détour du marin, qu'il m'aiderait autant qu'il le pourrait, même s'il devait « se couler par le fond ». Je lui demandai de me fournir une plume, de l'encre et du papier afin d'écrire à des amis. Il me promit de me les obtenir ; mais la difficulté était de réussir à les utiliser sans être découvert. Si seulement je pouvais me glisser dans le gaillard quand sa garde était terminée et que les autres matelots dormaient, la chose pourrait se faire. La petite barque me vint tout de suite à l'esprit. Le marin pensait que nous n'étions pas loin du fort de la Balise, à l'entrée du Mississippi, et qu'il était nécessaire d'écrire cette lettre au plus vite, ou l'occasion serait perdue. En m'arrangeant, je parvins la nuit suivante à me cacher à nouveau

1. Ouverture pratiquée dans le pont d'un bateau.

sous la barque. Sa garde s'achevait à minuit. Je le vis passer sur le gaillard et l'y rejoignis au bout d'une heure. La tête du marin, à demi assoupi, chancelait au-dessus de la table sur laquelle une maigre lumière tremblait. Il y avait également une plume et du papier. Il se leva quand j'entrai, me fit signe de m'asseoir à côté de lui et me montra la feuille du doigt. J'adressai à Henry B. Northup de Sandy Hill une lettre où je déclarai avoir été enlevé et me trouver à bord du brick *Orleans* en direction de La Nouvelle-Orléans. J'expliquai qu'il était impossible alors pour moi de déterminer ma destination finale, et demandai que des mesures soient prises pour me secourir. La lettre fut scellée et libellée. Le marin, après l'avoir lue, me promit de la déposer à la poste de La Nouvelle-Orléans. Je me pressai de retrouver ma position sous la barque et, au matin, quand les esclaves montèrent sur le pont, j'en sortis sans être vu et me mêlai à eux.

Mon bon ami, dont le nom était John Manning, était anglais de naissance, un cœur noble, le marin le plus généreux qui ait jamais marché sur un pont. Il avait vécu à Boston ; il était grand, bien bâti, âgé d'environ vingt-quatre ans. Son visage était marqué par la variole, mais il exprimait la bienveillance.

Rien ne vint perturber la monotonie de notre quotidien jusqu'à notre arrivée à La Nouvelle-Orléans. Quand le navire approcha du quai, avant même qu'il soit arrimé, je vis Manning sauter sur le rivage et se hâter vers la ville. En partant, il regarda par-dessus son épaule de manière entendue pour me faire comprendre l'objet de sa course. À son retour, il passa près de moi, me donna un coup de coude et me fit un clin d'œil qui voulait dire : « Tout va bien. »

La lettre, comme je l'appris plus tard, arriva bien à Sandy Hill. M. Northup se rendit à Albany pour la présenter au gouverneur Seward [1] mais, vu qu'elle ne donnait aucune information quant à ma localisation probable, on ne crut pas possible, à l'époque, de lancer des mesures pour ma libération. On conclut qu'il fallait les reporter, avec la certitude qu'on obtiendrait un jour ou l'autre des informations concernant l'endroit où je me trouvais.

Une scène heureuse et émouvante eut lieu à notre arrivée à quai. Manning venait de quitter le navire pour la poste, quand deux hommes apparurent et crièrent le nom d'Arthur. Ce dernier, les reconnaissant, éclata de joie. On eut du mal à l'empêcher de sauter par-dessus bord. Quand ils se retrouvèrent, un instant plus tard, il saisit leurs mains et ne les lâcha plus pendant un long moment. Ces hommes venaient de Norfolk et ils étaient descendus à La Nouvelle-Orléans pour le sauver. Ses ravisseurs, l'informèrent-ils, avaient été arrêtés puis

1. William Henry Seward (1801-1872), homme politique abolitionniste et gouverneur de l'État de New York de 1838 à 1842.

enfermés dans la prison de Norfolk. Ils discutèrent un moment avec le capitaine puis s'en allèrent avec Arthur, qui rayonnait de bonheur.

Mais dans la foule qui peuplait le quai, personne ne me connaissait ni ne m'attendait. Personne. Aucune voix familière ne parvint à mes oreilles, pas un visage que j'aurais déjà vu. Bientôt, Arthur allait rejoindre sa famille et aurait la satisfaction de se venger des torts qu'on lui avait causés. Hélas, reverrais-je un jour les miens ?

Il y avait dans mon cœur, plein du regret désespéré de ne pas avoir suivi Robert au fond de l'océan, un sentiment de profonde désolation.

Peu après, marchands et mandataires montèrent à bord. L'un d'entre eux, un homme grand au visage émacié, à la peau claire et au dos courbé, apparut, un papier à la main. On lui confia le groupe de Burch qui se composait d'Eliza et des enfants, de Harry, de Lethe et de quelques autres qui nous avaient rejoints à Richmond. Ce gentilhomme était M. Theophilus Freeman. En lisant ses papiers, il appela « Platt ». Personne ne répondit. Il appela encore et encore mais il n'y eut aucune réponse. Puis Lethe fut appelée, puis Eliza, puis Harry, jusqu'à ce que la liste soit finie, chacun faisant un pas en avant à l'appel de son nom.

« Capitaine, où est Platt ? » demanda Theophilus Freeman.

Le capitaine fut dans l'incapacité de lui répondre, car personne à bord ne répondait à ce nom.

« Qui a envoyé *ce* négro [1] ? demanda-t-il au capitaine en me montrant du doigt.

– Burch, répondit le capitaine.

– Ton nom est Platt, tu corresponds à ma description. Pourquoi tu n'avances pas ? » m'interrogea-t-il avec colère.

Je l'informai que ce n'était pas mon nom, que l'on ne m'avait jamais appelé ainsi mais que je n'y voyais, *a priori*, aucun inconvénient.

« Bien, je vais t'apprendre ton nom, dit-il. Et de façon à ce que tu ne l'oublies pas non plus, bon Dieu », ajouta-t-il.

Theophilus Freeman n'avait rien à envier à son associé Burch en matière de blasphème. On m'avait appelé « l'intendant » sur le navire, mais c'était la première fois que l'on me nommait « Platt » – le nom communiqué par Burch à son mandataire. Du bateau, j'observai un convoi d'esclaves enchaînés qui travaillaient sur le quai. Nous passâmes à côté d'eux quand on nous conduisit à la nègrerie Freeman. Celle-ci était très semblable à celle de Goodin à Richmond, sauf qu'en lieu et place du mur de briques, la cour était entourée de planches dressées et taillées en pointe.

---

1. En anglais, *nigger*, terme d'argot (*nigger* est aujourd'hui une insulte raciste). L'anglais *negro*, traduit par « nègre », est un terme neutre, sans connotation péjorative.

Il y avait alors une cinquantaine de personnes dans la nègrerie, nous compris. Après que nous eûmes déposé nos couvertures dans l'un des petits bâtiments de la cour, on nous appela pour manger. Ensuite, nous fûmes autorisés à nous promener dans l'enceinte jusqu'au soir. Puis nous nous enveloppâmes dans nos couvertures et nous nous couchâmes sous l'appentis, ou dans le grenier, ou dans la cour, selon ce que chacun préférait.

Je dormis peu cette nuit-là. Mon esprit était tourmenté. Était-il possible que je sois à des milliers de kilomètres de chez moi, qu'on m'ait traîné dans les rues comme une bête, enchaîné et frappé sans merci, qu'on nous ait rassemblés en troupeau avec d'autres esclaves, que je sois moi-même un esclave ? Les événements des dernières semaines étaient-ils bien réels ? Ou ne faisais-je que passer par les phases sombres d'un rêve qui s'éternisait ? Ce n'était pas une illusion. La coupe de mon chagrin était pleine au point de déborder. Alors je levai les mains vers Dieu et, veillant dans le silence de la nuit, entouré des corps endormis de mes compagnons, je demandai pitié pour le pauvre captif abandonné. À notre Père tout-puissant à tous – hommes libres et esclaves –, je déversai les supplications d'une âme brisée, implorant que, de là-haut, on me donne la force de supporter le fardeau de mes peines. Je suppliai jusqu'à ce que la lumière du matin réveille les dormeurs, pour inaugurer un nouveau jour de servitude.

Chapitre VI

Le lendemain, le très charmant et dévoué M. Theophilus Freeman, associé ou mandataire de James H. Burch et gardien de la nègrerie de La Nouvelle-Orléans, se rendit auprès de ses animaux de bon matin. Après quelques coups de pied envoyés aux hommes et femmes les plus vieux, et maints claquements de fouet destinés à chatouiller les oreilles des plus jeunes, tous furent bientôt levés et tout à fait réveillés. M. Theophilus Freeman s'affairait à préparer assidûment ses biens pour la salle des ventes, résolu à faire ce jour-là de bonnes affaires.

On nous demanda d'abord de nous laver méticuleusement et, pour ceux qui avaient une barbe, de nous raser. On nous donna ensuite à chacun un costume, de qualité médiocre mais propre. Les hommes recevaient un chapeau, un manteau, une chemise, un pantalon et des chaussures ; les femmes une robe de calicot [1] et un fichu pour se couvrir la tête. Nous fûmes alors emmenés dans une grande salle, située dans la partie avant du bâtiment auquel la cour se rattachait, afin d'être entraînés comme il se devait avant l'arrivée des clients. On regroupa les hommes d'un côté de la pièce, les femmes de l'autre. Le plus grand était placé en tête de

1. Toile de coton grossière.

rang, puis le deuxième plus grand, et ainsi de suite par ordre décroissant de taille. Emily se trouvait au bout de la ligne des femmes. Freeman nous intima l'ordre de nous souvenir de nos places et nous exhorta à avoir l'air intelligent et plein d'entrain. Il nous menaçait parfois, en brandissant des instruments propres à nous dissuader. Durant la journée, il nous entraîna à l'art « d'avoir l'air intelligent » et de nous rendre à nos places avec une exacte précision.

Après le repas, dans l'après-midi, on nous fit à nouveau parader et danser. Bob, un garçon de couleur qui avait à une époque appartenu à Freeman, jouait du violon. Debout près de lui, je me risquai à lui demander s'il savait jouer *Virginia Reel*[1]. Il me répondit que non et me demanda si, moi, je le savais. Comme je répondis par l'affirmative, il me tendit le violon. J'exécutai l'air du début à la fin. Freeman m'ordonna de continuer à jouer et parut très content, disant à Bob que je le surpassais de loin – cette remarque sembla grandement peiner mon compagnon musicien.

Le jour suivant, de nombreux clients demandèrent à voir le nouveau lot de Freeman. Celui-ci, très en verve, revenait sans cesse et longuement sur nos nombreux atouts et qualités. Il nous faisait relever la tête, marcher à vive allure d'avant en arrière, tandis que les clients

---

1. Air de musique populaire, d'origine écossaise.

tâtaient nos mains, nos bras et notre corps, nous faisaient tourner, nous demandaient ce que l'on savait faire, nous faisaient ouvrir la bouche et montrer nos dents, exactement comme un jockey examine un cheval qu'il est sur le point d'échanger ou d'acheter. Parfois, un homme ou une femme était ramené dans l'un des petits bâtiments de la cour, déshabillé et inspecté plus minutieusement. Des cicatrices sur le dos d'un esclave étaient la preuve d'un esprit rebelle et indiscipliné, ce qui nuisait à sa vente.

Un vieux monsieur qui disait avoir besoin d'un cocher sembla s'intéresser à moi. J'appris de sa conversation avec Freeman qu'il résidait en ville. Je désirais grandement qu'il m'achète, parce que je pensais qu'il ne serait pas difficile de m'échapper de La Nouvelle-Orléans par un navire en direction du nord. Freeman lui demanda 1 500 dollars pour moi. Le vieux monsieur répondit que c'était trop, que les temps étaient très durs. Freeman déclara cependant que j'étais fort et sain, de bonne constitution et intelligent. Il tint à détailler mes talents musicaux. Le vieux monsieur répliqua, assez adroitement, que le négro n'avait rien d'extraordinaire et partit finalement, à mon grand regret, en disant qu'il repasserait. Plusieurs ventes furent conclues dans la journée, cependant. David et Caroline furent achetés par un planteur de Natchez [1].

---

1. Ville du Mississippi.

Ils nous quittèrent avec un large sourire, heureux de ne pas avoir été séparés. Lethe fut vendue à un planteur de Baton Rouge[1], et ses yeux brillaient de colère quand on l'emmena.

Le même homme acheta également Randall. On demanda au petit de sauter, de courir à travers la pièce et d'exécuter encore d'autres acrobaties, pour montrer son énergie et sa bonne santé. Eliza pleura bruyamment, se tordant les mains de désespoir, pendant toute la durée de la transaction. Elle supplia l'homme de n'acheter Randall que s'il les achetait également, Emily et elle. Elle promit d'être l'esclave la plus fidèle au monde. L'homme répondit qu'il ne pouvait pas se le permettre et Eliza éclata en sanglots, au comble du chagrin. Freeman se tourna vers elle brutalement, le fouet levé, et lui ordonna de cesser ses pleurs, ou il la punirait. Il ne tolérerait pas ce tapage, ces jérémiades et, à moins qu'elle ne cesse immédiatement, il l'emmènerait dans la cour et lui donnerait cent coups de fouet. Oui, il lui enlèverait ces sottises de la tête assez rapidement. S'il ne le faisait pas, que le diable l'emporte ! Eliza recula devant lui et tenta d'essuyer ses larmes, en vain. Elle voulait passer avec ses enfants, disait-elle, le peu de temps qui lui restait à vivre. Tous les regards sévères, toutes les menaces de Freeman ne surent faire taire complètement cette mère meurtrie. Elle continua à les

1. Capitale de l'État de Louisiane.

supplier, à les prier de ne pas les séparer, d'une façon véritablement poignante. Elle leur redit, encore et encore, combien elle aimait son fils. Maintes fois elle répéta sa promesse précédente, combien elle serait fidèle et obéissante, combien elle travaillerait jour et nuit, jusqu'au dernier instant de sa vie, si seulement il acceptait de les acheter tous ensemble. Mais ce fut en vain, l'homme ne pouvait pas se le permettre. L'affaire fut faite, et Randall dut partir, seul. Eliza courut alors à lui, l'enlaça passionnément, l'embrassa encore et encore et lui dit de se souvenir d'elle… Ses larmes tombaient comme la pluie sur le visage de l'enfant.

Freeman pesta contre elle, la traita de pleurnicheuse, de brailleuse, et lui ordonna de retourner à sa place et d'avoir un peu de tenue et de dignité. Il jura qu'il ne tolérerait pas beaucoup plus longtemps un tel comportement. Il lui donnerait bientôt une raison de pleurer si elle ne faisait pas attention ; ça, elle pouvait y compter.

Le planteur de Baton Rouge était prêt à partir avec ses nouvelles acquisitions.

« Ne pleure pas, Maman, je serai un bon garçon. Ne pleure pas », dit Randall, en se retournant, alors qu'ils passaient la porte.

Ce qu'il est advenu du gamin, Dieu seul le sait. Quelle triste scène ! J'aurais moi-même pleuré, si j'avais osé.

Cette nuit-là, presque tous les anciens passagers du brick *Orleans* tombèrent malades. Ils se plaignaient de douleurs violentes à la tête et au dos. La petite Emily pleurait constamment, ce qui n'était pas dans ses habitudes. Au matin, on appela un docteur, mais il fut incapable de déterminer la nature de nos souffrances. Alors qu'il m'examinait en m'interrogeant sur mes symptômes, je lui dis que je pensais qu'il s'agissait d'une épidémie de variole, mentionnant pour preuve la mort de Robert. C'était possible, en effet, pensa-t-il. Il dit qu'il enverrait le médecin-chef de l'hôpital. Ce dernier arriva peu après – c'était un homme petit aux cheveux clairs, qu'on appelait Dr Carr. Il déclara que c'était bien la variole, ce qui provoqua une grande inquiétude dans la cour. Peu après son départ, Eliza, Emmy, Harry et moi-même fûmes mis dans une carriole et conduits à l'hôpital, un grand bâtiment de marbre blanc, situé au sortir de la ville. On nous plaça, Harry et moi, dans une chambre des étages supérieurs. Je tombai très malade. Durant trois jours, je fus complètement aveugle. Bob passa, un jour que j'étais couché dans cet état. Il dit au Dr Carr que Freeman l'avait envoyé prendre de nos nouvelles.

« Dis-lui, répondit le docteur, que Platt va très mal, mais que s'il survit jusqu'à 21 heures, il s'en sortira peut-être. »

Je m'attendais à mourir. Bien que l'avenir ne me promette rien qui vaille la peine d'être vécu, l'approche de la mort me terrifiait. J'aurais pu me résigner à quitter ce monde si j'avais été au sein de ma famille, mais penser que j'allais mourir au milieu d'inconnus, dans de telles circonstances, était amer.

Nous étions nombreux à l'hôpital, des deux sexes et de tous les âges. On fabriquait des cercueils à l'arrière du bâtiment. Quand l'un mourait, le glas sonnait, et à ce signal le croque-mort venait chercher le corps, pour l'emporter dans la fosse commune. Nuit et jour, le glas faisait entendre sa voix mélancolique, annonce d'une nouvelle mort. Mais mon heure n'était pas encore venue. La crise passée, je repris des forces et, après deux semaines et deux jours, je rentrai à la nègrerie avec Harry. Je portais sur mon visage les stigmates de la maladie, qui le défigurent encore aujourd'hui. Eliza et Emily furent également ramenées le jour suivant en carriole, et on nous fit à nouveau défiler dans la salle des ventes, pour être inspectés et examinés par les acheteurs. J'espérais toujours que le vieux monsieur qui cherchait un cocher reviendrait, comme il l'avait promis, pour m'acheter. Si tel était le cas, j'avais la conviction profonde de retrouver bientôt ma liberté. Les clients entraient, les uns après les autres, mais le vieux monsieur ne revint jamais.

Le temps passa. Un jour, alors que nous étions dans la cour, Freeman parut et nous ordonna de prendre nos places dans la grande salle. Quand nous entrâmes, nous trouvâmes un homme qui nous attendait. Comme celui-ci apparaîtra à de nombreuses reprises dans la suite de ce récit, il me paraît utile de vous le décrire et de vous donner mes premières impressions.

C'était un homme d'une taille supérieure à la moyenne, un peu voûté. Il était beau et semblait avoir une quarantaine d'années. Il n'y avait rien de gênant à sa présence ; au contraire, son visage et le ton de sa voix avaient quelque chose d'affable et d'attirant. On pouvait voir qu'il était animé des meilleurs sentiments. Il passa parmi nous, posant de nombreuses questions sur ce que nous savions faire, quelle tâche nous avions l'habitude d'accomplir, si nous pensions qu'il nous plairait de vivre avec lui, si nous saurions bien nous comporter s'il nous achetait et encore d'autres questions de la sorte.

Après avoir effectué une dernière inspection et débattu du prix, il offrit finalement à Freeman 1 000 dollars pour moi, 900 pour Harry et 700 pour Eliza. Je ne saurais dire si c'était parce que la variole avait déprécié notre valeur ou pour une autre raison que Freeman accepta de baisser de 500 dollars le prix auquel il m'avait d'abord estimé. Quoi qu'il en soit, après une brève réflexion tactique, il accepta l'offre.

La nouvelle replongea Eliza dans les plus cruelles souffrances. Elle avait à nouveau le visage hâve et les yeux creusés par la maladie et le chagrin. Ce serait un soulagement si je pouvais taire la scène qui s'ensuivit. Les souvenirs qu'elle ravive sont plus douloureux et plus poignants qu'on ne saurait le dire dans aucune langue. J'ai vu des mères embrasser une dernière fois le visage de leur défunte progéniture, je les ai vues regarder dans la tombe tandis que la terre, en tombant avec un bruit sourd sur le cercueil, soustrayait pour toujours leurs enfants à leur regard, mais je n'ai jamais vu éclater de douleur aussi intense, sans mesure et sans bornes, que celle d'Eliza lorsqu'elle fut séparée de son enfant. Elle quitta sa place dans le rang des femmes, courut vers Emily et la saisit dans ses bras. L'enfant, sentant l'imminence du danger, serra instinctivement ses mains autour du cou de sa mère et enfouit sa tête dans sa poitrine. Freeman ordonna sévèrement à Eliza de se calmer, mais elle ne l'écouta pas. Il l'attrapa par le bras et la tira violemment, mais elle ne s'agrippa que plus fort à l'enfant. Puis, dans une volée d'insultes, il lui assena un coup si impitoyable qu'elle chancela en arrière et manqua de tomber. Oh ! Comme elle supplia et pria alors, de façon si déchirante, pour qu'on ne les sépare pas ! Pourquoi ne pouvait-on pas les acheter toutes les deux ? Pourquoi ne pas lui laisser l'un de ses chers enfants ?

« Pitié, pitié, maître ! pleura-t-elle, tombant à genoux. Pitié, maître, achetez Emily. Je ne pourrai pas travailler si on me l'enlève : je mourrai. »

Freeman intervint à nouveau, mais elle ne tint pas compte de lui et continua à supplier de toute son âme. Elle raconta comment Randall lui avait été enlevé, qu'elle ne le reverrait jamais et que, mon Dieu, c'était trop dur, trop cruel de lui enlever Emily, sa fierté, sa seule chérie, qui ne pouvait pas vivre – elle était si jeune – sans sa mère !

Finalement, après maintes supplications, l'acheteur d'Eliza, de toute évidence ému, avança, dit à Freeman qu'il achetait également Emily et lui demanda quel était son prix.

« Quel est son *prix* ? *L'acheter*, elle ? » dit Theophilus Freeman en guise de réponse.

Et, répondant aussitôt à sa propre question, il ajouta :

« Je ne la vendrai pas, elle n'est pas à vendre. »

L'homme souligna qu'il n'avait pas besoin de quelqu'un de si jeune, que cela ne lui était d'aucun profit, mais que, puisque sa mère l'aimait tant, il paierait un prix raisonnable plutôt que de les voir séparées. Mais Freeman fut complètement sourd à cette offre pleine d'humanité. Il ne la vendrait sous aucun prétexte. Il y avait des montagnes d'argent à se faire avec elle, disait-il, quand elle aurait quelques années de plus. Il y avait suffisamment d'hommes à La Nouvelle-Orléans qui ne laisseraient jamais passer, quitte à payer 5 000 dollars, un morceau aussi extraordinaire, beau et élégant que celui que deviendrait Emily. Non, non, il ne la vendrait pas pour le moment. C'était une beauté, un tableau, une poupée, une de sang régulier, pas une de ces négresses lippues et stupides, tout juste bonnes à ramasser du coton… Que le diable l'emporte si ce n'était pas vrai !

Entendre la détermination de Freeman à ne pas se séparer d'Emily mit Eliza hors d'elle.

« Je ne partirai *pas* sans elle. On ne me la prendra *pas* », hurla-t-elle, ses cris se mêlant à la voix forte et courroucée de Freeman, qui lui ordonnait de se taire.

Entre-temps, Harry et moi, qui étions allés dans la cour puis revenus avec nos couvertures, nous étions à la porte, prêts à partir. Notre acheteur se tenait à nos côtés, et le regard qu'il jetait à Eliza trahissait son remords de l'avoir achetée au prix de tant de chagrin. Nous attendîmes un moment, jusqu'à ce que Freeman, à bout de patience, arrache Emily à sa mère avec violence, alors qu'elles s'accrochaient l'une à l'autre de toutes leurs forces.

« Ne me laisse pas, Maman, ne me laisse pas, hurla l'enfant alors qu'on éloignait violemment sa mère. Ne me laisse pas. Reviens, Maman », continua-t-elle de supplier, en tendant ses petits bras implorants.

Mais elle pleura en vain. On nous fit passer la porte en hâte jusqu'à la rue. On pouvait encore l'entendre appeler sa mère : « Reviens, Maman, ne me laisse pas. Reviens, Maman », jusqu'à ce que sa voix d'enfant disparaisse peu à peu et s'éteigne progressivement à mesure que la distance grandissait, jusqu'à ce qu'on ne l'entende plus.

Eliza ne revit jamais Emily ni Randall. Elle ne sut rien d'eux. Cependant, ils ne s'effacèrent jamais de sa mémoire, de jour comme de nuit. Dans le champ de coton, dans la case, tout le temps et partout, elle parlait d'eux ou, souvent, avec eux, comme s'ils avaient été présents. À partir de ce jour, ses seuls moments de réconfort furent les instants où elle s'absorbait dans cette illusion, ou bien ceux où elle dormait.

Eliza n'était pas une esclave ordinaire, comme nous l'avons dit. À l'intelligence innée qui était la sienne s'ajoutaient une culture générale et une connaissance de nombreux sujets. Elle avait joui d'opportunités que peu de gens de sa classe ont la chance de connaître. On l'avait élevée aux sphères d'une vie supérieure. La liberté, pour elle et ses enfants, avait été pendant des années sa nuée le jour, sa colonne de feu la nuit [1]. Tout au long de son pèlerinage à travers le monde sauvage de l'esclavage, elle avait gardé les yeux rivés sur ce phare plein d'espoir. Elle avait fini par atteindre « le sommet du Pisgah [2] » et avait entrevu « la Terre promise ». Mais, au moment le plus inattendu, elle fut terrassée par la déception et le désespoir : l'horizon glorieux de la liberté s'évanouit devant ses yeux alors qu'on la conduisait vers sa captivité. Désormais, « elle pleure et pleure dans la nuit : des larmes plein les

1. Dans la Bible, les Hébreux sont guidés hors d'Égypte où ils sont retenus en esclavage par Dieu qui prend la forme d'une colonne de nuée le jour et d'une colonne de feu la nuit (cf. Exode, 13).
2. Cime de laquelle Moïse observe la Terre promise (cf. Deutéronome, 3, 27 et 34, 1 [NdT]).

joues ; pour elle pas de consolateurs parmi tous ses amants. Tous ses compagnons la trahissent : ils sont devenus ses ennemis [1]. »

Chapitre VII

Nous quittâmes la nègrerie de La Nouvelle-Orléans. Harry et moi suivions notre nouveau maître dans les rues, tandis que Freeman et ses sbires emmenaient de force Eliza qui pleurait et se retournait. Nous arrivâmes à bord du bateau à vapeur *Rodolph*, alors à quai. Dans la demi-heure qui suivit, nous remontions le Mississippi à vive allure, en direction de la Red River. Il y avait, en plus de nous, beaucoup d'esclaves à bord, fraîchement achetés sur le marché de La Nouvelle-Orléans. Je me souviens d'un certain M. Kelsow, un planteur connu et important, disait-on, qui avait fait l'acquisition d'un groupe de femmes.

Notre maître s'appelait William Ford. Il habitait à l'époque à Great Pine Woods [2], dans la région

1. Livre des Lamentations, 1, 2 (NdT).

2. Littéralement, « Great Pine Woods » signifie « les bois de grands pins ». Au cours de ce récit, l'expression désigne parfois cette forêt de Louisiane et parfois, plus largement, ses environs (NdT).

d'Avoyelles, située sur la rive droite de la Red River, au cœur de la Louisiane. Il est désormais pasteur baptiste [1]. Dans toute la paroisse d'Avoyelles, et particulièrement le long des deux rives de Bayou Bœuf [2], où il est plus intimement connu, on le considère comme un noble ministre de Dieu. Pour beaucoup de personnes du Nord, il est probable que l'idée d'un homme qui tient un autre homme, son frère, en esclavage et qui pratique le commerce de la chair humaine soit incompatible avec l'idée qu'ils se font d'une vie morale ou religieuse. À cause de descriptions d'hommes tels que Burch ou Freeman, ou d'autres que nous évoquerons ensuite, ils sont conduits à mépriser et exécrer toute la classe des propriétaires d'esclaves, sans distinction. Mais je fus l'esclave de Ford pour un temps et j'eus l'occasion d'apprendre à bien connaître sa personnalité et son tempérament. Et ce n'est que lui rendre justice de dire que, selon moi, il n'y eut jamais de chrétien plus aimable, plus noble et plus sincère que William Ford. Les influences et les fréquentations qui avaient toujours été les siennes l'empêchaient de voir le mal inhérent aux fondements du système esclavagiste. Il ne douta

1. Membre d'une branche du protestantisme dont les fidèles se font baptiser une seconde fois, à l'âge adulte, pour témoigner de leur foi.
2. Dans le sud des États-Unis, une large zone marécageuse est appelée un bayou. Bayou Bœuf désigne alternativement au cours du récit un marais précis et, par extension, la région qui l'entoure (NdT).

jamais qu'un homme ait moralement le droit d'en asservir un autre. Comme il regardait le monde à travers la même lunette que ses aïeux avant lui, il voyait les choses sous la même lumière. S'il avait été élevé dans d'autres circonstances ou sous d'autres influences, ses idées auraient été, à n'en pas douter, différentes. Néanmoins, c'était un maître modèle, un homme honnête, du moins selon ses propres critères, et heureux était l'esclave qui devenait sa propriété. Si tous les hommes étaient comme lui, l'esclavage en deviendrait deux fois moins cruel.

Nous passâmes deux jours et trois nuits à bord du *Rodolph*, période durant laquelle rien de particulièrement intéressant n'arriva. Je portais désormais le nom de Platt, celui que m'avait donné Burch et par lequel on me désignerait durant toute ma vie d'esclave. Eliza fut vendue sous le nom de Dradey lors de sa cession à Ford, et c'est le nom qui figurait désormais sur les registres du bureau de La Nouvelle-Orléans.

Pendant le trajet, je réfléchis à ma situation et m'interrogeai sur la meilleure façon de procéder pour enfin réussir à m'enfuir. À plusieurs reprises, à ce moment-là et par la suite, je fus sur le point d'avouer à Ford toute mon histoire. Je suis désormais convaincu que cela aurait joué en ma faveur. J'ai souvent envisagé ce plan, mais, de peur qu'il échoue, je ne l'ai jamais mis à exécution, jusqu'à ce que, finalement, ma cession et ses ennuis financiers rendent la chose trop dangereuse. Par la suite, sous le joug d'autres maîtres qui ne ressemblaient pas à William Ford, je savais avec certitude que la moindre information sur ma véritable identité m'aurait immédiatement condamné à m'enfoncer plus encore dans le gouffre de l'esclavage. J'étais un bien trop précieux pour que l'on renonce à moi, et j'avais pleinement conscience que l'on m'aurait emmené encore plus loin, au-delà de la frontière texane sans doute, et vendu. On aurait disposé de moi comme un voleur dispose d'un cheval volé si j'avais ne serait-ce que murmuré mon droit à la liberté. Je me résolus donc à enfermer ce secret au fond de mon cœur et à ne jamais prononcer le moindre mot ou la moindre syllabe sur mon identité, comptant sur la Providence et sur ma propre intelligence pour retrouver la liberté.

Nous finîmes par descendre du *Rodolph* en un endroit nommé Alexandria, à plusieurs centaines de kilomètres de La Nouvelle-Orléans. C'est une petite ville sur la côte sud de la Red River. Nous y restâmes une nuit puis, au matin, nous montâmes dans un train et fûmes bientôt à Bayou Lamourie, une localité moins peuplée encore, à trente kilomètres d'Alexandria. C'est là que s'arrêtait le chemin de fer. La plantation de Ford était située sur la route du Texas, à vingt kilomètres de Lamourie, dans Great Pine Woods. Une distance, nous dit-on, que nous allions parcourir à pied, puisque ici s'arrêtait tout mode de transport public. Nous prîmes donc la route avec Ford. Il faisait excessivement chaud. Harry, Eliza et moi-même étions déjà affaiblis et, à cause de la variole, la plante de nos pieds était très sensible. Nous avancions lentement, Ford nous disait de prendre notre temps et de nous asseoir pour nous reposer dès que nous en ressentions le besoin – privilège dont nous profitions assez souvent. Après avoir quitté Lamourie et traversé deux plantations, l'une appartenant à M. Carnell, l'autre à M. Flint, nous arrivâmes à Pine Woods, une étendue sauvage qui allait jusqu'à la Sabine River.

Toutes les terres qui entourent la Red River sont basses et marécageuses. Pine Woods, comme on l'appelle, est comparativement élevé, avec toutefois des dépressions régulières. Ce plateau est recouvert de nombreux arbres : le chêne blanc, le chinquapin, qui ressemble au châtaignier, mais surtout le pin jaune. Ils peuvent atteindre jusqu'à vingt mètres de hauteur et sont parfaitement droits. Les bois étaient peuplés de bétail, craintif et sauvage, qui s'enfuyait en troupeau en s'ébrouant dès que nous approchions. Certaines bêtes étaient marquées ou étiquetées, les autres semblaient être restées à l'état sauvage, indompté. Elles étaient beaucoup plus petites que les races du Nord, et la particularité qui retint le plus mon attention fut leurs cornes. Elles dépassaient des côtés de leur tête, parfaitement droites, comme deux pointes de fer.

À midi, nous atteignîmes une clairière d'un hectare environ. On y trouvait une petite maison en bois brut, une baraque à maïs ou, comme nous dirions ici, une

« grange », et une cuisine en rondins de bois qui se tenait à environ cinq mètres de la maison. C'était la résidence d'été de M. Martin. Les riches planteurs possédant de larges domaines à Bayou Bœuf ont en effet l'habitude de passer la saison chaude dans ces bois. Ils y trouvent de l'eau fraîche et une ombre exquise. Ces retraites sont aux planteurs de cette partie du pays ce qu'est Newport ou Saratoga aux habitants les plus riches des villes du Nord.

On nous envoya à la cuisine, on nous donna des patates douces, des galettes de maïs et du lard, tandis que maître Ford dînait avec Martin dans la maison. Il y avait plusieurs esclaves sur les lieux. Martin sortit et vint nous voir, demandant à Ford combien chacun avait coûté, si nous avions la main verte et ainsi de suite, et posa des questions sur le marché des esclaves en général.

Après un long repos, nous repartîmes le long de la route du Texas, qui semblait n'être que très rarement empruntée. Nous traversâmes les bois sur huit kilomètres sans voir la moindre habitation. Puis, alors que le soleil se noyait vers l'ouest, nous atteignîmes une autre clairière, d'environ cinq ou six hectares.

La maison qui s'y dressait était bien plus grande que celle de M. Martin. Elle avait deux étages et une véranda [1] devant. À l'arrière, il y avait également une

1. Galerie de bois, couverte et garnie de colonnades, qui entoure les maisons de maître en Louisiane.

cuisine, un poulailler, un hangar à maïs et plusieurs cases de nègres. Près de la maison s'étendaient un verger où poussaient pêchers, orangers et grenadiers. L'endroit était totalement entouré par la forêt et recouvert d'une végétation abondante et luxuriante. C'était un endroit calme, solitaire et agréable, un véritable petit trou de verdure au milieu d'une contrée sauvage. C'était la résidence de mon maître, William Ford.

À notre arrivée, une fille à la peau claire – elle s'appelait Rose – se tenait debout dans la véranda. Elle se dirigea vers la porte et appela sa maîtresse, qui courut aussitôt à la rencontre de son seigneur. Elle l'embrassa et demanda en riant s'il avait acheté « ces négros ». Ford acquiesça et nous demanda de faire le tour jusqu'à la case de Sally pour nous y reposer. Contournant la maison, nous découvrîmes Sally en train de s'occuper du linge ; à côté d'elle, ses deux bébés se roulaient dans l'herbe. Ils se redressèrent, vinrent vers nous en dandinant, nous regardèrent un moment comme le font les lapins, puis coururent retrouver leur mère comme s'ils avaient peur de nous.

Sally nous conduisit à la case, nous dit de poser nos affaires et de nous asseoir, car nous devions être fatigués. À cet instant John, le cuisinier, un garçon d'environ seize ans, plus noir qu'un corbeau, arriva en courant et nous dévisagea, puis il fit demi-tour sans nous adresser un mot. Il retourna à vive allure dans la cuisine, riant bruyamment, comme si notre arrivée était de toute évidence une grande farce.

Épuisés par notre marche, Harry et moi nous enroulâmes dans nos couvertures et nous étendîmes sur le sol de la case, dès la nuit tombée. Mes pensées, comme toujours, allaient à ma femme et à mes enfants. La conscience de ma situation et le caractère vain de toute tentative d'évasion à travers les forêts sauvages d'Avoyelles pesaient lourd sur mon cœur. Pourtant celui-ci se trouvait parmi les miens, à Saratoga.

Tôt le matin, je fus réveillé par la voix de maître Ford, qui appelait Rose. Elle se hâta vers la maison pour habiller les enfants, Sally alla aux champs traire les vaches, tandis que John s'affairait à préparer le petit déjeuner dans la cuisine. Pendant ce temps, Harry et moi vaquions dans la cour, observant nos nouveaux quartiers. Juste après le petit déjeuner, un homme de couleur, qui conduisait une charrette attelée de trois bœufs et chargée de bois, entra dans le domaine. C'était un esclave de Ford nommé Walton, le mari de Rose. Cette dernière, qui était originaire de Washington, était arrivée ici cinq ans auparavant. Elle n'avait jamais vu Eliza, mais elle avait entendu parler de Berry, et les deux femmes, qui connaissaient les mêmes rues, les mêmes gens, personnellement ou de réputation, devinrent amies immédiatement ; elles parlaient de longues heures du temps passé, des vieux amis qu'elles avaient laissés derrière elles.

Ford était à l'époque un homme riche. Outre son domaine de Pine Woods, il possédait une immense exploitation de bois à Indian Creek, à six kilomètres de là, et aussi, au nom de sa femme, une grande plantation et beaucoup d'esclaves à Bayou Bœuf.

Walton arrivait des scieries d'Indian Creek avec sa charge de bois. Ford nous ordonna de repartir avec lui, disant qu'il nous rejoindrait dès que possible. Avant le départ, maîtresse Ford me fit venir au garde-manger et me donna, pour Harry et moi, un seau en fer rempli de *mollasses*, comme on appelle la mélasse dans le Sud.

Eliza continuait à se tordre les mains et à pleurer la perte de ses enfants. Ford essaya autant que possible de la consoler ; elle n'aurait pas à travailler trop dur, disait-il, elle pourrait rester auprès de Rose et aider madame dans les tâches domestiques.

Lors de notre trajet en charrette, Harry et moi fîmes amplement connaissance avec Walton bien avant notre arrivée à Indian Creek. Il était un « esclave né » de Ford et parlait de lui avec affection et gentillesse, comme un enfant parlerait de son père. Quand il me demanda d'où je venais, je répondis que je venais de Washington. Il avait beaucoup entendu parler de cette ville par sa femme Rose et m'assaillit de questions aussi fantaisistes qu'absurdes pendant tout le trajet.

À notre arrivée aux scieries d'Indian Creek, nous rencontrâmes deux autres esclaves de Ford, Sam et Antony. Sam venait également de Washington, il était arrivé dans le même groupe que Rose. Il avait travaillé dans une ferme près de Georgetown [1]. Antony venait du Kentucky et était au service de maître Ford comme forgeron depuis dix ans. Sam connaissait Burch et, quand il apprit que c'était le marchand qui m'avait envoyé de Washington, nous tombâmes tout à fait d'accord pour dire qu'il était un fieffé coquin. C'était Burch également qui avait envoyé Sam à Bayou Bœuf.

À l'arrivée de Ford à la scierie, on nous employa à empiler des planches et à scier des bûches. Ces tâches nous occupèrent pour le reste de l'été.

Nous passions en général nos dimanches au domaine. Ce jour-là, notre maître nous réunissait autour de lui pour nous lire et nous expliquer les Écritures [2]. Il cherchait à inculquer à nos esprits des sentiments de bonté les uns envers les autres, de foi en Dieu, et soulignait les récompenses promises à ceux qui mèneraient une vie d'honnête homme et de croyant. Assis sur le seuil de sa maison, entouré de ses servants et de ses servantes qui regardaient attentivement le visage de cet homme bon, il parlait de la bonté pleine d'amour du Créateur et de la vie à venir. La voix de la prière monta, maintes fois, de ses lèvres au ciel, seul son à briser la solitude de ces lieux.

1. Ville de Louisiane.
2. La Bible.

Au cours de l'été, Sam devint profondément croyant. Son esprit se prit de passion pour la religion. Sa maîtresse lui donna une bible, qu'il emportait avec lui au travail. Il consacrait tout le temps libre qu'on lui accordait à la parcourir attentivement, même si chaque passage était pour lui d'une grande difficulté à comprendre. Je lui faisais souvent la lecture, une faveur dont il me récompensait par de nombreuses expressions de gratitude. La piété de Sam était souvent notée par les hommes blancs qui venaient à la scierie. Pour la plupart d'entre eux, un homme comme Ford, qui autorisait ses esclaves à avoir une bible, n'était pas « digne de posséder un négro ».

Ford, cependant, ne perdait rien à être bon. C'est un fait que j'ai observé plus d'une fois : ceux qui traitent leurs esclaves avec le plus de clémence se voient récompensés, car leurs serviteurs mettent plus d'ardeur à leur travail. Je le sais de ma propre expérience. Surprendre maître Ford en produisant en un jour plus de travail que prévu était un véritable plaisir. À l'inverse, sous l'autorité des maîtres suivants, le seul encouragement à l'effort était le fouet du contremaître.

Ce fut le désir d'entendre la voix reconnaissante de Ford qui me donna une idée qui lui fut profitable. Le bois que nous conditionnions devait être livré à Lamourie. Il avait jusqu'à présent toujours été transporté par la route, ce qui constituait une dépense importante. Indian Creek, où se situaient les scieries, était un cours d'eau étroit mais profond qui se jetait dans le Bayou Bœuf. À certains endroits, il ne faisait pas plus de trois mètres cinquante de large et, la plupart du temps, il était obstrué par des troncs d'arbres. Bayou Bœuf était relié à Bayou Lamourie. Je m'assurai que la distance entre les scieries et l'endroit où nous devions livrer notre bois n'était plus longue que de quelques kilomètres, à peine, par voie d'eau que par terre. Si l'on pouvait rendre le cours d'eau navigable pour les radeaux, je me disais que les dépenses de transport en seraient considérablement réduites.

Adam Taydem, un petit homme blanc qui avait été soldat en Floride, puis s'était retrouvé dans cette région reculée, était le contremaître et le surintendant des scieries. Il se moqua de l'idée, mais quand je l'exposai à Ford, ce dernier y fut favorable et m'autorisa à tenter l'expérience.

Après avoir enlevé tout ce qui obstruait le cours d'eau, je construisis un radeau étroit, avec douze rondins de bois. Je me montrai assez habile à la tâche, je crois, car je n'avais pas oublié mon expérience sur le canal Champlain, quelques années auparavant. Je travaillai dur, désireux de réussir, à la fois pour satisfaire mon maître et pour montrer à Adam Taydem que mon plan n'était pas aussi extravagant qu'il aimait à le répéter. Je pouvais diriger trois rondins de bois à la fois. Je m'installai sur les trois premiers et commençai à descendre la rivière en poussant sur mon bâton. Nous entrâmes bientôt dans le premier bayou et atteignîmes finalement notre destination en moins de temps que je l'avais prévu.

L'arrivée du radeau à Lamourie fit sensation, M. Ford me couvrit de compliments. De tous côtés, j'entendais dire de Platt Ford qu'il était « le négro le plus malin de Pine Woods » : j'étais devenu le Fulton [1] d'Indian Creek. Je n'étais pas insensible aux louanges qu'on m'accordait, et je savourai particulièrement mon triomphe sur Taydem, dont les moqueries quelque peu malveillantes avaient piqué mon orgueil. À partir de ce moment-là, on me confia le contrôle intégral du transport du bois vers Lamourie jusqu'à la fin du contrat.

Indian Creek traverse une forêt magnifique sur toute sa longueur. Une tribu indienne habite sur son rivage, des descendants des Chickasaws ou des Chicopees [2], si je me souviens bien. Ils vivent dans de simples huttes de trois ou quatre mètres carrés, construites avec des troncs de pin et couvertes d'écorce. Ils se nourrissent principalement de viande de cerf, de raton laveur et d'opossum [3], lesquels sont légion dans ces forêts. Parfois, ils échangent avec les planteurs des bayous de la venaison [4] contre un peu de maïs ou de whisky. Ils sont

---

1. Robert Fulton (1765-1815), inventeur américain du bateau à vapeur (NdT).
2. Tribus indiennes du sud-est des États-Unis.
3. Petit mammifère au pelage grisâtre.
4. Gibier, produit de la chasse.

ordinairement vêtus de pantalons en peau de daim et de calicots[1] de chasse aux couleurs incroyables, boutonnés sur toute la hauteur. Ils portent des anneaux de cuivre aux poignets, aux oreilles et dans le nez. La tenue des squaws est similaire. Ils aiment les chiens et les chevaux – ils possèdent beaucoup de ces derniers, d'une race petite mais robuste – et sont des cavaliers aguerris. Leurs brides, leurs sangles et leurs selles sont en cuir, leurs étriers en bois d'une certaine espèce. J'ai vu des hommes et des femmes filer dans les bois à grande allure à califourchon sur leurs poneys, le long de chemins étroits et sinueux, en évitant les arbres avec une dextérité qui éclipsait les plus grandes prouesses des cavaliers civilisés. Tournoyant dans différentes directions, pendant que la forêt renvoyait encore et encore l'écho de leurs cris, ils revenaient la tête la première, à la même vitesse folle que celle à laquelle ils étaient partis. Leur village, Indian Castle, était situé sur Indian Creek mais s'étendait jusqu'à la Sabine River. De temps en temps, une tribu du Texas venait leur rendre visite. Une grande fête était alors organisée à Great Pine Woods. Le chef de la tribu s'appelait Cascalla, son second, John Baltese, était son gendre. Je fis la connaissance des deux hommes, ainsi que de beaucoup d'autres dans la tribu, durant mes fréquents voyages

1. Habits en calicot (voir note 1, p. 92).

pour convoyer le bois. Sam et moi leur rendions souvent visite à la fin de notre journée de travail. Ils étaient fidèles à leur chef ; la parole de Cascalla était leur loi. C'était un peuple fruste mais inoffensif, et ils aimaient leur mode de vie sauvage. Ils n'avaient que faire de la plaine, des terres dégagées des rivages des bayous, et préféraient se cacher dans l'ombre de la forêt. Ils vouaient un culte au Grand Esprit, aimaient le whisky et vivaient heureux.

J'assistai une fois à une danse, alors qu'une tribu nomade du Texas avait dressé le camp dans leur village. La carcasse entière d'un cerf rôtissait au-dessus d'un grand feu, qui projetait loin ses lumières au travers des arbres sous lesquels les Indiens s'étaient réunis. Quand hommes et femmes eurent formé un cercle, une sorte de violon indien joua un air indescriptible. C'était un son continu, mélancolique, un peu tremblant et très monotone. À la première note – si tant est qu'il y en ait eu plusieurs –, ils se mirent à tourner, trottinant les uns derrière les autres et laissant échapper une sorte de chant guttural, aussi indescriptible que la musique du violon. Au bout de trois tours, ils s'arrêtaient brusquement, hurlaient à s'en faire éclater les poumons, puis sortaient du cercle pour former des couples, hommes et squaws, chacun sautant en arrière aussi loin que possible de l'autre, puis bondissant de nouveau vers l'avant. Une fois ce mouvement répété deux ou trois fois, ils reformaient le cercle et se remettaient à trottiner.

Le meilleur danseur semblait être celui qui hurlait le plus fort, sautait le plus loin et produisait le son le plus insoutenable. À intervalles, un ou plusieurs Indiens quittaient le cercle de la danse, s'approchaient du feu et découpaient une tranche de viande dans la carcasse rôtie.

Dans un trou en forme de mortier [1], taillé dans le tronc d'un arbre tombé, ils pilonnaient du maïs et utilisaient cette farine pour faire un gâteau. Ils dansaient et mangeaient tour à tour. Ainsi les fils et filles basanés des Chicopees divertissaient-ils leurs visiteurs du Texas. Voilà la description d'un bal indien, comme je l'ai vu, dans les bois de pins d'Avoyelles.

À l'automne, je quittai les scieries pour être employé au domaine. Un jour, la maîtresse pressa Ford de se procurer un métier à tisser, pour que Sally puisse préparer le tissu destiné aux habits d'hiver des esclaves. Il n'avait pas la moindre idée de l'endroit où en trouver. Je lui suggérai alors que la façon la plus simple de s'en procurer un serait de le fabriquer ; je l'informai par la même occasion que j'étais une sorte de touche-à-tout et que j'essaierais volontiers, s'il m'en donnait la permission. Celle-ci me fut aussitôt accordée, et on m'autorisa à me rendre chez un planteur voisin pour observer un métier à tisser avant de m'atteler à la tâche. Quand il fut enfin fini, Sally dit qu'il était parfait. Elle parvenait

1. Récipient épais utilisé pour broyer les aliments.

aisément à tisser ses quatorze mètres quotidiens et à traire les vaches, tout en gardant un peu de temps libre chaque jour. La machine fonctionnait si bien que l'on m'employa encore à en fabriquer d'autres, qui furent envoyées à la plantation du bayou.

À cette époque, John M. Tibeats, un charpentier, vint au domaine pour effectuer quelques réparations sur la maison du maître. On me demanda de laisser les métiers à tisser et de l'assister. Je restai deux semaines en sa compagnie, rabotant et assemblant des planches pour le plafond, car le plâtre était peu utilisé à Avoyelles.

John M. Tibeats était en tout point l'opposé de Ford. C'était un homme petit, revêche, colérique et rancunier. Il n'avait pas, à ma connaissance, de domicile fixe, mais passait d'une plantation à l'autre et s'y arrêtait dès qu'il trouvait un emploi. Il n'avait aucun statut dans la communauté, peu estimé par les hommes blancs, pas même respecté par les esclaves. Il était ignorant et vindicatif. Il quitta la région longtemps avant moi, et je ne sais pas s'il est aujourd'hui mort ou en vie. Une chose est sûre : le jour qui nous a réunis fut un jour de malédiction. Durant mon séjour chez maître Ford, je n'avais vu que le bon côté de l'esclavage. Ford n'était pas de ceux qui vous brisent et vous font mordre la poussière. Sa main nous montrait le ciel. C'était avec des mots chaleureux et encourageants qu'il s'adressait à nous, des mortels comme lui, qui répondraient comme lui de leurs actes devant notre Créateur à tous. Je pense à lui avec affection et, si ma famille avait été avec moi, j'aurais pu supporter cette douce servitude, sans un murmure, tous les jours. Mais les nuages s'amoncelaient à l'horizon, annonciateurs de la terrible tempête qui allait s'abattre sur moi. J'allais traverser des épreuves dont seul le pauvre esclave connaît la cruauté, sans plus mener la vie, heureuse en comparaison, que j'avais connue à Great Pine Woods.

Chapitre VIII

Par malheur, William Ford connut des problèmes financiers. Il s'était porté caution pour son frère Franklin Ford, qui habitait au bord de la Red River au-dessus d'Alexandria, et, ce dernier n'ayant pas honoré ses engagements, un jugement très sévère fut rendu à son encontre. Il avait également une lourde dette à l'égard de M. John Tibeats pour des services rendus dans la construction des scieries d'Indian Creek, d'un atelier de tissage, d'un moulin à maïs et d'autres constructions sur la plantation de Bayou Bœuf, qui n'étaient pas encore terminés. Il lui fut par conséquent nécessaire, afin de se plier à ses obligations, de se séparer de dix-huit esclaves, moi compris. Dix-sept d'entre eux, dont

Sam et Harry, furent achetés par Peter Compton, un autre planteur des bords de la Red River.

Je fus vendu à Tibeats, sans nul doute du fait de mes talents de charpentier. C'était l'hiver 1842. J'avais été vendu à Ford par Freeman, comme j'ai pu le vérifier dans les archives de La Nouvelle-Orléans à mon retour, le 23 juin 1841. Au moment de ma vente à Tibeats, comme le prix convenu dépassait la dette, Ford garda sur moi une hypothèque de 400 dollars. Je dois ma vie, comme nous le verrons par la suite, à cette hypothèque.

Je fis mes adieux à mes chers amis du domaine et me mis en route avec mon nouveau maître, Tibeats. Nous descendîmes à la plantation de Bayou Bœuf, à quarante-cinq kilomètres de Pine Woods, afin de finaliser le contrat. Bayou Bœuf est un cours d'eau sinueux et lent, l'une de ces masses d'eau stagnantes issues de la Red River, très fréquentes dans cette région. Il part des environs d'Alexandria, en direction du sud-est, et poursuit sa course tortueuse sur plus de quatre-vingts kilomètres. De grandes plantations de coton et de sucre bordent ses rives et s'étendent jusqu'aux bords de marais infinis. Bayou Bœuf est peuplé d'alligators, ce qui en fait un endroit dangereux pour les porcs ou pour les enfants d'esclaves qui, insouciants, y vagabonderaient. La plantation de Mme Ford était située dans une anse du bayou, non loin de Cheneyville ; son frère, Peter Tanner, un grand propriétaire terrien, vivait sur la rive d'en face.

À mon arrivée à Bayou Bœuf, j'eus le plaisir de retrouver Eliza que je n'avais pas vue depuis plusieurs mois. Elle n'avait pas satisfait Mme Ford, car elle s'occupait davantage à ressasser ses peines qu'à s'affairer aux tâches qui lui incombaient. On l'avait par conséquent envoyée travailler aux champs, à la plantation. Elle s'était affaiblie, décharnée, et pleurait toujours ses enfants. Elle me demanda si je les avais oubliés, si je me rappelais combien la petite Emily était magnifique, combien Randall l'aimait… Elle se demandait s'ils étaient toujours en vie et où ils pouvaient se trouver. Elle avait plié sous le poids d'un trop grand chagrin. Son corps affaissé et ses joues creusées indiquaient que, de toute évidence, elle arrivait au bout de sa pénible course.

Le contremaître de Ford à la plantation, qui en avait le contrôle exclusif, était un certain M. Chapin, un homme de bonne composition, originaire de Pennsylvanie. Comme les autres, il n'avait que peu d'estime pour Tibeats, ce qui fut, avec les 400 dollars d'hypothèque, un avantage pour moi.

J'étais désormais obligé de travailler très dur. Du point du jour jusque tard dans la nuit, je n'avais pas droit à un seul moment de repos. Sans compter que Tibeats n'était jamais satisfait : il jurait, se plaignait continuellement et n'avait jamais un mot agréable à mon égard. J'étais son esclave fidèle, je lui rapportais quotidiennement de larges bénéfices et, pourtant, je rentrais chaque nuit dans ma case couvert d'insultes cinglantes.

Nous avions fini le moulin à maïs, la cuisine et le reste. Nous nous attelions à l'atelier de tissage, quand je me rendis coupable d'un acte passible de mort dans cet État. Ce fut ma première dispute avec Tibeats. L'atelier de tissage que nous construisions était situé dans le verger, à quelques dizaines de mètres de la résidence de Chapin, que l'on appelait aussi la « grande maison [1] ». Un soir, alors que j'avais travaillé jusqu'à ce qu'il fasse trop sombre pour y voir, Tibeats m'ordonna de me lever très tôt le lendemain matin, de me procurer un tonneau de clous auprès de Chapin et de commencer à assembler les bardeaux [2]. Je me retirai dans ma case extrêmement fatigué, je me cuisinai un repas de lard et de gâteau de maïs, et conversai un moment avec Eliza, qui partageait la même case, tout comme Lawsone et sa femme Mary, ainsi qu'un esclave du nom de Bristol. Puis je m'allongeai sur le sol, imaginant les souffrances qui m'attendaient le lendemain. Je me rendis à la véranda de la « grande maison » avant le lever du jour et attendis le contremaître Chapin. Il aurait été impensable de le tirer de son sommeil pour demander ce dont j'avais besoin. Il finit par arriver. Après avoir ôté mon

1. Appellation traditionnelle de la maison des maîtres, en anglais *great house*.

2. Planches utilisées pour la toiture.

chapeau, je l'informai que maître Tibeats m'avait demandé de m'adresser à lui pour un tonneau de clous. Il alla à l'entrepôt et, tout en faisant rouler le tonneau, me dit que si Tibeats préférait des clous d'une autre taille il s'efforcerait de les lui fournir, mais que je pouvais utiliser ceux-là jusqu'à nouvel ordre. Puis il enfourcha son cheval, qui l'attendait sellé et bridé à la porte, et partit dans les champs où les esclaves l'avaient précédé. Pendant ce temps, je pris le baril sur mon épaule, me dirigeai vers l'atelier de tissage, démoralisé, et commençai à clouer les bardeaux.

Le jour était complètement levé quand Tibeats sortit de la maison et vint me voir en plein travail. Il semblait être ce matin-là encore plus mécontent et plus désagréable qu'à son habitude. Il était mon maître, la loi lui donnait le droit de disposer de ma chair et de mon sang, et il pouvait exercer sur moi le contrôle tyrannique auquel le poussait sa nature mauvaise. Mais il n'y avait aucune loi pour m'empêcher d'éprouver pour lui un mépris intense. Je détestais son caractère comme son esprit. Je m'approchai du tonneau pour reprendre des clous quand il entra dans l'atelier de tissage.

« Je croyais t'avoir dit de commencer à assembler la façade ce matin, remarqua-t-il.

– Oui, maître, c'est ce que je fais,

– Où ? demanda-t-il.

– De l'autre côté », fut ma réponse.

Il alla de l'autre côté, examina mon travail un moment, marmonna dans sa barbe sur un ton critique.

« Je t'ai pas dit hier soir de prendre à Chapin un tonneau de clous ? cria-t-il à nouveau.

– Oui, maître, et je l'ai fait, et le contremaître a dit qu'il vous fournirait une autre taille si besoin, à son retour du champ. »

Tibeats marcha jusqu'au tonneau, en observa le contenu un instant, puis y donna un coup de pied violent. Il revint vers moi, pris de colère, et s'exclama :

« Nom de Dieu ! Je croyais que t'étais dégourdi.

– J'ai essayé de faire comme vous m'aviez dit, maître, je ne voulais rien faire de mal. Le contremaître a dit que... », commençai-je à répondre.

Mais il m'interrompit avec un tel chapelet d'injures que je fus incapable de finir ma phrase. Il finit par courir vers la véranda de la maison et se saisit de l'un des fouets du contremaître. Le fouet avait un petit manche en bois, entouré de cuir tressé et lesté à son extrémité. La lanière, une tresse de cuir brut, mesurait un mètre environ.

J'eus d'abord peur et mon premier réflexe fut de m'enfuir. Il n'y avait personne aux alentours, excepté Rachel, la cuisinière, et la femme de Chapin, mais aucune des deux n'était en vue. Les autres étaient aux champs. Je savais qu'il avait l'intention de me fouetter, et c'était la première fois que cela se produisait depuis mon arrivée à Avoyelles. Je considérais en outre que j'avais fait mon devoir, que je n'étais coupable d'aucune faute et que je méritais plus des louanges qu'une punition. Ma peur se transforma en colère et, avant qu'il ne m'atteigne, je décidai de refuser le fouet, quelle qu'en soit la conséquence, la vie ou la mort.

Le fouet enroulé autour de sa main, le petit bout du manche au poing, il marcha vers moi et, avec un regard malveillant, m'ordonna de me déshabiller.

« Maître Tibeats, dis-je en le regardant droit dans les yeux, je *refuse*. »

J'étais sur le point d'ajouter une justification mais, avec toute sa haine vengeresse, il me sauta dessus, me saisit à la gorge d'une main, leva le fouet de l'autre, prêt à me frapper. Avant que le coup ne tombe, cependant, je l'avais attrapé par le col de son manteau et attiré à moi. Je me baissai, le saisis par la cheville et poussai son corps de l'autre main. Il tomba à la renverse. Je passai un bras autour de sa jambe, que je plaquai contre ma poitrine, de façon que seules sa tête et ses épaules touchent le sol, et je posai mon pied sur sa gorge. Il était complètement à ma merci. Mon sang brûlait. Il semblait couler dans mes veines comme du feu. Ivre de colère, j'arrachai le fouet de sa main. Il lutta de toutes ses forces, jura que je ne vivrais pas un jour de plus, qu'il m'arracherait le cœur. Mais ses efforts comme ses insultes furent vains. Je ne saurais compter le nombre de fois où je le frappai. Les coups tombaient les uns après les autres, fort et vite, sur son corps qui se débattait. Il finit par hurler, cria au meurtre, puis le tyran blasphémateur implora Dieu d'avoir pitié. Mais lui qui n'avait jamais eu pitié de quiconque n'en reçut aucune. Le manche rigide du fouet s'abattit sur son corps recroquevillé en une pluie de coups, jusqu'à ce que mon bras me fasse mal.

Jusqu'à cet instant, j'avais été trop occupé pour regarder autour de moi. En m'arrêtant un moment, je vis que Mme Chapin regardait par la fenêtre et que Rachel se tenait à la porte de la cuisine. Leur attitude trahissait la plus grande agitation et la plus grande inquiétude. Les cris de Tibeats avaient été entendus dans les champs. Chapin arriva aussi vite que son cheval le lui permit. J'envoyai encore un ou deux coups, puis poussai Tibeats loin de moi avec un coup de pied tel qu'il vint rouler sur le sol.

Il se releva, enleva la poussière de ses cheveux et me regarda, blême de rage. Nous nous fixâmes en silence. Pas un mot ne fut prononcé jusqu'à ce que Chapin arrive au galop.

« Que se passe-t-il ? hurla-t-il.

– Maître Tibeats veut me fouetter pour avoir utilisé les clous que vous m'avez donnés, répondis-je.

– Quel est le problème avec les clous ? » demanda-t-il en se tournant vers Tibeats.

Tibeats répondit qu'ils étaient trop grands, sans prêter vraiment attention à la question de Chapin, car il gardait ses yeux de serpent rivés avec méchanceté sur moi.

« Je suis le contremaître ici, commença Chapin. J'ai dit à Platt de les prendre et de les utiliser, et que s'ils ne convenaient pas, je lui en donnerais d'autres à mon retour du champ. Ce n'est pas sa faute. En outre, je fournis les clous comme je l'entends. Cela, vous le comprenez, j'espère, M. Tibeats. »

Tibeats ne répondit pas mais, fulminant et brandissant le poing, il jura qu'il obtiendrait satisfaction et que tout cela était loin d'être fini. Sur ce, il entra dans la maison, suivi par le contremaître qui lui parlait d'un ton étouffé et avec des gestes vifs.

Je restai où j'étais, sans savoir s'il valait mieux m'enfuir ou endurer les conséquences, quelles qu'elles soient. Tibeats ressortit bientôt de la maison, sella son cheval, sa seule propriété à part moi, et prit la route de Cheneyville.

Quand il fut parti, Chapin sortit, manifestement nerveux. Il me dit de ne pas bouger, de ne quitter la plantation sous aucun prétexte. Puis il gagna la cuisine, appela Rachel et s'entretint avec elle un moment. À son retour, il m'ordonna à nouveau avec le plus grand sérieux de ne pas m'enfuir, déclarant que mon maître était un vaurien, qu'il nous réservait un tour à sa façon, et qu'il y aurait peut-être des problèmes avant la nuit. Mais quoi qu'il arrive, insista-t-il, je ne devais pas bouger.

Je fus envahi par une indicible douleur. J'avais conscience de m'être exposé à une punition inimaginable. À ma colère bouillante avait succédé une réaction de regret infiniment douloureux. Moi, esclave, seul et sans défense, qu'aurais-je pu *faire*, qu'aurais-je pu *dire* pour justifier, de quelque manière, l'acte hideux que j'avais commis par refus du mépris et des injures d'un homme *blanc* ? Je tentai de prier, d'implorer mon Père céleste de me soutenir dans ma profonde détresse, mais l'émotion étouffa mes mots, et je ne pus que me prendre la tête dans les mains et pleurer. Je restai ainsi pendant au moins une heure, sans trouver de soulagement ailleurs que dans les larmes. Quand je relevai la tête, j'aperçus Tibeats, arrivé du bayou avec deux autres cavaliers. Ils entrèrent dans la cour, descendirent de cheval et s'approchèrent, de larges fouets à la main, l'un d'entre eux tenant également une corde.

« Croise tes mains, m'ordonna Tibeats, avec un juron si terrifiant qu'il ne serait pas convenable de le répéter ici.

– Vous n'avez pas besoin de m'attacher, maître Tibeats, je suis prêt à vous suivre n'importe où », dis-je.

L'un de ses compagnons avança alors, en jurant que si j'opposais la moindre résistance il me casserait le crâne, me romprait membre après membre, trancherait ma gorge noire, et il proféra une longue liste de menaces semblables. Voyant que toute tentative aurait été vaine, je croisai les mains, pour me soumettre humblement à tout ce qu'ils voudraient faire de moi. Sur ce,

Tibeats me lia les poignets, en serrant la corde de toutes ses forces. Il attacha mes chevilles de la même manière. Pendant ce temps, les deux autres avaient glissé une corde sous mes bras, le long de mon dos, et l'avaient serrée fermement. Il m'était complètement impossible de remuer les pieds et les mains. Avec ce qu'il restait de corde, Tibeats fit une sorte de nœud qu'il passa autour de mon cou.

« Et maintenant, demanda un des compagnons de Tibeats, où nous allons pendre le négro ? »

L'un d'entre eux proposa la branche d'un pêcher qui se trouvait là. Son camarade s'y opposa, au prétexte qu'elle se briserait, et en proposa une autre. Ils s'accordèrent finalement sur cette dernière.

Pendant cette conversation et quand ils m'avaient attaché, je ne prononçai pas un mot. Le contremaître Chapin, tandis que se déroulait la scène, faisait les cent pas dans la véranda. Rachel pleurait devant la porte de la cuisine et Mme Chapin regardait toujours par la fenêtre. L'espoir mourut dans mon cœur. Mon heure était assurément venue. Plus jamais je ne reverrais la lumière du jour, plus jamais je ne reverrais les visages de mes enfants – douce perspective que j'avais chérie avec tant d'affection. Je devrais, en cette heure, affronter les tourments terrifiants de la mort ! Personne ne me pleurerait, personne ne me vengerait. Bientôt mon corps pourrirait dans cette contrée lointaine, ou peut-être serait jeté aux reptiles visqueux qui peuplent les eaux stagnantes du bayou ! Les larmes coulèrent le long de mes joues, mais elles n'eurent d'autre effet que de susciter des commentaires insultants de la part de mes bourreaux.

Alors qu'ils me traînaient vers l'arbre, Chapin, qui avait momentanément disparu de la véranda, sortit de la maison et s'avança vers nous. Il avait un pistolet dans chaque main et, pour autant que je me le rappelle, parla d'une façon ferme et déterminée :

« Messieurs, je n'ai que deux mots à dire. Vous feriez mieux de les écouter. Le premier qui déplacera cet esclave d'un centimètre de plus est un homme mort. D'abord, il ne mérite pas ce traitement. C'est honteux de le tuer de cette façon. Je n'ai jamais connu de garçon plus fidèle que Platt. Vous, Tibeats, vous êtes vous-même fautif. Vous êtes un beau vaurien et, je suis bien placé pour le savoir, vous méritez amplement la correction que vous avez reçue. Ensuite, je suis le contremaître de cette plantation depuis sept ans et, en l'absence de William Ford, je suis le maître de ces lieux. Mon devoir est de protéger ses intérêts, et je remplirai ce devoir. Vous n'êtes pas aux commandes ici, vous ne valez rien. Ford a une hypothèque sur Platt de 400 dollars. Si vous le pendez, il ne pourra pas payer sa dette. Jusqu'à ce que celle-ci soit annulée, vous n'avez aucun droit de lui ôter la vie. Vous n'avez pas le droit de la prendre de toute façon. Il y a une loi pour l'esclave comme pour l'homme blanc. Vous n'êtes qu'un meurtrier.

« Quant à vous, dit-il en s'adressant à Cook et à Ramsay, qui étaient deux contremaîtres des plantations voisines, partez ! Si vous tenez à votre sécurité, je vous le dis, partez. »

Cook et Ramsay montèrent à cheval et partirent sans un mot. Tibeats déguerpit comme le lâche qu'il était en quelques minutes, visiblement apeuré et intimidé par le ton ferme de Chapin. Il monta à cheval et suivit ses compagnons.

Je restai là où j'étais, toujours attaché, la corde autour du cou. À peine furent-ils partis que Chapin appela Rachel et lui ordonna de courir au champ dire à Lawson de revenir à la maison au plus vite, en apportant avec lui la mule marron, un animal que l'on appréciait pour sa surprenante rapidité. L'homme arriva bientôt.

« Lawson, dit Chapin, va à Pine Woods. Dis à ton maître Ford de venir immédiatement. Qu'il ne tarde pas un instant. Dis-lui qu'ils veulent assassiner Platt. Dépêche-toi, mon garçon. Sois à Pine Woods avant midi, même si la mule doit en crever. »

Chapin entra dans la maison et rédigea un laissez-passer. Quand il revint, Lawson était à la porte, sur sa mule. Il prit le laissez-passer, joua sans tarder de sa cravache sur l'animal, sortit à vive allure de la cour et s'engagea au galop dans le bayou. Il échappa à nos yeux en moins de temps qu'il ne m'en a fallu pour décrire cette scène.

Chapitre IX

Quand le soleil atteignit son zénith ce jour-là, la chaleur devint insupportable. Ses rayons chauds brûlaient le sol. La terre écorchait presque le pied qui s'y posait. Je n'avais ni manteau ni chapeau et je me tenais debout la tête nue, exposée à la brûlure du soleil. De grosses gouttes de sueur coulaient le long de mon visage, trempant la tenue sommaire dont j'étais vêtu. Au-delà de la barrière, un peu à l'écart, les pêchers projetaient leur ombre fraîche et délicieuse sur l'herbe. J'aurais volontiers donné une année de service pour pouvoir échanger le four ardent où je me tenais contre une place sous leurs branches. Mais j'étais toujours ligoté, la corde autour du cou, et je me tenais à l'endroit même où Tibeats et ses camarades m'avaient laissé. J'étais si fermement attaché que je ne pouvais pas bouger d'un centimètre. J'aurais donné cher, en effet, pour m'adosser au mur de l'atelier de tissage. Mais celui-ci était hors d'atteinte, malgré une distance qui ne devait pas excéder six mètres. Je voulais m'allonger mais je savais que je ne pourrais pas me relever. Le sol était si desséché et si brûlant que cela n'aurait fait qu'ajouter à l'inconfort de ma position, et je le savais. Si seulement j'avais pu changer de posture, même un tout petit peu, ç'aurait été un soulagement indicible. Mais les rayons brûlants du soleil du Sud, qui frappaient ma tête nue durant cette longue journée d'été, n'étaient rien comparés à la souffrance que m'infligeaient mes membres. Mes poignets, mes chevilles, les tendons de mes jambes et de mes bras commencèrent à enfler. La corde qui les liait tranchait ma chair gonflée.

Chapin fit les cent pas dans la véranda toute la journée, mais ne s'approcha pas une fois de moi. Il semblait très mal à l'aise. Il me jetait des regards, puis regardait la route, comme s'il attendait à tout moment l'arrivée de quelqu'un. Il n'alla pas au champ comme il en avait l'habitude. Il était évident, à son attitude, qu'il pensait que Tibeats reviendrait avec une aide plus nombreuse et mieux armée, afin de reprendre la querelle là où il l'avait laissée. Il était tout aussi évident que Chapin était prêt à défendre ma vie quoi qu'il lui en coûte. Pourquoi ne me détacha-t-il pas ? Pourquoi me laissa-t-il souffrir le martyre pendant toute une longue journée de tourment ? Je ne le sus jamais. Ce n'était pas par manque de compassion, j'en suis certain. Peut-être souhaitait-il que Ford voie la corde autour de mon cou et la façon brutale dont j'avais été attaché ; peut-être interférer avec la propriété d'un tiers, sur laquelle il n'avait aucun droit, aurait-il constitué une violation, ce qui l'aurait exposé à une punition légale. L'absence de Tibeats le reste de cette journée-là fut pour moi un autre mystère que je ne pus jamais résoudre. Il savait pertinemment que Chapin ne lui aurait fait aucun mal, à moins qu'il persiste dans ses projets à mon encontre.

Lawson me raconta plus tard que, alors qu'il passait près de la plantation de John David Cheney, il les vit tous les trois se retourner et l'observer qui s'en allait. À mon avis, Tibeats crut que Lawson avait été envoyé par le contremaître Chapin prévenir les planteurs voisins et demander leur aide. Par conséquent, il décida d'agir selon ce principe : « la prudence est la meilleure part du courage [1] », et il se tint à l'écart.

Peu importe quelle fut la motivation de ce tyran lâche et méchant. Je me tenais toujours sous le soleil de midi, gémissant de douleur. Je n'avais rien mangé depuis bien avant l'aube. La douleur, la soif et la faim me faisaient défaillir. Une fois seulement, au moment le plus chaud de la journée, Rachel, un peu inquiète à l'idée d'agir contre la volonté du contremaître, s'aventura jusqu'à moi et porta une tasse d'eau à mes lèvres. Cette humble créature ne sut jamais, et ne les aurait pas comprises si elle les avait entendues, les bénédictions que j'invoquai en son nom pour ce doux breuvage. Elle ne put que murmurer : « Oh Platt, comme je te plains », avant de repartir à ses tâches en cuisine au pas de course.

Jamais le soleil ne se déplaça aussi lentement dans le ciel que ce jour-là, jamais il ne darda de rayons plus enflammés. C'est du moins ce qu'il me sembla. Je n'essaierai pas de retranscrire le contenu de mes

---

1. Ce proverbe est une citation de la pièce *Henry IV*, de Shakespeare, prononcée par le personnage de Falstaff.

réflexions – les innombrables pensées qui envahissaient mon cerveau tourmenté. Il suffit de dire qu'à aucun moment de cette longue journée, ne serait-ce qu'une fois, je ne parvins à la conclusion que l'esclave du Sud, nourri, habillé, fouetté et protégé par son maître, est plus heureux que l'homme de couleur libre du Nord. Je ne suis jamais arrivé à cette conclusion depuis. Il y a cependant, même dans les États du Nord, beaucoup d'hommes bienveillants et de bonne composition qui diront que mon opinion est erronée et qui continueront très sérieusement à étayer ce propos par toutes sortes d'arguments. Hélas ! Ils n'ont jamais bu comme je l'ai fait à la coupe amère de l'esclavage.

Au coucher du soleil, mon cœur bondit d'une joie immense quand je vis Ford entrer dans la cour, sur un cheval écumant. Chapin alla à sa rencontre à la porte et, après s'être entretenu un court instant avec lui, Ford marcha directement vers moi.

« Pauvre Platt, tu es dans un sale état, furent les seuls mots qui s'échappèrent de sa bouche.

– Dieu merci ! dis-je, Dieu merci, maître Ford, vous êtes enfin là ! »

Sortant un couteau de sa poche, il coupa rageusement les cordes autour de mes poignets, de mes bras et de mes chevilles, et enleva le nœud autour de mon cou. Je tentai de marcher, mais je chancelai comme un homme ivre et tombai.

Ford retourna immédiatement à la maison, me laissant à nouveau seul. Lorsqu'il atteignit la véranda, Tibeats et ses deux amis arrivèrent. Un long dialogue s'ensuivit. J'entendais le son de leurs voix, les douces intonations de la voix de Ford mêlés aux accents colériques de celle de Tibeats, mais j'étais incapable de distinguer ce qu'ils se disaient. Finalement, les trois compagnons repartirent, l'air mécontent.

Je m'efforçai de prendre le marteau, voulant montrer à Ford combien j'étais disposé à travailler, en reprenant la construction de l'atelier de tissage, mais l'outil tomba de ma main engourdie. À la nuit tombée, je me traînai jusqu'à ma case et m'allongeai. J'étais dans une grande détresse – tout endolori et enflé – et le moindre mouvement me causait la souffrance la plus atroce. Bientôt les ouvriers revinrent du champ. Rachel, quand elle était allée chercher Lawson, leur avait raconté ce qui s'était passé. Eliza et Mary me firent griller un morceau de lard, mais je n'avais plus d'appétit. Elles me cuisirent un peu de semoule de maïs et firent du café ; c'était tout ce que je pouvais avaler. Eliza me consola et se montra très douce. La case fut bientôt remplie d'esclaves. Ils m'entourèrent, me posèrent des questions sur ma dispute avec Tibeats ce matin-là et sur les détails de tous les événements de la journée. Puis Rachel entra et, avec ses mots simples, raconta encore et encore ; elle insista avec emphase sur le coup de pied qui avait envoyé Tibeats rouler au sol, ce qui provoqua un fou rire général parmi l'assemblée. Puis elle décrivit comment Chapin était sorti me secourir avec ses pistolets, et comment maître Ford avait coupé les liens avec son couteau, l'air fou de colère.

Lawson finit par rentrer. Il divertit lui aussi nos compagnons avec le récit de son voyage à Pine Woods : sa course sur la mule marron « aussi rapide que l'éclair », la stupéfaction générale sur son passage, le départ immédiat de maître Ford, ses paroles sur Platt, qui était un bon négro et qu'ils ne devaient pas tuer. Lawson affirmait, à grand renfort d'arguments, que personne au monde n'avait jamais fait à ce point sensation, ni accompli de prouesse digne de John Gilpin [1] aussi extraordinaire que son exploit de ce jour-là, sur le dos de la mule marron.

Ces bonnes âmes me couvrirent de leur compassion. Elles répétaient que Tibeats était un homme dur et cruel, et espéraient que « missié Ford » me reprendrait. Ainsi passèrent-ils le temps à débattre, à bavarder, à redire encore et encore cette histoire incroyable, jusqu'à ce que soudain Chapin apparaisse à la porte de la case et m'appelle.

---

1. John Gilpin est le héros d'un poème illustré très populaire du XVIIIe siècle aux États-Unis : *The Diverting History of John Gilpin*, de William Cowper. Le personnage est connu pour ses aventures extraordinaires (NdT). William Cowper (1731-1800) est un auteur anglais de poésies et d'hymnes.

« Platt, dit-il, tu dormiras sur le plancher de la grande maison ce soir, prends ta couverture. »

Je me levai aussi vite que j'en fus capable, saisis ma couverture et le suivis. En chemin, il m'informa qu'il ne serait pas étonné de voir Tibeats revenir avant le matin – qu'il avait l'intention de me tuer –, mais que s'il le faisait, il ne le ferait pas sans témoin. M'aurait-il poignardé en plein cœur devant cent esclaves, pas un d'entre eux, selon les lois de Louisiane, n'aurait pu témoigner contre lui. Je m'allongeai sur le sol de la « grande maison » – ce fut la première et la dernière fois que j'eus accès à un lieu de repos aussi luxueux durant mes douze ans de servitude – et je tentai de dormir. Vers minuit, le chien se mit à aboyer. Chapin se leva et regarda par la fenêtre, mais ne vit rien. Le chien finit par se calmer. En retournant dans sa chambre, Chapin dit :

« Je pense, Platt, que ce scélérat rôde aux alentours du domaine. Si le chien aboie à nouveau et que je dors, réveille-moi. »

Je promis de le faire. Au bout d'une heure environ, le chien recommença à hurler, courant en tous sens entre la maison et le portail, avec des aboiements furieux.

Chapin était sorti du lit sans qu'on ait eu à l'appeler. Cette fois-ci, il sortit sur la véranda et y resta un long moment. Il n'y avait cependant rien à signaler et le chien retourna à sa niche. On ne fut plus dérangé de la nuit. La douleur atroce que je ressentais et la crainte du danger imminent m'interdirent cependant toute forme de repos. Si Tibeats est effectivement revenu sur la plantation cette nuit-là pour chercher l'occasion d'assouvir sur moi sa vengeance, c'est un secret connu de lui seul. J'étais certain à l'époque, et je le suis encore aujourd'hui, qu'il se trouvait bien là. Il avait, quoi qu'il en soit, la disposition d'un assassin – battant en retraite devant les mots d'un homme courageux, mais prêt à frapper dans le dos sa victime désarmée et sans méfiance, comme je l'appris ensuite.

Je me levai à l'aube le matin suivant, endolori et épuisé, car je ne m'étais que peu reposé. Néanmoins, après avoir pris le petit déjeuner que Mary et Eliza m'avaient préparé dans la case, je me rendis à l'atelier de tissage et entamai une nouvelle journée de travail. Chapin avait l'habitude, dès son réveil, comme la plupart des contremaîtres en général, d'enfourcher son cheval, qu'un esclave tenait toujours prêt, sellé et bridé, et de se rendre aux champs. Ce matin-là, au contraire, il vint à l'atelier de tissage et me demanda si j'avais déjà vu Tibeats. Comme je répondais par la négative, il réaffirma que quelque chose n'allait pas chez cet homme, qu'il était rancunier, que je devais me méfier de lui, sans quoi il me ferait du mal le jour où je m'y attendrais le moins.

Il parlait encore quand Tibeats arriva, attacha son cheval et entra dans la maison. Je n'avais pas peur de lui en présence de Chapin et de Ford, mais ils ne seraient pas toujours auprès de moi.

Oh ! Qu'il pesait lourd à cet instant, le fardeau de l'esclavage ! Non seulement il fallait subir des injures, des tourments, des railleries, dormir à même le sol, manger une nourriture fruste, mais j'étais encore l'esclave d'un misérable assoiffé de sang, qui me forçait à vivre constamment dans la peur. Pourquoi n'étais-je pas mort dans mes jeunes années, avant que Dieu m'ait donné des enfants à aimer et fait d'eux ma raison de vivre ? Que de malheurs, de souffrance et de tristesse cela m'aurait épargné ! J'aspirais à la liberté, mais la chaîne de l'oppresseur m'étouffait, sans que je puisse en desserrer l'étreinte. Je ne pouvais que regarder avec mélancolie vers le nord et songer aux milliers de kilomètres qui s'étendaient entre moi et la terre libre, distance qu'un homme libre, mais *noir*, ne pouvait pas franchir.

Dans la demi-heure qui suivit, Tibeats marcha vers l'atelier de tissage, me regarda avec insistance, puis repartit sans rien dire. Il passa la majeure partie de la matinée assis dans la véranda, à lire le journal et à discuter avec Ford. Après dîner, ce dernier partit pour Pine Woods, et ce fut avec beaucoup de regrets que je le vis quitter la plantation.

Une autre fois dans la journée, Tibeats vint me voir, me donna un ordre et s'en alla.

L'atelier de tissage fut achevé dans la semaine. Tibeats ne fit entre-temps aucune allusion à notre querelle. On m'informa qu'il m'avait fait engager par Peter Tanner pour travailler pour un autre charpentier, du nom de Myers. Je reçus cette nouvelle avec satisfaction, car tout emploi qui m'épargnerait son odieuse compagnie était le bienvenu.

Peter Tanner, comme le lecteur en a déjà été informé, vivait sur la rive opposée ; c'était le frère de maîtresse Ford. Il est l'un des plus grands planteurs de Bayou Bœuf et possède un grand nombre d'esclaves.

Ce fut d'humeur assez joyeuse que je me rendis chez Tanner. Il avait eu vent de mes récents problèmes – en vérité, je me rendis compte que le passage à tabac de Tibeats était salué partout. Cette affaire, avec mon expérience dans le transport fluvial, m'avait en quelque sorte rendu célèbre. J'ai entendu plus d'une fois dire que Platt Ford, désormais Platt Tibeats – le nom d'un esclave change avec son maître – était un « sacré négro ». Mais j'étais destiné à faire encore plus de bruit, comme nous allons le voir, dans le petit monde de Bayou Bœuf.

Peter Tanner s'efforça de me donner l'impression qu'il était plutôt sévère, même si je percevais malgré tout chez le vieil homme la présence d'une âme charitable.

« C'est toi le négro, me dit-il à mon arrivée, c'est toi le négro qui fouette son maître, hein ? C'est toi le négro qui donne des coups de pied, qui a tenu le charpentier Tibeats par la jambe, qui lui a flanqué une bonne trempe, pas vrai ? J'aimerais te voir me tenir par la jambe, tiens ! T'es quelqu'un d'important, t'es un grand négro, un négro très remarquable, n'est-ce pas ? Je te fouetterais, je te ferais passer ta colère, moi. Essaie un peu de m'attraper la jambe. Pas de tes entourloupes ici, mon gars, souviens-toi de *ça*. Maintenant au travail, vaurien, et pas de mauvais *coup* », conclut Peter Tanner, incapable d'effacer le sourire à demi amusé que lui donnaient ses propres mots d'esprit et ses sarcasmes.

Après avoir écouté ce préambule, je fus pris en charge par Myers et, à notre satisfaction à tous les deux, je travaillai sous sa direction un mois durant.

Comme William Ford, Tanner, son beau-frère, avait l'habitude de lire la Bible à ses esclaves le jour du Seigneur, mais d'une façon un peu différente. Son interprétation du Nouveau Testament ne laissait pas d'impressionner. Le premier dimanche qui suivit mon arrivée à la plantation, il nous réunit et commença à lire le douzième chapitre de l'Évangile selon Luc. Quand il arriva au quarante-septième verset, il promena délibérément son regard autour de lui et continua : « Et ce serviteur qui connaissait la *volonté* de son Seigneur… » Il s'arrêta ici, regardant encore plus intensément qu'avant, puis reprit : « … qui connaissait la *volonté* de son Seigneur, et qui n'était pas *prêt*… » – une autre pause – « … qui n'était pas *prêt*, et n'a pas fait *selon* sa volonté, sera beaucoup *battu*. »

« Vous entendez ça ? demanda Peter avec emphase. "Battu", répéta-t-il lentement et distinctement, ôtant ses lunettes avant d'ajouter quelques remarques. Le négro qui ne fait pas attention, qui n'obéit pas à son Seigneur, à son maître, vous voyez ? – Ce négro-là sera beaucoup battu. "Beaucoup" veut dire *vraiment* beaucoup : quarante, cent, cent cinquante coups de fouet. C'est les Écritures qui le disent ! »

Et Peter continua d'expliquer ce thème pendant un long moment, à l'attention de son public noir.

À la fin de la cérémonie, il appela trois de ses esclaves, Warner, Will et Major, puis cria dans ma direction :

« Toi, Platt, tu as tenu Tibeats par les jambes. On va voir maintenant si tu peux tenir ces trois vauriens de la même façon, jusqu'à ce que je revienne de mon rendez-vous. »

Il leur ordonna donc de se rendre à l'échelle patibulaire [1] – une installation banale sur les plantations du pays de la Red River. L'échelle patibulaire est constituée de deux planches, celle du bas étant attachée à deux poteaux courts, fermement enfoncés dans le sol. À

1. Dispositif aussi appelé pilori, destiné à exposer publiquement un condamné en guise de peine ou, ici, à le maintenir immobile pendant la flagellation.

distance régulière, deux demi-cercles sont taillés dans la tranche. L'autre planche est attachée à l'un des poteaux par un gond, afin qu'on puisse l'ouvrir et la fermer, à la manière d'un canif. Des demi-cercles identiques sont découpés dans la planche du haut, afin qu'une fois celle-ci rabattue, une rangée de trous soit formée, assez larges pour contenir la jambe d'un nègre, mais trop étroits pour qu'il puisse en dégager son pied. L'autre extrémité de la planche, celle opposée au gond, est rattachée au poteau par un verrou et une clé. On fait asseoir l'esclave par terre, on place ses jambes dans les découpes de la planche du bas, puis on abaisse la planche supérieure qu'on verrouille ; il est ainsi maintenu fermement. Très souvent, c'est le cou qu'on enserre à la place des chevilles. C'est comme cela qu'on tient les esclaves quand ils sont fouettés.

Warner, Will et Major, selon les dires de Tanner, volaient des melons. Ils étaient des négros qui ne respectaient pas le jour du Seigneur et, désapprouvant cette immoralité, Tanner s'était senti obligé de les envoyer à l'échelle patibulaire. Il me tendit la clé. Puis lui, Myers, maîtresse Tanner et les enfants montèrent dans la carriole et s'en allèrent à l'église de Cheneyville. Une fois le maître parti, les garçons me supplièrent de les libérer. J'eus pitié d'eux, assis sur le sol brûlant, et me souvins de mes propres souffrances sous le soleil. Ils me donnèrent leur parole de revenir à l'échelle dès qu'il le faudrait. Je consentis à les libérer. Reconnaissants de la clémence dont j'avais fait preuve envers eux et pour m'en remercier d'une certaine façon, ils se sentirent, bien sûr, obligés de me conduire au carré de melons. Peu avant le retour de Tanner, ils étaient à nouveau à l'échelle. Il arriva finalement, regarda les garçons et dit en riant :

« Haha ! Z'avez pas beaucoup vagabondé aujourd'hui, pour sûr. Moi, je vais vous apprendre la vie. Moi, je vais vous faire passer l'envie de manger des melons le jour du Seigneur, bande de négros qui brisez la loi du Shabbat [1]. »

Peter Tanner s'enorgueillissait de son respect scrupuleux des interdits religieux : il était diacre [2] à l'église.

Mais me voici arrivé à un point de mon récit où il me faut laisser de côté ces anecdotes légères et me consacrer aux problèmes, plus graves et plus lourds, de ma seconde dispute avec maître Tibeats et de ma fuite à travers le grand marais de Pacoudrie.

---

1. Chez les chrétiens américains, le terme « Shabbat » désigne le dimanche, jour du Seigneur (NdT). Ce jour-là, il est interdit de travailler.

2. Bénévole chargé de fonctions dans le culte.

Chapitre X

À la fin du mois, mes services n'étant plus requis chez Tanner, on me renvoya au bayou auprès de mon maître. Ce dernier était occupé à construire une presse à coton à une certaine distance de la grande maison, dans un endroit assez reculé. Je me remis donc, une fois de plus, à travailler avec Tibeats, la plupart du temps tout à fait seul avec lui. Je me rappelais les mots de Chapin, ses précautions, ses conseils de prudence, au cas où, au moment le plus inattendu, Tibeats essaierait de m'attaquer. J'y pensais constamment et vivais ainsi dans un état d'appréhension et de peur des plus désagréables. J'avais un œil sur mon travail et l'autre sur mon maître. J'étais déterminé à ne lui donner aucune raison de s'offenser et à travailler de façon encore plus diligente, si possible, qu'avant. Tant qu'il ne s'attaquait pas physiquement à moi, je décidai de supporter avec humilité et patience les insultes qu'il me lançait, dans l'espoir qu'ainsi ses manières envers moi s'adouciraient quelque peu, jusqu'au jour béni où je serais délivré de ses griffes.

Le troisième matin qui suivit mon retour, Chapin quitta la plantation pour Cheneyville et devait être absent jusqu'au soir. Tibeats se trouvait, ce jour-là, dans l'une des crises de mauvaise humeur auxquelles il était souvent sujet, ce qui le rendait encore plus désagréable et plus fielleux que d'habitude.

Il était environ 9 heures, et j'étais en train de raboter un madrier. Tibeats, debout près de l'établi, plaçait une poignée entre les deux lames des ciseaux dont il venait de se servir pour tracer un pas de vis.

« Tu rabotes pas assez, dit-il.

– C'est dans l'axe de la ligne, répondis-je.

– Tu es un foutu menteur ! s'écria-t-il avec passion.

– Bien, maître, dis-je doucement, je vais le raboter plus si vous voulez. »

Et je fis comme je supposais qu'il désirait. Cependant, avant même qu'un copeau de bois ait été enlevé, il hurla que je l'avais désormais trop raboté, que c'était trop enfoncé, et qu'à cause de moi le madrier était fichu. S'ensuivirent insultes et imprécations. Je m'étais efforcé de faire exactement ce qu'il m'avait demandé, mais rien ne satisfaisait cet homme irrationnel. Silencieux et plein d'appréhension, je restai près du madrier, le rabot à la main, sans savoir que faire et sans oser bouger. Sa colère se fit de plus en plus violente, jusqu'à ce que, dans une volée d'insultes mordantes et effrayantes comme seul Tibeats savait en prononcer, il saisisse la hachette posée sur l'établi et se précipite vers moi, en jurant qu'il allait m'ouvrir le crâne.

C'était une question de vie ou de mort. La lame aiguisée et étincelante de la hachette scintillait au soleil.

L'instant d'après, elle serait enfoncée dans mon crâne ; à cette seconde – l'esprit vient si vite à l'homme dans les moments d'effroi ! –, je sus que si je restais immobile j'étais condamné avec certitude. Si je m'enfuyais, il y avait une chance sur dix pour que la hachette vole de sa main avec une précision mortelle et se plante dans mon dos. Il n'y avait qu'une option possible. Sautant vers lui de toutes mes forces, je m'interposai à mi-chemin et, avant qu'il puisse assener son coup, j'attrapai son bras levé d'une main et lui saisis la gorge de l'autre. Nous nous regardâmes dans les yeux. Dans les siens je pus voir le désir de meurtre. C'était comme si je tenais à bout de bras un serpent qui guettait le moindre moment où mon emprise se relâcherait pour s'enrouler autour de mon corps, m'étouffer et me faire une piqûre mortelle. Je songeai à crier, pensant qu'une oreille entendrait peut-être le bruit, mais Chapin était parti, les ouvriers étaient aux champs, il n'y avait personne pour me voir ni pour m'entendre.

Le bon génie qui, jusqu'à ce point de mon existence, m'avait sauvé des mains de la violence, me donna à cet instant une idée lumineuse. D'un coup de pied vigoureux et soudain, je fis plier Tibeats au niveau des genoux ; il gémit. Je relâchai ma prise sur sa gorge, fis voler la hachette et l'envoyai hors de sa portée.

Fou de rage, en colère au-delà de l'imaginable, il saisit sur le sol un bâton de chêne blanc, d'un mètre cinquante peut-être, si gros qu'il pouvait à peine tenir dans sa main. Une fois encore, il se rua sur moi et, une fois encore, j'allai à sa rencontre, le saisis à la taille et, comme j'étais le plus fort des deux, l'amenai au sol. Ainsi positionné, je pus m'emparer du bâton, me relever et le lancer lui aussi de côté.

Il se leva à son tour et courut prendre la grande hache sur l'établi. Par chance, il y avait une lourde planche couchée sur la grande lame, de sorte qu'il ne put s'en saisir avant que je lui aie sauté sur le dos. Je le maintins fermement et lourdement sur la planche, pour que la hache ne puisse pas bouger. Je m'efforçai, en vain, d'enlever sa main du manche. Nous restâmes quelques minutes dans cette position.

Il y eut des heures dans ma vie malheureuse, de nombreuses heures, où j'ai contemplé la mort comme une chose agréable, comme la fin du chagrin terrestre, où la tombe m'est apparue comme un lieu de repos pour le corps fatigué et exsangue. Mais ces contemplations disparaissent à l'heure du danger. Aucun homme, dans toute sa force, ne peut rester sans agir face à la « reine des ténèbres [1] ». La vie est trop précieuse à tout être vivant, et même le ver qui rampe dans la terre luttera pour la sienne. À cet instant, elle m'était précieuse, tout asservi et martyrisé que j'étais.

---

1. Expression tirée du Livre de Job, 18, 14.

Incapable de lui faire desserrer la main, je le saisis à nouveau par la gorge et, cette fois, la comprimai comme un étau, ce qui le fit vite relâcher sa prise. Il devint docile et cessa de résister. Son visage, qui avait été blanc de rage, était maintenant noir de suffocation. Ses petits yeux de serpent qui crachaient tant de venin étaient gorgés d'effroi, en deux énormes globes blancs qui sortaient de leurs orbites !

Il y avait « un démon tapi [1] » dans mon cœur qui me susurrait de tuer ce chien sur-le-champ, de maintenir ma prise sur sa maudite gorge jusqu'à ce que le souffle de la vie s'en échappe ! Je n'imaginais pas de l'épargner. Si je le tuais, je paierais ce forfait de ma vie ; s'il vivait, ma vie ne servirait qu'à satisfaire sa vengeance. Une voix me murmura de m'enfuir. Errer au milieu des marais, être un fugitif, un vagabond sur la surface de la terre était préférable à la vie que je menais.

Ma résolution fut vite prise : je le balançai de l'établi au sol, j'enjambai la première haie et traversai la plantation en courant, passant à côté des esclaves au travail dans les champs de coton. À quatre cents mètres, j'atteignis l'orée des bois. Il y avait peu de temps en réalité

---

1. En anglais, « a lurking devil ». L'expression est probablement tirée du poème « An extempore thought of flattery » (1720) de Henry Carey, poète anglais (1687-1743) : « Flattery's a base, unmanly, coward vice/ a lurking devil in a fair disguise » (« La flatterie est un vice indigne de l'homme, lâche et dégradant,/ un démon tapi à l'abri d'un beau déguisement »).

que je courais. En grimpant sur une haute clôture, je pouvais voir la presse à coton, la grande maison et la distance qui m'en séparait. C'était un point de vue remarquable, duquel on pouvait observer toute la plantation. Je vis Tibeats traverser le champ jusqu'à la grande maison, y entrer, puis en ressortir, portant sa selle, monter aussitôt son cheval et partir au galop.

J'étais désespéré mais reconnaissant. Reconnaissant que ma vie ait été épargnée, désespéré et découragé par ce qui m'attendait. Qu'adviendrait-il de moi ? Qui serait mon ami ? Où fuir ? Oh, mon Dieu ! Toi qui m'as donné la vie et qui as mis dans mon cœur l'amour de celle-ci, qui l'as remplie de sentiments comme en ont Tes autres créatures, ne m'abandonne pas. Aie pitié du pauvre esclave, ne me laisse pas mourir. Si Tu ne prends pas la peine de me protéger, je suis perdu… perdu ! Ces supplications silencieuses et muettes s'élevèrent de mon cœur vers le ciel. Mais aucune voix ne me répondit, aucune intonation douce et calme ne descendit d'en-haut pour murmurer à mon âme : « C'est moi, n'aie pas peur. » Dieu m'avait délaissé, et les hommes n'avaient pour moi que mépris et que haine !

Au bout de trois quarts d'heure environ, des esclaves crièrent et me firent signe de fuir. Je regardai aussitôt le bayou et vis Tibeats et deux autres hommes, à cheval, arriver à vive allure, suivis d'une meute de chiens. Il y en avait au moins huit ou dix. Même à cette distance, je les reconnus. Ils appartenaient à la plantation voisine. Les chiens utilisés pour la chasse à Bayou Bœuf sont des limiers, mais d'une espèce bien plus féroce que celle qu'on trouve dans les États du Nord. Ils attaquent un nègre sur ordre de leur maître et s'accrochent à lui comme un bulldog s'accrocherait à un quadrupède. On entend souvent leur hurlement dans les marais. On spécule ensuite sur l'endroit où le fugitif sera rattrapé – de la même façon qu'un chasseur new-yorkais s'arrête pour écouter les limiers courir sur les coteaux et suggère à son compagnon le point où sera attrapé le renard. À ma connaissance, jamais aucun esclave n'a réussi à s'échapper vivant de Bayou Bœuf. Une des raisons tient au fait qu'ils ne sont pas autorisés à apprendre à nager. Ils sont incapables de traverser le moindre cours d'eau. Or, ils ne peuvent fuir dans aucune direction sans très vite rencontrer un bayou. Un dilemme inévitable s'impose alors : se noyer ou être rattrapé par les chiens. Je m'étais entraîné pendant ma jeunesse, dans les ruisseaux clairs de mon pays natal, jusqu'à devenir un nageur expert et à me sentir parfaitement à l'aise dans l'eau.

Je restai sur la barrière jusqu'à ce que les chiens atteignent la presse à coton. L'instant d'après, leurs longs cris sauvages annonçaient qu'ils étaient sur mes traces. Sautant de mon poste, je courus en direction du marais. La peur me donnait des ailes, et je m'en servais au maximum. J'entendais résonner les aboiements des chiens. Ils me rattrapaient. Chaque hurlement se rapprochait de plus en plus. Je m'attendais à ce qu'ils me sautent sur le dos à tout moment, et à sentir leurs longues dents s'enfoncer dans ma chair. Ils étaient si nombreux ! Je savais qu'ils me mettraient en pièces, que je mourrais en un rien de temps sous leurs morsures. Je haletai, je murmurai à bout de souffle une prière à demi articulée, je priai le Tout-Puissant de me sauver, de me donner la force d'atteindre un bayou vaste et profond pour leur faire perdre ma trace, ou de me noyer dans ses eaux. Très vite, j'atteignis un creux où les palmiers poussaient en rangs serrés. Quand je le traversai en courant, leurs feuilles émirent un froissement bruyant, pas assez bruyant cependant pour étouffer les voix des chiens.

Je continuai ma course vers le sud, autant que je puisse en juger, et mes pieds touchèrent enfin l'eau. Les chiens, à ce moment-là, n'étaient pas à plus de vingt-cinq mètres derrière moi. Je les entendais se jeter lourdement à travers les palmiers, et leurs aboiements sonores et acharnés retentissaient dans tout le marais. L'espoir revint un peu quand j'atteignis l'eau. Si elle était plus profonde, ils perdraient la trace de mon odeur et, ainsi déroutés, me donneraient l'occasion de leur échapper. Par chance, elle devint en effet plus profonde au fur et à mesure que j'avançais, au-dessus des chevilles, puis presque aux genoux, couvrant par instants ma taille puis la redécouvrant la seconde d'après dans des endroits moins profonds. Les chiens n'avaient pas repris de terrain sur moi depuis que j'étais entré dans l'eau. Ils étaient de toute évidence perdus. Désormais, les clameurs sauvages se faisaient de plus en plus lointaines, preuve que je m'éloignais d'eux. Je finis par ne plus tendre l'oreille. Mais le long hurlement vint gronder à nouveau, m'indiquant que je n'étais pas encore en sécurité. Bien qu'empêchés par l'eau, les chiens pouvaient encore suivre ma trace, de marécage en marécage, partout où j'avais posé le pied. Finalement, à ma grande joie, j'arrivai à un grand bayou, j'y plongeai et j'eus vite fait de dériver dans ses eaux boueuses jusqu'à la berge d'en face. Là, à n'en pas douter, les chiens perdraient ma piste ; le courant emporterait dans l'eau la moindre trace de cette odeur légère et mystérieuse qui permet au limier, à l'odorat si fin, de suivre les pas du fugitif.

Après que j'eus traversé ce bayou, l'eau devint si profonde que je ne pus plus courir. J'étais désormais dans ce que l'on appelait, je l'appris plus tard, le « grand marais de Pacoudrie ». Il était rempli d'arbres immenses – sycomores, tupélos, peupliers et cyprès – et s'étendait, me dit-on, jusqu'à la Calcasieu River. Il n'y a aucun habitant sur cinquante ou soixante kilomètres, seulement des bêtes sauvages – ours, chats sauvages, jaguars et de nombreux reptiles visqueux qui rampent partout. Bien avant d'atteindre le bayou, en réalité, de l'instant où j'entrai dans l'eau jusqu'à ce que j'en émerge, ces reptiles m'entourèrent. Je vis des centaines de mocassins d'eau [1]. Ils grouillaient sous chaque rondin, dans chaque marécage, sous chaque tronc d'arbre tombé sur lequel j'étais obligé de marcher ou de grimper. Ils s'enfuyaient à mon approche, mais parfois, dans ma hâte, je les touchais presque du pied ou de la main. Ce sont des serpents venimeux et leur morsure est plus fatale que celle d'un crotale. J'avais en outre perdu une chaussure, dont la semelle s'était détachée, et dont seule la partie supérieure pendait autour de ma cheville.

Je vis aussi de nombreux alligators, grands et petits, couchés dans l'eau ou sur des planches de bois. Le bruit que je faisais les surprenait généralement. Ils s'en allaient alors et sombraient dans des endroits plus profonds. Parfois cependant, je tombais directement sur l'un de ces monstres, avant de l'avoir aperçu. Dans ces cas-là, je rebroussais chemin et je faisais un petit détour pour les éviter. S'ils vont tout droit, ils peuvent parcourir une courte distance à vive allure, mais ils n'ont pas la capacité de tourner. Il n'est donc pas difficile de leur échapper en adoptant un trajet sinueux.

Vers 14 heures, j'entendis les chiens pour la dernière fois. Ils n'avaient probablement pas traversé le bayou. Mouillé et éreinté, mais délivré du sentiment de danger imminent, je continuai, plus prudent et plus effrayé cependant par les serpents et les alligators que je l'avais

1. Serpents venimeux de la famille des vipères.

été dans la première partie de ma fuite. Désormais, avant de pénétrer dans une mare boueuse, je frappais l'eau avec un bâton. Si les eaux bougeaient, je les contournais, sinon je les traversais.

Le soleil finit par se coucher et, peu à peu, la nuit enveloppa le grand marais de son vaste manteau de ténèbres. Je continuai d'avancer en chancelant. J'avais peur de sentir, à tout moment, la piqûre affreuse du mocassin, ou d'être broyé par la mâchoire d'un alligator que j'aurais dérangé. J'avais presque aussi peur d'eux que des chiens qui me poursuivaient. La lune se leva au bout d'un moment, et sa lumière douce se glissait à travers les branches déployées et moussues. Je continuai d'avancer jusqu'à minuit passé, espérant tout du long arriver bientôt dans un lieu moins désolé et moins dangereux. Mais l'eau devint plus profonde et la marche plus difficile que jamais. Je compris qu'il serait impossible de continuer encore longtemps, ne sachant pas, en outre, entre quelles mains j'allais tomber, si tant est que je réussisse à atteindre un endroit habité. Comme je n'avais pas de laissez-passer, tout homme blanc avait la liberté de m'arrêter et de m'envoyer en prison jusqu'à ce que mon maître « prouve sa propriété, paie ce que doit et [m']emmène [1] ». J'étais un fuyard, et

1. Formule juridique, en usage dans les codes de la propriété de l'époque, indiquant la procédure de recouvrement d'un bien, qu'il s'agisse d'un animal ou d'un esclave.

si, par malheur, je croisais un citoyen respectueux de la loi de Louisiane, il estimerait sans doute de son devoir, en tant que bon voisin, de me mettre aussitôt en prison. Il était difficile, en vérité, de déterminer qui je devais craindre le plus : les chiens, les alligators ou les hommes !

Après minuit, cependant, je m'arrêtai. L'imagination ne saurait concevoir la monotonie du décor. Le marais résonnait des cris d'innombrables canards ! Depuis la création du monde, il y a peu de chance pour qu'un pied humain ait foulé plus avant les recoins de ce marais. Il n'était plus silencieux désormais – silencieux au point d'en être oppressant – comme quand le soleil brillait dans le ciel. Mon intrusion nocturne avait réveillé la gent à plumes qui semblait envahir le marécage par centaines de milliers, et leurs gorges bavardes déversaient une telle multitude de sons, il y avait tant de battements d'ailes et de plongeons si sombres dans l'eau qui m'entourait que j'étais terrorisé et effaré. Tous les oiseaux de l'air et toutes les choses rampantes sur terre semblaient s'être rassemblés en cet endroit précis, pour l'envahir de cris et de tumulte. Les habitations de l'homme, les villes surpeuplées ne sont pas les seuls lieux où la vie se laisse voir et entendre. Les endroits les plus sauvages de la terre, eux, en regorgent bien davantage. Et, même au cœur de ce lugubre marais, Dieu avait donné un refuge et une demeure à des millions d'êtres vivants.

La lune s'était élevée au-dessus des arbres quand je décidai d'un nouveau plan. Jusqu'ici, je m'étais efforcé d'aller le plus au sud possible. Je bifurquai et me dirigeai en direction du nord-ouest, mon but étant d'atteindre Pine Woods, près du domaine de maître Ford. Une fois sous sa protection, j'avais le sentiment que je serais à peu près en sécurité.

Mes habits étaient en lambeaux, mes mains, mon visage et mon corps couverts d'égratignures infligées par les brindilles pointues d'arbres tombés à terre, par les broussailles où je me faufilais, par le bois flotté que j'enjambais. Mes pieds nus étaient criblés d'épines. J'étais souillé de fumier, de boue et de la vase verte qui s'amoncelait à la surface des eaux stagnantes, dans lesquelles j'avais été immergé jusqu'au cou de nombreuses fois durant la nuit et le jour. Pendant des heures, aussi éreintantes soient-elles, je continuai d'avancer avec peine vers le nord-ouest. L'eau se fit moins profonde et le sol plus dur sous mes pieds. J'atteignis enfin Pacoudrie, ce même vaste bayou que j'avais traversé au début de ma course. Je le traversai de nouveau et, peu après, crus entendre le chant d'un coq. Mais le son était infime et il était possible que mon ouïe m'ait trompé. L'eau baissait à mesure que j'avançais ; j'avais désormais laissé les marécages derrière moi, j'étais sur la terre ferme qui montait progressivement vers la plaine, et je savais que j'étais quelque part dans Great Pine Woods.

DU NORD AU SUD : DE LA LIBERTÉ À L'ESCLAVAGE

Si un Noir américain pouvait être socialement intégré dans le Nord des États-Unis durant les années 1850 (ils étaient 435 000), il avait en revanche toutes les chances d'être un esclave dans le Sud (3 millions de Noirs asservis). L'incroyable destin de Solomon l'a amené à faire partie de ces deux mondes, déchéance qui se lit dans le décalage des costumes et des postures. Père de famille respectable au Nord, il est réduit à une vie de misère et de labeur continuel au Sud.

Solomon Northup (Chiwetel Ejiofor) et sa famille dans les rues de Saratoga (État de New York).

Solomon Northup cueillant du coton avec les autres esclaves dans une plantation en Louisiane.

FREEMAN LE NÉGRIER

À la suite du *Fugitive Slave Act* (voté en 1793) qui autorise la capture des esclaves en fuite, un trafic parallèle d'hommes libres, enlevés et réduits de force en esclavage, se met en place. Nombreux sont ceux qui prospèrent grâce à ce commerce, en fermant les yeux sur l'origine de leur marchandise. Dans cette scène du film, le négrier Theophilus Freeman arbore une canne à pommeau, un haut-de-forme et un gilet aux reflets dorés, signes de l'aisance matérielle qu'il a acquise en vendant des êtres humains, libres pour certains.

Theophilus Freeman (Paul Giamatti), le marchand d'esclaves de La Nouvelle-Orléans.

LES MAÎTRES ET LEURS ASSOCIÉS

© Jaap Buitdenijk

Les trois propriétaires successifs de Solomon Northup incarnent des relations différentes entre maîtres et esclaves.

William Ford (Benedict Cumberbatch), le premier maître, offre un violon à Solomon Northup. Si le livre dépeint en Ford un maître juste et humain, l'adaptation de Steve Mac Queen remet en question ce personnage : dans une scène du film, Northup avoue à Ford qu'il est un homme libre, mais, comme ce dernier perdrait de l'argent en le libérant, il refuse de venir en aide à son esclave et préfère le céder à un autre propriétaire.

© Jaap Buitdenijk

John Tibeats (Paul Dano) n'est pas un propriétaire terrien, contrairement à Ford, mais un simple charpentier qui travaille sur les terres des planteurs. Incarné ici par un Paul Dano sadique et plein de ressentiment, dont les explosions de rage masquent mal le sentiment d'infériorité, ce personnage illustre la perversité morale de ceux qui semblent pourtant bénéficier du système.

Edwin Epps (Michael Fassbender) veut faire avouer à Solomon qu'il a tenté de poster une lettre par l'entremise d'Armsby, l'un de ses employés (voir p. 255). Tyran libidineux et adepte du fouet, le maître prend ici un plaisir malsain à se comporter de manière paternaliste envers l'esclave, qu'il tient en même temps sous la menace d'un couteau. Solomon sauvera sa peau en prétextant qu'Armsby l'a calomnié dans le but d'être nommé contremaître. L'ignominie morale du système contamine toute la société et finit par compromettre l'équilibre mental des maîtres, à l'instar d'Epps, véritable pervers psychotique.

TOUS ÉGAUX DEVANT DIEU ?

Dans les Mémoires de Northup, les victimes, ou les êtres justes, sont profondément croyants, alors que les négriers et les maîtres tyranniques blasphèment et ignorent le vrai christianisme. Le film *12 Years a Slave* est bien plus critique envers l'utilisation que font les Blancs de la religion.

© Jaap Buitdenijk

Ici, Epps détourne à son profit une parabole biblique, affirmant que les serviteurs doivent obéir à leur maître. Le discours religieux sert ainsi de justification à la domination des Blancs sur les Noirs.

Ford lit la Bible à sa maisonnée, esclaves compris. Assis face au maître, tels des élèves, les esclaves reçoivent passivement le sermon, tandis que les Blancs se trouvent au même niveau que le pasteur, comme s'ils n'avaient pas besoin d'écouter le message évangélique. Cependant, la voix de Ford lisant l'Évangile est couverte par les pleurs de l'esclave Eliza, déchirée par la perte de ses enfants.

© Jaap Buitdenijk

PATSEY, L'ESCLAVE MARTYR

La pesée du coton en fin de journée est un terrible moment d'angoisse pour les esclaves, qui redoutent de ne pas avoir fait une assez grosse récolte. Cependant, pour Patsey (Lupita Nyong'o), s'ajoute à cette anxiété l'affection importune et perverse d'Epps, qui a remarqué le travail, mais surtout la beauté de la jeune femme.

© Jaap Buitdenijk

Mrs Epps (Sarah Paulson) déchaîne alors sa jalousie sur l'esclave. Alors qu'Epps a forcé ses esclaves à venir danser de nuit dans la « grande maison », la maîtresse interrompt la danse, toise Patsey et lui écorche la joue.

© Jaap Buitdenijk

La jeune esclave ne peut même pas réclamer contre sa maîtresse la protection du maître, lui-même jaloux et hargneux. Ici, Patsey doit se justifier d'avoir quitté la plantation pour demander un morceau de savon (voir p. 277). Soupçonnant l'esclave de le tromper avec le maître de la plantation voisine, Epps lui inflige une terrible flagellation, qui la laisse presque morte.

Avant cet épisode, la jeune femme épuisée et désespérée est venue demander à Solomon de l'aider à se suicider.

ÉCRIRE POUR REDEVENIR LIBRE

C'est en parvenant enfin à envoyer une lettre à ses proches dans le Nord que Solomon Northup retrouvera sa liberté. Dès la première scène du film, le spectateur assiste aux efforts de Solomon pour se procurer de l'encre et écrire une missive. L'écriture et la lecture sont des compétences rares chez les esclaves, dont les maîtres se méfient au plus haut point, à juste titre : des esclaves lettrés seraient susceptibles de dénoncer les exactions subies, de témoigner de leurs conditions de vie ou encore, dans le cas de Solomon, de rétablir la vérité d'une identité.

© Jaap Buitdenijk

À l'aube, j'arrivai dans un champ – une sorte de petite plantation – que je n'avais jamais vu auparavant. Au sortir des bois, je croisai deux hommes, un esclave et son jeune maître, occupés à chasser des sangliers. Je savais que l'homme blanc me demanderait mon laissez-passer et que, comme je n'étais pas à même de lui en présenter un, il m'arrêterait. J'étais trop éreinté pour m'enfuir à nouveau et trop désespéré pour me laisser prendre. J'adoptai par conséquent une ruse qui se révéla payante. D'un air assuré, je marchai directement vers lui, le regardant droit dans les yeux. À mon approche, il recula d'un air inquiet. Il était clair qu'il était très effrayé et qu'il me regardait comme le diable venu de l'enfer, tout juste sorti des entrailles du marais !

« Où vit William Ford ? demandai-je d'un ton ferme.

– Il vit à neuf kilomètres d'ici, me répondit-il.

– Quel est le chemin pour s'y rendre ? demandai-je encore, essayant de paraître plus féroce que jamais.

– Vous voyez ces pins là-bas ? demanda-t-il en désignant deux arbres, à environ un kilomètre et demi, qui dépassaient les autres, comme une paire de hautes sentinelles regardant l'étendue vaste de la forêt.

– Je les vois, répondis-je.

– Au pied de ces pins, continua-t-il, passe la route du Texas. Prenez à gauche, et cela vous mènera chez William Ford. »

Sans plus de discours, je me dépêchai d'avancer, aussi heureux que lui, sans doute, de mettre entre nous deux la plus grande distance possible. La route du Texas atteinte, je tournai à gauche, comme l'homme me l'avait indiqué, et arrivai bientôt à un grand feu où brûlait une pile de bûches. Je m'approchai avec en tête l'idée de sécher mes vêtements. Mais la grisaille du matin se dissipait vite, un homme blanc qui passait aurait pu m'apercevoir. De plus, la chaleur renforçait mon envie de dormir. Ce fut donc sans plus attendre que je repris ma route et atteignis finalement, vers 8 heures, la maison de maître Ford.

Il n'y avait aucun esclave dans les baraquements, ils étaient tous au travail. Je m'avançai jusqu'à la véranda et je frappai à la porte, que maîtresse Ford ouvrit aussitôt. Mon apparence était si différente, j'avais l'air si abattu et si triste, qu'elle ne me reconnut pas. Je demandai si maître Ford était à la maison, et cet homme bon apparut avant qu'on ait pu me répondre. Je lui racontai ma fuite dans les moindres détails. Il écouta attentivement et, quand j'eus fini, me parla chaleureusement et avec compassion. Puis il m'emmena à la cuisine, appela John et lui ordonna de me faire à manger. Je n'avais rien avalé depuis la veille.

Quand John eut posé mon repas devant moi, madame arriva avec un bol de lait et plein de gourmandises délicieuses, que le palais d'un esclave goûte rarement. J'avais faim et j'étais éreinté. Mais leurs voix pleines de bonté et de réconfort me procurèrent plus de plaisir que toute nourriture ou repos. Elles étaient l'huile et le vin que le bon Samaritain[1] de Great Pine Woods était prêt à verser sur l'âme blessée de l'esclave qui venait à lui, quasi nu et à demi mort.

Ils me laissèrent dans la case afin que je me repose. Béni soit le sommeil ! Il nous visite tous, descendant telle la rosée du ciel sur l'esclave comme sur l'homme libre. Il descendit bientôt sur moi, chassant les problèmes qui m'oppressaient, et me conduisit dans cette région peuplée d'ombres, où je revis le visage et entendis la voix de mes enfants, mes enfants que, hélas, même éveillé, j'aurais pu croire tombés dans les bras d'un *autre* sommeil, ce sommeil dont on ne se réveille *jamais*.

Chapitre XI

Après un long sommeil, je me réveillai dans l'après-midi, reposé, mais endolori et raide. Sally entra et parla avec moi tandis que John me préparait à dîner. Sally avait, comme moi, beaucoup d'ennuis : un de ses enfants était malade et elle craignait qu'il ne survive pas. Le dîner terminé, je me promenai un moment entre

1. Dans l'Évangile selon saint Luc, le bon Samaritain panse avec de l'huile et du vin les blessures d'un homme qui a été agressé (NdT).

les baraquements avant de rejoindre la case de Sally pour aller voir l'enfant malade. Puis je me rendis au jardin de madame. Nous étions à cette saison de l'année où, sous les climats plus froids, les oiseaux se taisent et les arbres sont dépourvus de leur splendeur estivale. Cependant, dans le Sud, toutes sortes de roses fleurissaient et la vigne, longue et luxuriante, avait recouvert tout le treillage [1]. Les fruits pourpres et dorés pendaient à demi cachés parmi les fleurs de pêcher, d'oranger, de prunier et de grenadier, de la dernière floraison ou de la précédente ; car dans cette région presque perpétuellement chaude, les feuilles tombent et les bourgeons s'ouvrent tout au long de l'année.

J'éprouvais à l'égard de maître et maîtresse Ford la plus grande reconnaissance et je souhaitais d'une certaine manière les remercier de leur gentillesse. Je me mis à tailler la vigne puis à désherber entre les orangers et les grenadiers. Ces derniers mesurent en général deux ou trois mètres de hauteur et leur fruit, bien que plus gros, ressemble à une chatoyante fleur de giroflée. Il a le goût succulent de la fraise. Les oranges, les pêches, les prunes et la plupart des autres fruits sont typiques du sol riche et chaud d'Avoyelles, mais la pomme, le plus commun entre tous sous des latitudes plus froides, est rare.

---

1. Les croisillons sur lesquels on fait pousser des plantes grimpantes.

Maîtresse Ford arriva aussitôt. Elle me dit que c'était louable de ma part, mais que je n'étais pas en état de travailler et que je pouvais me reposer dans les baraquements jusqu'à ce que mon maître descende à Bayou Bœuf, ce qui n'aurait pas lieu ce jour-là, ni probablement le suivant. Je lui répondis que, bien sûr, je ne me sentais pas en forme, que j'étais endolori et que mon pied me faisait souffrir, les branchages et les épines l'ayant écorché, mais que je pensais que l'exercice ne me ferait pas de mal, et que c'était un plaisir de travailler pour une si bonne maîtresse. Sur ce, elle retourna dans la grande maison et, pendant trois jours, je m'affairai au jardin, nettoyant les chemins, désherbant les parterres de fleurs et retirant les mauvaises herbes des jasmins jaunes que la main douce et généreuse de ma protectrice avait fait grimper le long des murs.

Le quatrième matin, j'étais revigoré et rafraîchi. Maître Ford m'ordonna de me tenir prêt à l'accompagner au bayou. Il n'y avait qu'un cheval sellé au domaine, car tous les autres avaient été envoyés à la plantation, ainsi que les mules. Je dis que je pouvais marcher et, après avoir fait mes adieux à Sally et à John, je quittai le domaine, trottinant à côté du cheval.

Great Pine Woods était un petit paradis, comme une oasis dans le désert, auquel mon cœur repensa avec nostalgie durant mes nombreuses années d'esclavage. Je m'en éloignai ce jour-là avec regret et tristesse, mais ces sentiments m'auraient bouleversé plus encore si j'avais su que je n'y retournerais jamais.

Maître Ford me pressait de prendre sa place sur le cheval de temps à autre, afin de me reposer, mais je refusais, arguant que je n'étais pas fatigué et qu'il valait mieux que ce soit moi qui marche plutôt que lui. Il n'eut pendant le trajet que des mots gentils et encourageants pour moi. Il avançait lentement, afin que je puisse garder le rythme. La bonté de Dieu était manifeste, déclara-t-il, dans le miracle que représentait ma traversée du marais. Comme Daniel, qui sortit indemne de la fosse aux lions, et comme Jonas, qui avait été préservé dans le ventre de la baleine, j'avais moi aussi été délivré du mal par le Tout-Puissant [1]. Il m'interrogea sur les différentes peurs et émotions que j'avais ressenties durant ce jour et cette nuit, et me demanda si j'avais eu, à un moment quelconque, l'envie de prier. Je m'étais senti abandonné du monde entier, lui répondis-je, et j'avais prié tout du long.

« Dans ces moments-là, dit-il, le cœur de l'homme se tourne vers son Créateur. C'est dans la prospérité, ou quand rien ne le blesse ni ne lui fait peur, qu'il L'oublie

1. Daniel et Jonas sont deux prophètes de l'Ancien Testament. Jeté aux lions par le roi mède Darius, Daniel est miraculeusement épargné par les fauves. Avalé par une baleine après un naufrage, Jonas passe trois jours dans le ventre de la bête puis en ressort indemne.

et Le défie. Mais placez-le au milieu du danger, coupez-le de toute chaleur humaine, ouvrez la tombe devant lui, c'est à cet instant, par temps de malheur, que l'homme arrogant et incrédule se tourne vers Dieu pour qu'Il l'aide, et qu'il comprend qu'il n'est pas d'autre espoir, ni refuge, ni sécurité, que Son bras protecteur. »

Ainsi cet homme bienveillant me parla-t-il de cette vie et de l'autre, de la bonté et de la puissance de Dieu, et de la vanité des choses terrestres, alors que nous marchions sur la route solitaire qui menait à Bayou Bœuf.

Quand nous fûmes à environ huit kilomètres de la plantation, nous aperçûmes un cavalier au loin, qui galopait vers nous. À son approche, je reconnus Tibeats ! Il me toisa un moment, mais ne s'adressa pas à moi. Puis il fit demi-tour et marcha à côté de Ford. Je trottinais en silence sur les talons de leurs chevaux, écoutant leur conversation. Ford l'informa de mon arrivée à Pine Woods trois jours auparavant, du triste état dans lequel j'étais et des difficultés et dangers que j'avais encourus.

« Eh bien, s'exclama Tibeats, mettant de côté ses jurons habituels en présence de Ford, j'ai jamais vu de fuite aussi incroyable, je parierais 100 dollars qu'il pourrait battre n'importe quel négro en Louisiane. J'ai offert 25 dollars à John David Cheney pour l'attraper, mort ou vif, mais il a semé les chiens qui étaient à ses trousses. Ils valent pas grand-chose, les chiens de Cheney, après tout. Les limiers de Dunwoodie l'auraient eu avant qu'il arrive aux palmiers. Enfin, les chiens ont perdu sa trace et on a dû abandonner la chasse. On est allé à cheval aussi loin qu'on pouvait, puis on a marché jusqu'à ce que l'eau atteigne un mètre de profondeur. Les gars ont dit qu'il avait dû se noyer. J'avoue, je voulais l'attraper à tout prix. Depuis, j'ai fait que parcourir le bayou en long et en large, mais j'avais peu d'espoir de l'attraper. Je pensais qu'il était mort, *pour sûr*. Oh, c'est un mordu de la fuite, ce négro ! »

Tibeats continua sur ce ton à raconter ses recherches dans les marais et à décrire la vitesse incroyable avec laquelle j'avais fui face aux chiens. Quand il eut fini, maître Ford lui répondit que j'avais toujours été un garçon volontaire et fidèle envers lui, qu'il était désolé que nous ayons eu tant d'ennuis, que j'avais été traité inhumainement et que c'était sa faute à lui, Tibeats. Frapper les esclaves à coups de hache ou de hachette était une honte et ne devrait pas être autorisé, souligna-t-il.

« Ce n'est pas une façon de les traiter quand ils arrivent au pays. Cela aura un effet pernicieux et ne fera que les convaincre de s'enfuir. Les marais en seront pleins. Un peu de bonté sera bien plus efficace, pour les retenir et les rendre obéissants, que d'utiliser ainsi des armes mortelles. Tous les planteurs du bayou devraient voir d'un mauvais œil tant de cruauté. C'est dans leur intérêt à tous de le faire. Il est assez évident, M. Tibeats, que vous et Platt ne pouvez pas vivre ensemble. Vous ne l'aimez pas et n'hésiteriez pas à le tuer et, puisqu'il le sait, il s'enfuira à nouveau s'il craint pour sa vie. Aussi, Tibeats, vous devez le vendre, ou au moins le mettre en louage. Si vous ne le faites pas, je prendrai des mesures pour qu'il ne soit plus en votre possession. »

Ford lui parla ainsi durant le reste du chemin. Je n'ouvris pas la bouche. Arrivés à la plantation, ils entrèrent dans la grande maison, tandis que je me rendais à la case d'Eliza. Les esclaves furent ébahis de me trouver là, à leur retour des champs ; ils me pensaient noyé. Ce soir-là, une fois encore, ils se réunirent autour de la case pour écouter le récit de mon aventure. Ils étaient convaincus que je serais fouetté, et de façon sévère – le châtiment connu pour la fuite était de cinq cents coups de fouet.

« Mon pauvre, dit Eliza en me prenant par la main, il aurait mieux valu pour toi que tu te noies. Ton maître est cruel et j'ai bien peur qu'il te tue. »

Lawson suggéra que peut-être le contremaître Chapin serait désigné pour infliger la punition, auquel cas elle ne serait pas sévère. Après quoi Mary, Rachel, Bristol et d'autres espérèrent que maître Ford serait désigné et qu'il n'y aurait aucun coup de fouet. Tous avaient pitié de moi et tentaient de me consoler. Ils étaient tristes à l'idée du châtiment qui m'attendait. À l'exception de Kentucky John. Son hilarité était sans fin, ses éclats de rire envahissaient la case, il se tenait les côtes comme pour les empêcher d'exploser. La cause de son rire si sonore résidait dans le fait que j'avais pu semer les chiens. Étrangement, il voyait tout cela sous un jour comique.

« J'savais qu'y l'attraperaient pas, quand il a filé dans la plantation. Ah, Seigneur, il a pas traîné des pieds, Platt, hein ? Les chiens arrivaient où il était et il y était déjà plus… Ah ah ah ! Dieu tout-puissant ! »

Puis Kentucky John retomba dans un de ses fous rires.

Tibeats quitta la plantation tôt le lendemain matin. Durant la matinée, alors que je me promenais près de l'égreneuse [1] de coton, un homme beau et grand vint vers moi et me demanda si j'étais le « gars [2] » de Tibeats – cette appellation juvénile était indifféremment utilisée pour les esclaves quand bien même ils auraient dépassé soixante-dix ans. J'enlevai mon chapeau et répondis que oui.

« Tu aimerais travailler pour moi ? demanda-t-il.

– Oh, j'aimerais beaucoup, répondis-je, plein de l'espoir soudain de m'éloigner de Tibeats.

– Tu as travaillé sous les ordres de Myers chez Peter Tanner, n'est-ce pas ? »

Je répondis que oui, ajoutant quelques remarques flatteuses que Myers avait faites à mon sujet.

---

1. Machine enlevant les grains de la plante de coton pour ne garder que les fibres textiles.

2. *Boy* en anglais, littéralement « garçon ».

« Eh bien, mon garçon, dit-il, je t'ai loué à ton maître pour que tu travailles pour moi à Big Cane Brake, à soixante kilomètres d'ici, sur la Red River. »

Cet homme, c'était M. Eldret, qui vivait en dessous de chez Ford, du même côté du bayou. Je l'accompagnai à sa plantation et, au matin, je me mis en route pour Big Cane avec son esclave Sam et un chariot plein de provisions, tiré par quatre mules. Eldret et Myers nous avaient précédés à cheval. Ce Sam était originaire de Charleston [1], où vivaient sa mère, son frère et ses sœurs. Il « avouait » – cette expression était courante aussi bien chez les Noirs que chez les Blancs – que Tibeats était un sale type et espérait, tout aussi sérieusement que moi, que son maître m'achèterait.

Nous suivîmes la côte sud du bayou et la traversâmes au niveau de la plantation de Carey. De là, nous allâmes à Huff Power, le dépassâmes et tombâmes sur la route de Red Bayou qui conduit vers la Red River. Après avoir traversé les marécages de Red Bayou, juste au coucher du soleil, nous quittâmes la route pour arriver à Big Cane Brake. Nous suivîmes un chemin peu fréquenté, à peine assez large pour que le chariot puisse passer. Les cannes à sucre, de l'espèce de celles dont on fait les cannes à pêche, y poussaient aussi dru que possible. Lorsqu'une personne se promenait parmi elles, il était impossible de la voir au-delà de cinq

1. Ville du Mississippi.

mètres. Les traces de bêtes sauvages couraient dans différentes directions – l'ours et le jaguar abondaient dans ces fourrés. Partout où il y avait un bassin d'eau stagnante, il était plein d'alligators.

Nous continuâmes notre route solitaire à travers Big Cane pendant plusieurs kilomètres, puis nous atteignîmes une clairière connue sous le nom de Sutton's Field [1]. Plusieurs années auparavant, un homme appelé Sutton avait traversé la jungle de cannes à sucre jusqu'à cet endroit isolé. La légende veut qu'il se soit réfugié ici. C'était un évadé, qui n'avait pas fui l'esclavage mais la justice. Il vivait ici seul – en reclus et en ermite au sein du marais –, semait des graines et récoltait leurs fruits de ses propres mains. Un jour, une bande d'Indiens vint troubler cette solitude et, après un combat sanglant, ils le maîtrisèrent et le tuèrent. À des kilomètres à la ronde, dans les baraquements des esclaves, dans les vérandas des « grandes maisons », là où les enfants blancs écoutent des histoires de fantômes, on raconte qu'ici, au cœur de Big Cane, le lieu est hanté. Pendant plus d'un quart de siècle, aucune voix d'homme n'était venue perturber le silence de la clairière. Des plantes nauséabondes et toxiques avaient envahi ce champ, qui avait un jour été cultivé, des serpents prenaient le soleil sur le seuil de la porte de la

1. Le champ de Sutton (NdT).

cabane qui s'écroulait. C'était, en effet, un tableau de désolation.

Dépassant Sutton's Field, nous suivîmes une route récente, pendant encore trois kilomètres, qui nous conduisit à la fin de notre voyage. Nous avions désormais atteint les terres sauvages de M. Eldret, qui envisageait d'y cultiver une grande plantation. Nous nous mîmes au travail le matin suivant, avec nos couteaux à canne, et dégageâmes un espace suffisant pour permettre la construction de deux cabanes, l'une pour Myers et Eldret, l'autre pour Sam, moi et les autres esclaves qui nous rejoindraient. Nous étions désormais au milieu d'arbres immenses dont les larges branches cachaient presque toute la lumière du soleil, tandis que l'espace entre les troncs n'était qu'une masse impénétrable de cannes à sucre, avec çà et là un petit palmier.

Les lauriers, les platanes, les chênes et les cyprès atteignaient des hauteurs jamais vues sur les terres fertiles et basses qui bordaient la Red River. En outre, de chaque arbre pendaient d'immenses masses de mousse, aux formes étonnantes et singulières pour un œil novice. Cette mousse est envoyée en grande quantité vers le Nord, à des fins industrielles.

Nous abattîmes des chênes et les débitâmes en planches pour dresser des cabanes temporaires. Nous couvrîmes les toits avec de larges feuilles de palmier, substitut excellent des bardeaux, pour le temps qu'elles tenaient.

Ce qui me gêna le plus là-bas, ce furent les petits insectes, les moucherons et les moustiques. Ils grouillaient dans l'air. Ils vous pénétraient dans les oreilles, le nez, les yeux, la bouche. Ils se glissaient sous la peau pour vous sucer le sang. Il était impossible de les éliminer d'un coup de brosse ou d'un revers de la main. Nous avions vraiment l'impression qu'ils nous dévoraient, nous emportant par morceaux dans leurs petites bouches voraces.

Il était difficile d'imaginer un endroit plus solitaire ou plus désagréable que le centre de Big Cane Brake. Et pourtant, c'était pour moi un paradis, comparé à tout autre endroit où j'aurais été en compagnie de maître Tibeats. Je travaillais dur, j'étais souvent épuisé et las, mais je pouvais me coucher en paix le soir et me lever sans crainte le matin.

Au bout de deux semaines, quatre femmes noires arrivèrent de la plantation d'Eldret : Charlotte, Fanny, Cresia et Nelly. Elles étaient toutes corpulentes et robustes. On leur donna des haches et on les envoya couper des arbres avec Sam et moi. Elles étaient d'excellents bûcherons, et le plus gros des chênes ou des platanes ne résistait que peu de temps à la force et à la précision de leurs coups. Elles valaient autant que n'importe quel homme pour entasser des bûches. Parmi les bûcherons des forêts du Sud, on compte autant de femmes que d'hommes. En effet, dans la région de Bayou Bœuf, elles participent à tous les travaux d'une plantation. Elles labourent, nettoient les fossés, mènent le bétail, débroussaillent des étendues sauvages, travaillent sur les routes, et ainsi de suite. Certains planteurs, propriétaires de grandes plantations de coton et de sucre, ne possèdent que des esclaves femmes. Tel est le cas de Jim Burns, qui vit sur la rive nord du bayou, en face du domaine de John Fogaman.

À notre arrivée à Big Cane Brake, Eldret m'avait promis que, si je travaillais bien, je pourrais rendre visite à mes amis chez Ford d'ici quatre semaines. Le samedi soir de la cinquième semaine, je lui rappelai sa promesse. Il me dit que j'avais si bien travaillé que je pouvais y aller. Je n'avais fait qu'y penser, et l'autorisation d'Eldret m'emplit de joie. Je devais être rentré à temps pour me remettre à la tâche le mardi matin.

Je songeai à l'idée agréable de revoir bientôt mes vieux amis, quand soudain apparut parmi nous la silhouette haïssable de Tibeats. Il demanda comment Myers et moi nous entendions ; bien, lui répondit-on, et on lui dit que je me rendais en visite chez Ford le lendemain matin.

« Peuh ! grimaça Tibeats, vaut mieux pas, ça va le perturber, ce négro. J'interdis qu'il y aille. »

Mais Eldret insista, expliquant que j'avais travaillé honnêtement, qu'il m'avait donné sa parole et que, dans ces conditions, il ne fallait pas me décevoir. La nuit tombée, ils entrèrent dans une cabane et moi dans l'autre. Je ne pouvais pas renoncer à l'idée de me rendre chez Ford ; cela aurait été une déception amère. Avant le matin, je décidai, si Eldret n'y voyait pas d'objection, de partir quoi qu'il arrive. À l'aube, j'étais à sa porte, avec ma couverture roulée en boule et attachée à un bâton jeté sur mon épaule ; j'attendais mon laissez-passer. Tibeats sortit aussitôt, dans une de ses humeurs désagréables, se lava le visage et se dirigea vers une souche sur laquelle il s'assit, visiblement préoccupé. Après être resté là un long moment, pris soudain d'impatience, je me mis en route.

« Tu t'en vas sans laissez-passer ? me cria-t-il.

– Oui, maître, je me disais que oui, répondis-je.

– Comment tu penses arriver là-bas ? me demanda-t-il.

– Sais pas, fut ma seule réponse.

– Tu seras arrêté et envoyé en prison, là où tu devrais être, avant que t'aies fait la moitié du chemin », ajouta-t-il, et il entra dans la cabine alors qu'il prononçait ces mots. Il en ressortit avec un laissez-passer dans la main et, m'appelant « foutu négro qui mérite cent coups de fouet », il le jeta au sol. Je le ramassai et m'empressai de partir.

Un esclave surpris en dehors de la plantation de son maître sans laissez-passer peut être arrêté et fouetté par n'importe quel homme blanc qu'il croise. Le laissez-passer que je venais de recevoir était daté et formulé ainsi :

« Platt a la permission de se rendre à la plantation de Ford, à Bayou Bœuf, et de rentrer avant mardi matin.

John M. TIBEATS. »

C'est la forme habituelle. En chemin, plusieurs personnes me le demandèrent, le lurent et continuèrent leur chemin. Ceux qui avaient l'air et l'apparence de gentilshommes, dont la tenue indiquait la richesse, ne me prêtaient en général aucune attention. Mais l'homme en habit râpé, celui qui de toute évidence était un fainéant, ne manquait jamais de m'arrêter, de me scruter et de m'examiner de la manière la plus minutieuse qui soit. Attraper des esclaves fugitifs est parfois une affaire lucrative. Si, après publicité, aucun propriétaire ne se manifeste, ils peuvent être vendus au plus offrant. Et certaines commissions sont attribuées au découvreur pour ses services, et ce, quoi qu'il advienne, même si l'esclave est ensuite réclamé. Un « petit Blanc » – nom attribué à ce type d'incapables –, par conséquent, considère les rencontres avec un nègre sans laissez-passer comme un cadeau du ciel.

Il n'y a pas d'auberge le long des routes de cette partie de l'État dans laquelle je séjournais. Je n'avais aucun argent et je ne transportais aucune provision durant mon voyage de Big Cane à Bayou Bœuf. Néanmoins, avec un tel laissez-passer en sa possession, un esclave ne souffre jamais de la faim ou de la soif. Il suffit qu'il le présente au maître ou au contremaître d'une plantation et énonce ce dont il a besoin pour qu'on l'envoie en cuisine et qu'on lui fournisse le couvert et un abri si nécessaire. Le voyageur s'arrête dans n'importe quelle maison et demande un repas aussi naturellement que s'il s'agissait d'une taverne publique. C'est une coutume de la région. Quels que soient leurs défauts, il est certain que les habitants de la Red River et des environs des bayous de Louisiane ne sont pas avares d'hospitalité.

J'arrivai à la plantation de Ford en fin d'après-midi et passai la soirée dans la case d'Eliza, avec Lawson, Rachel et d'autres amis. Quand nous avions quitté Washington, la silhouette d'Eliza était gironde et potelée. Elle se tenait droite et, dans ses habits de soie et parée de ses bijoux, elle dégageait une grâce et une élégance certaines. Elle n'était désormais que l'ombre d'elle-même. Son visage était terriblement amaigri et son corps autrefois si droit et si vigoureux était courbé, comme s'il portait le poids d'une centaine d'années. S'il l'avait vue ainsi, tapie sur le sol de sa case et vêtue des habits grossiers d'une esclave, le vieil Elisha Berry n'aurait pas reconnu la mère de son enfant. Ce fut la dernière fois que je la vis. Devenue inutile aux champs de coton, elle fut troquée pour une bouchée de pain à un homme qui habitait dans les environs de chez Peter Compton. Le chagrin avait implacablement rongé son cœur jusqu'à ce qu'elle n'ait plus aucune force. C'est pour cette raison que son dernier maître, dit-on, la fouetta et la maltraita sans merci. Mais son fouet ne put raviver la vigueur de sa jeunesse depuis longtemps disparue, ni redresser son corps courbé pour qu'il redevienne tel qu'il était quand ses enfants étaient auprès d'elle et que la lumière de la liberté brillait sur son chemin.

J'appris comment elle quitta ce monde par des esclaves de Compton, qui avaient traversé la Red River jusqu'au bayou pour aider la jeune Mme Tanner pendant la pleine saison. Elle avait fini par devenir, dirent-ils, complètement invalide et, couchée sur le sol d'une case décrépite pendant plusieurs semaines, elle ne pouvait compter que sur la pitié de ses camarades pour recevoir un peu d'eau, de temps en temps, et un morceau de nourriture. Son maître ne la frappa pas sur la tête, comme on fait parfois à un animal qui souffre pour le soulager définitivement, mais il la laissa, sans soin et sans protection, traîner une vie de douleur et de misère jusqu'à sa fin naturelle. Quand les ouvriers rentrèrent des champs un soir, ils la trouvèrent morte. Durant la journée, l'ange du Seigneur [1] qui se déplace, invisible, à la surface de la Terre, récoltant sa moisson d'âmes en partance, était silencieusement entré dans la case de cette femme mourante et l'avait donc emmenée. Elle était enfin libre !

Le jour suivant, je repliai ma couverture et me mis en route vers Big Cane. Après que j'eus parcouru huit

1. Ici, la mort, présentée comme un ange dans l'Ancien Testament.

kilomètres, Tibeats, toujours Tibeats, vint à ma rencontre sur la route, dans un lieu nommé Huff Power. Il me demanda pourquoi je revenais si tôt et, quand je lui dis que j'étais désireux de rentrer à la date qu'on m'avait indiquée, il me répliqua que je n'avais pas besoin d'aller plus loin que la prochaine plantation, puisqu'il m'avait ce jour-là vendu à Edwin Epps. Nous entrâmes dans la cour, où nous vîmes le gentilhomme en question, qui m'examina et me posa les questions habituelles des acheteurs. Quand j'eus été dûment livré, on m'ordonna de me rendre aux baraquements et, par la même occasion, de me construire un sarcloir [1] et un manche de hache.

Je n'étais plus la propriété de Tibeats – son chien, son souffre-douleur, redoutant sa colère et sa cruauté jour et nuit. Et peu importait qui serait mon nouveau maître, il était certain que je ne regretterais pas le changement. L'annonce de la vente était donc une bonne nouvelle et, dans un soupir de soulagement, je m'assis pour la première fois dans ma nouvelle demeure.

Tibeats disparut peu après de cette partie du pays. Par la suite, il m'arriva une fois, et une fois seulement, de l'apercevoir. C'était à des kilomètres de Bayou Bœuf. Il était assis sur le seuil d'un bar pouilleux. Je passais parmi une foule d'esclaves à travers le comté de St. Mary.

1. Outil agricole qui sert à désherber.

Chapitre XII

Edwin Epps, de qui il sera beaucoup question dans le reste de ce récit, est un homme fort et corpulent. Il a les cheveux et le teint clairs, les yeux bleus, les pommettes saillantes et un nez romain [1] d'une taille extraordinaire. Je crois qu'il mesure plus d'un mètre quatre-vingts. Il a l'expression pénétrante et inquisitrice des manipulateurs. Ses manières sont frustes et grossières, et son vocabulaire donne la preuve immédiate et sans équivoque qu'il n'a jamais bénéficié d'une quelconque éducation. Il a le don de dire les choses les plus provocantes, surpassant même en la matière le vieux Peter Tanner. À l'époque où j'entrai à son service, Edwin Epps avait un penchant pour la bouteille, et ses « beuveries » duraient parfois jusqu'à deux semaines sans interruption. Il se défit cependant plus tard de cette habitude et, quand je l'ai quitté, c'était un des modèles les plus stricts d'abstinence que l'on pouvait trouver à Bayou Bœuf. Quand il avait « un coup dans le nez », maître Epps devenait un débauché, un bruyant fanfaron dont le plaisir principal était de danser avec ses « négros », ou de les fouetter dans la cour avec son grand lasso, juste pour le plaisir de les entendre hurler et crier à mesure que les marques de coups se dessinaient sur leur

1. Nez fort et recourbé.

dos. Quand il était sobre, il était taciturne, réservé et fourbe. Il ne nous frappait pas sans discernement, comme il le faisait dans ses moments d'ivresse, mais il ne manquait jamais d'abattre son fouet sur tout esclave qui aurait été à la traîne, avec cette dextérité sournoise qui lui était propre.

Il avait été surveillant et contremaître durant sa jeunesse, puis il avait pris la tête d'une plantation à Bayou Huff Power, à quatre kilomètres de Holmesville, à vingt-huit de Marksville et à vingt de Cheneyville. La plantation appartenait à Joseph B. Roberts, l'oncle de sa femme, à qui Epps la louait. Son activité principale était la culture du coton et, dans la mesure où certains des lecteurs de ce livre n'ont jamais vu un champ de coton, il ne semble pas inutile de décrire comment on le cultive.

On prépare le sol en y traçant des bandes de terre ou des stries avec une charrue – on appelle cela sillonner –, tirée en général par des mules, mais parfois aussi par des bœufs. Les femmes occupent ce poste aussi fréquemment que les hommes. Elles nourrissent, étrillent et soignent leurs bêtes, et remplissent toutes les tâches imposées par le travail au champ et à l'étable, exactement comme le feraient les laboureurs du Nord.

Les bandes de terre, ou stries, qui accueillent les plants de coton mesurent environ un mètre quatre-vingts de large et sont séparées par des sillons remplis d'eau de taille équivalente. Une mule tirant une charrue laboure ensuite la bande de terre en y creusant des trous réguliers, dans lesquels une esclave vient planter des graines qu'elle transporte dans un sac pendu autour de son cou. Une autre mule tirant une herse [1] passe enfin pour venir recouvrir les graines. Il faut donc, pour planter une rangée de cotonniers, deux mules, trois esclaves, une charrue et une herse. Les semailles ont lieu en général aux mois de mars et d'avril, juste après celles du maïs, qui ont lieu en février. S'il n'y pas de pluies glacées, les premiers plants germent en une semaine. Le premier sarclage a lieu dans les huit ou dix jours suivants. On s'aide également pour cela d'une charrue et d'une mule. La charrue passe aussi près que possible des plants de coton pour bien dégager la plante. Les esclaves suivent avec leurs sarcloirs, pour désherber, laissant entre chaque monceau de terre un peu moins d'un mètre. On appelle cela démarier le coton. Deux semaines après, le deuxième sarclage a lieu ; cette fois, on butte les plants [2]. On ne laisse qu'un plant, le plus gros, sur chaque monceau. Le troisième sarclage survient dans la quinzaine suivante, on butte à nouveau les plants et on désherbe les sillons. Début juillet, quand les plants ont atteint une quarantaine de centimètres, on sarcle une quatrième et dernière fois. On laboure alors tout l'espace entre les rangées, laissant

---

1. Large instrument semblable à un grand râteau, qui sert à briser les mottes de terre.

2. On entoure de terre la base des plants.

ainsi un profond sillon d'eau au milieu. Durant ces sarclages successifs, le contremaître et le surveillant suivent les esclaves à cheval avec un fouet, comme nous l'avons déjà décrit. Le sarcleur le plus rapide prend la tête de la rangée. Il est en général en avance de quelques mètres par rapport à ses compagnons. Si l'un d'eux le dépasse, il est alors fouetté. Si l'un prend du retard ou reste oisif un instant, il est fouetté également. En réalité, le fouet vole du matin au soir, à longueur de temps. Le sarclage dure d'avril à juillet, sans interruption.

La saison des récoltes commence à la fin du mois d'août. Chaque esclave se voit alors attribuer un grand sac, auquel est attachée une sangle que l'on enfile autour du cou. L'ouverture du sac se tient à mi-poitrine tandis que son fond touche presque le sol. On distribue également à chacun un grand panier qui pourra contenir l'équivalent de deux tonneaux. On y met le coton quand le sac est plein. On emporte les paniers aux champs et on les pose à chaque début de rangée.

Quand un nouvel ouvrier qui n'a pas l'habitude de cette tâche est envoyé au champ pour la première fois, on le fouette sans tarder et on le force à ramasser le plus de coton possible ce jour-là. Le soir, on pèse ce qu'il a ramassé afin de déterminer ses capacités en matière de récolte de coton. Il est obligé de rapporter le même poids tous les soirs suivants. S'il est au-dessous, on considère qu'il a traîné et on le punit d'un plus ou moins grand nombre de coups de fouet.

Un jour de travail ordinaire tourne autour de quatre-vingt-dix kilos. Un esclave habitué à la récolte est puni s'il rapporte moins. Il y a souvent une grande différence de capacité entre les ramasseurs. Certains d'entre eux semblent avoir un don naturel, une agilité qui leur permet de ramasser avec une grande célérité, avec les deux mains, tandis que d'autres, quels que soient leur entraînement ou leur application, sont complètement incapables d'atteindre le minimum requis. Ceux-ci sont écartés du champ de coton et employés à d'autres tâches. Patsey, sur laquelle je reviendrai, était la ramasseuse de coton la plus connue de Bayou Bœuf. Elle ramassait des deux mains et avec une rapidité si incroyable qu'elle pouvait aisément récolter deux cent trente kilos en une journée.

Chacun est donc assigné selon ses capacités de récolte. Aucun, cependant, ne peut descendre au-dessous des quatre-vingt-dix kilos. Pour ma part, étant peu doué pour cette tâche, j'aurais satisfait mon maître en rapportant les quatre-vingt-dix kilos, tandis que Patsey aurait à coup sûr été battue si elle avait récolté moins du double.

Un plant de coton atteint un mètre cinquante à deux mètres de hauteur ; chaque tige a plusieurs branches qui partent dans toutes les directions et se rejoignent au-dessus des sillons.

Rien n'est plus beau à voir qu'un immense champ de coton en fleur. Ce spectacle a quelque chose de pur, comme l'étendue immaculée d'une neige légère et fraîchement tombée.

Parfois, l'esclave procède en cueillant d'abord un côté de la rangée puis en redescendant de l'autre côté. Mais plus généralement, on en trouve un de part et d'autre des plants. Il cueille tout ce qui a fleuri et laisse les bourgeons encore fermés pour une cueillette future. Quand le sac est plein, on le vide dans le panier et on tasse le coton avec les pieds. Il faut être extrêmement vigilant quand on traverse le champ afin de ne pas arracher les branches des tiges. Le coton ne poussera pas sur une branche cassée. Epps ne manque jamais d'infliger la punition la plus sévère à l'ouvrier malchanceux qui, soit par inattention, soit malgré lui, s'est rendu coupable à quelque degré d'avoir brisé une branche.

Le matin, les esclaves doivent être au champ de coton dès le lever du soleil et, excepté les dix à quinze minutes qu'on leur donne à midi pour avaler leur ration de lard froid, ils n'ont pas droit à un moment d'inactivité jusqu'à la tombée du jour. Les soirs de pleine lune, ils travaillent souvent jusqu'au milieu de la nuit. Ils n'osent pas s'arrêter, même pour dîner, ni retourner aux baraquements, aussi tard soit-il, avant que le surveillant leur en ait donné l'ordre.

La journée de travail au champ achevée, on « fait les comptes », c'est-à-dire qu'on emporte les paniers à l'égreneuse pour les peser. Quels que soient sa fatigue et son épuisement, quelle que soit son envie de dormir et de se reposer, un esclave n'approche jamais l'égreneuse avec son panier sans avoir la peur au ventre. S'il n'atteint pas le poids requis, s'il n'a pas assuré la tâche qui lui incombait, il sait qu'il devra souffrir. Et s'il l'a dépassé de cinq ou dix kilos, il est certain que son maître se fondera sur ce résultat pour la pesée du lendemain. Donc, qu'il n'ait pas suffisamment ou qu'il ait trop, c'est toujours apeuré et tremblant qu'il arrive à l'égreneuse. Il manque souvent quelques kilos aux paniers des esclaves, ces derniers ne sont, par conséquent, pas toujours pressés de quitter le champ. Après la pesée vient le fouet, puis les paniers sont emportés à la cotonnerie, où leur contenu est engrangé comme on fait pour le foin, et tous les ouvriers y sont envoyés pour « le pressage ». Si le coton n'est pas sec, au lieu de le passer directement à l'égreneuse, on le dépose sur des claies de soixante centimètres de hauteur, trois fois plus larges parfois, puis on le recouvre de planches, laissant un espace étroit entre chacune d'entre elles.

Cela fait, la journée de travail n'est pas terminée pour autant. Chacun doit ensuite s'atteler à ses tâches domestiques. L'un nourrit les mules, l'autre les porcs, un autre coupe du bois, et ainsi de suite. La mise en sac se fait, de surcroît, à la lumière de la bougie. Il est tard quand les esclaves rejoignent enfin leurs quartiers, endormis et épuisés par le labeur d'une longue journée. Ils doivent alors faire du feu dans la case, moudre le maïs et préparer le dîner et le repas pour le lendemain au champ. Le maïs et le lard sont les seuls aliments autorisés, on les distribue au silo et au fumoir chaque dimanche matin. Chacun reçoit, pour ration hebdomadaire, deux kilos de lard et suffisamment de maïs pour faire un repas frugal. C'est tout, pas de thé, de café ni de sucre. Et à quelques maigres exceptions près, pas de sel. Je peux affirmer, après dix ans passés chez maître Epps, qu'aucun de ses esclaves ne souffrira jamais d'une maladie causée par un train de vie excessif. Maître Epps nourrissait ses porcs de maïs en grains, quand il se contentait d'en jeter les épis à ses négros. Les premiers, pensait-il, s'engraisseraient plus vite s'il l'égrenait et le faisait tremper dans l'eau au préalable, quand les seconds risqueraient, avec pareil régime, de devenir trop gros pour travailler. Ivre ou sobre, maître Epps était un stratège rusé et savait comment gérer son bétail.

Le moulin à maïs se trouvait dans la cour, sous un appentis. Il ressemble à un moulin à café ordinaire, la trémie[1] peut contenir environ six litres. Il y avait un privilège que maître Epps accordait librement à tous les esclaves qu'il avait : ces derniers pouvaient moudre leur maïs tous les soirs, en petite quantité pour le lendemain, ou moudre leur ration hebdomadaire en une fois le dimanche. C'était comme ils voulaient. Quel homme généreux que maître Epps !

1. Grand réservoir en forme d'entonnoir.

Je gardais mon maïs dans une petite boîte en bois, la farine dans une calebasse. La calebasse est d'ailleurs l'un des instruments les plus utiles sur une plantation. En plus de faire office de vaisselle dans une case d'esclave, elle permet d'emporter de l'eau aux champs. Une autre contient aussi le repas. Elle remplace un seau, une vasque, une bassine, en résumé tous ces instruments de bois ou de fer-blanc finalement inutiles.

Quand le maïs est moulu et le feu allumé, on enlève le lard du crochet auquel il pend et on en coupe une tranche que l'on met à griller sur les braises. La majeure partie des esclaves n'ont pas de couteau, encore moins de fourchette. Ils coupent leur lard avec la hache qui sert à débiter des bûches. La farine de maïs est mélangée avec un peu d'eau, posée sur le feu et cuite. Quand elle est « à point », elle est débarrassée de la cendre, placée sur un morceau de bois qui fait office de table, et l'occupant de la case peut enfin s'asseoir par terre et dîner. À ce moment-là, il est en général minuit. La même peur du châtiment que les esclaves ressentent quand ils s'approchent de l'égreneuse s'empare d'eux lorsqu'ils s'allongent pour se reposer : c'est la crainte de ne pas se réveiller à temps le lendemain matin. Une telle offense coûterait à n'en pas douter au moins vingt coups de fouet. C'est en priant pour être debout et tout à fait réveillés au premier son du cor qu'ils se laissent gagner par le sommeil.

Ce n'est pas dans le manoir de rondins où vit l'esclave que l'on trouve les lits les plus confortables. Celui sur lequel je me suis allongé, année après année, était une planche de trente centimètres de large sur trois mètres de long. Mon oreiller était un bout de bois. J'avais pour toute literie une couverture rêche, et pas un chiffon ou un lambeau de tissu de plus. On pouvait utiliser de la mousse, mais elle attirait immédiatement une flopée de puces.

La case est faite de rondins de bois assemblés. Elle n'a ni sol, ni fenêtre. Cette dernière serait d'ailleurs inutile, les interstices entre les rondins laissant entrer suffisamment de lumière. Par temps d'orage, la pluie les traverse, ce qui rend l'endroit encore plus inconfortable et désagréable. La porte pend grossièrement à une charnière de bois. Dans un coin se dresse une cheminée mal faite.

Le cor sonne une heure avant l'aube. Les esclaves se réveillent, préparent leur petit déjeuner, remplissent une calebasse d'eau, une autre avec leur repas de lard froid et de galette de maïs, puis se pressent à nouveau aux champs. C'est une faute, qui est inexorablement suivie de coups de fouet, si l'on vous trouve encore aux baraquements après le lever du soleil. Puis une nouvelle journée de peur et de labeur commence, sans la moindre pause. L'esclave craint d'être surpris à la traîne, d'approcher l'égreneuse avec son panier de coton le soir venu, de ne pas se réveiller à temps le matin suivant quand il se couche. Tel est le tableau fidèle, véridique et sans exagération de la vie quotidienne de l'esclave à la saison de la récolte du coton, sur les rives de Bayou Bœuf.

Au mois de janvier a lieu en général la quatrième et dernière récolte. Puis commence la moisson du maïs. Cette plante est considérée comme une culture secondaire et reçoit une attention moindre par rapport à celle du coton. Le maïs est planté, comme nous l'avons mentionné, en février. Il est cultivé dans cette région pour engraisser les porcs et nourrir les esclaves, on n'en commercialise qu'une très faible quantité. C'est un maïs de variété blanche dont l'épi est gros et dont la tige atteint parfois les trois mètres. En août, on en arrache les feuilles, que l'on sèche au soleil, on en fait des petits paquets et on les garde comme fourrage pour les mules et les bœufs. Après quoi les esclaves sillonnent le champ et retournent chaque épi afin d'éviter que la pluie ne pénètre le grain. On les laisse ainsi jusqu'à la fin de la récolte du coton, quelle que soit sa date. Puis on cueille les épis, que l'on dépose dans la baraque à maïs en leur laissant les feuilles, sans lesquelles les épis seraient rongés par les charançons.

On cultive également dans cette région la Carolina, aussi appelée patate douce [1]. Comme on ne s'en sert

1. Plante proche de la pomme de terre et dont les racines comestibles ont un goût sucré.

pas pour nourrir les porcs et le bétail, son importance est limitée. On la conserve en la laissant à même le sol, légèrement recouverte de terre ou avec des tiges de maïs. Il n'y a pas de caves à Bayou Bœuf, car elles seraient inondées. Les patates valent entre 2 et 3 shillings par tonneau. Le maïs, sauf en cas de mauvaise récolte, peut être acheté au même prix.

Dès que le coton et le maïs sont engrangés, les tiges sont arrachées, entassées et brûlées. On lance alors les charrues, pour labourer à nouveau et préparer la plantation suivante. Pour autant que je l'aie observé, le sol des villages de Rapides et Avoyelles, et de toute la région, est d'une richesse et d'une fertilité extrêmes. C'est une sorte de marne [1], de couleur marron ou rougeâtre. Il n'a pas besoin de ces composts [2] nécessaires aux terres plus arides, et l'on peut y cultiver la même plante avec succès de nombreuses années de suite.

Labourer, planter, récolter le coton, le maïs, arracher et brûler les tiges occupe les quatre saisons de l'année. Scier et couper du bois, presser le coton, engraisser et tuer les porcs ne sont que des tâches secondaires.

En septembre ou en octobre, les porcs sont chassés des marais par les chiens et enfermés dans des enclos. Par un matin froid, en général proche du jour de l'an, ils sont abattus. Chaque carcasse est découpée en six

---

1. Terrain calcaire relativement fertile.
2. Engrais composé d'un mélange de débris organiques.

morceaux que l'on empile dans le sel, sur de larges étals dans le fumoir. On les laisse ainsi pendant deux semaines puis on les accroche au-dessus d'un feu que l'on entretient la moitié du temps pendant le reste de l'année. Ce fumage minutieux est nécessaire afin d'empêcher que le lard soit infesté de vers. Dans un climat aussi chaud, il est difficile à conserver. De nombreuses fois, lorsque mes compagnons et moi avons reçu notre ration hebdomadaire d'un kilo et demi, elle était pleine de cette dégoûtante vermine.

Bien que les marais soient remplis de bétail, celui-ci n'est que peu exploité. Le propriétaire marque ses bêtes à l'oreille ou imprime ses initiales sur le flanc, puis les lâche dans les marais où il les laisse vagabonder. Les vaches sont de race espagnole, petites, avec des cornes pointues. J'ai entendu parler de troupeaux venant de Bayou Bœuf, mais ils sont rares. Les meilleures vaches valent 5 dollars l'unité. Deux litres de lait par traite seraient, pour elles, une quantité incroyable. Elles ne produisent que peu de suif [1] mou, et de mauvaise qualité.

En dépit du grand nombre de vaches qui envahissent les marais, les planteurs sont dépendants du Nord pour le fromage et le beurre qu'ils achètent sur le marché de La Nouvelle-Orléans. Le bœuf fumé n'est pas un aliment consommé ici, ni dans la grande maison, ni dans les cases.

---

1. Graisse animale dont on se sert pour la fabrication des bougies.

Maître Epps avait l'habitude de participer à des parties de chasse quand il avait besoin de viande de bœuf fraîche. Ces exercices avaient lieu toutes les semaines dans le village voisin de Holmesville. Des bœufs bien gras sont amenés et les planteurs sont autorisés à les tirer après s'être acquittés d'une certaine somme. Le tireur chanceux divise la viande entre ses compagnons, et c'est ainsi que tous se fournissent.

Le grand nombre de bêtes, domestiquées ou non, peuplant les bois et les marais de Bayou Bœuf est probablement à l'origine de son appellation française.

Les légumes du potager, comme le chou, le navet ou autre, sont cultivés pour la consommation du maître et de sa famille tout au long de l'année. Sous les fraîches latitudes du Nord, « l'herbe se dessèche et la fleur se flétrit [1] » sous le souffle ravageur du vent d'automne, mais, dans la région de Bayou Bœuf, une verdure perpétuelle recouvre les basses terres chaudes et les fleurs poussent au cœur de l'hiver.

Il n'y a pas de prairies adéquates pour la culture du foin. Les feuilles de maïs fournissent suffisamment de fourrage pour le bétail qui travaille, le reste se nourrit seul grâce aux pâturages verdoyants tout au long de l'année.

Il existe encore beaucoup d'autres particularités dues au climat, aux habitudes et aux coutumes, à la façon

1. Cf. Livre d'Isaïe, 40, 8 (NdT).

de vivre et de travailler du Sud. Mais ce que je viens de décrire, je crois, donnera au lecteur une idée générale de la vie d'une plantation de coton en Louisiane. La culture de la canne et la fabrication du sucre seront évoquées plus loin.

Chapitre XIII

La première tâche que me donna maître Epps, à mon arrivée chez lui, fut de fabriquer un manche de hache. Ceux-ci ont en général la forme d'un simple bâton rond et droit. J'en construisis un courbé, taillé comme ceux auxquels j'avais été habitué dans le Nord. Une fois que je l'eus terminé, je le montrai à Epps, qui le regarda avec étonnement, incapable de dire exactement ce que c'était. Il n'avait jamais vu pareil manche auparavant. Quand je lui en expliquai les avantages, il fut si épaté de son caractère innovant qu'il garda longtemps le manche chez lui et prit l'habitude de le montrer comme une curiosité aux amis qui lui rendaient visite.

La saison du sarclage commença. On m'envoya dans les champs de maïs puis au démariage des plants de coton. Vers la fin de cette saison, je commençai à me sentir malade. J'avais des attaques de frissons suivies d'une fièvre brûlante. Je m'affaiblissais et maigrissais.

J'avais tant de vertiges que je chancelais et titubais comme un ivrogne. On m'obligea néanmoins à tenir mon poste. En bonne santé, je n'avais pas de difficulté à suivre le rythme de mes collègues, mais cela me semblait désormais absolument impossible. J'étais souvent à la traîne, ce qui me valut de nombreux coups de fouet de la part du surveillant, lesquels insufflaient ponctuellement un peu de force à mon corps malade et affaissé. Je continuai à décliner jusqu'à ce que le fouet devienne totalement inefficace. Même la brûlure cinglante du cuir brut n'arrivait plus à me stimuler. Finalement, en septembre, en pleine période de récolte du coton, je fus incapable de quitter mon lit. Je n'avais jusqu'alors reçu ni traitement ni soins de la part de mes maîtres. Le vieux cuisinier m'avait parfois rendu visite, pour me préparer du café et faire bouillir un peu de lard, quand j'avais atteint un état trop faible pour le faire moi-même.

On commença à dire que j'allais mourir. Maître Epps, ne voulant pas endurer la perte que lui coûterait la mort d'un animal de 1 000 dollars, se résolut à payer pour faire venir le Dr Wines de Holmesville. Ce dernier annonça que c'était un des effets du climat et qu'il y avait un risque de me perdre. Il m'ordonna de ne pas manger de viande et de n'avaler que ce qui était absolument nécessaire à ma survie. Plusieurs semaines passèrent. Je suivis le régime maigre auquel on m'avait soumis et j'allai un peu mieux. Un matin, bien avant que je sois en état de travailler, Epps apparut sur le seuil de ma case et, me tendant un sac, m'ordonna de me rendre au champ de coton. À cette époque, je n'avais pas la moindre expérience en matière de récolte de coton. C'était, en effet, une tâche très délicate. Quand d'autres utilisaient leurs deux mains pour arracher le coton et le déposer dans le sac avec une précision et une dextérité qui me dépassaient, je devais, moi, saisir la capsule d'une main et la boule blanche de l'autre pour parvenir à les séparer.

Déposer le coton dans le sac était, de surcroît, une difficulté qui demandait l'usage de ses deux mains et de ses deux yeux. J'étais contraint de le ramasser au sol presque aussi souvent que sur la tige sur laquelle il avait poussé. Je faisais également des dégâts parmi les branches qui portaient des capsules encore fermées, et mon sac long et encombrant se balançait d'un côté à l'autre, ce qui était inadmissible dans un champ de coton. Après une journée des plus harassantes, je me rendis à l'égreneuse avec ma récolte. Quand la balance afficha seulement quarante-cinq kilos, la moitié du poids requis pour le ramasseur le plus faible, Epps me menaça des pires coups de fouet. Mais, considérant que j'étais un novice, il décida de passer outre pour cette fois-là. Le jour suivant, et beaucoup d'autres ensuite, je rentrai le soir sans plus de succès. Je n'étais de toute évidence pas doué pour ce genre de tâches. Je n'avais aucun talent. Je n'avais pas les doigts agiles et rapides de Patsey qui semblaient voler le long d'une rangée de coton pour n'en récolter que la laine immaculée à une vitesse prodigieuse. La pratique et le fouet étaient aussi vains l'un que l'autre. Epps en eut finalement assez, il jura que j'étais une honte, que je n'étais pas digne de fréquenter un « négro » ramasseur de coton, que je ne récoltais pas suffisamment en une journée pour que cela mérite une pesée, et que je ne devais plus me rendre au champ de coton. Je fus donc employé à couper et à transporter du bois, apporter le coton du champ à l'égreneuse et fournir tout autre service requis. Il va sans dire que je ne fus jamais autorisé à rester oisif.

Il était rare qu'une journée se passe sans une séance de coups de fouet ou plus. Cela arrivait au moment de la pesée du coton. Le coupable dont la récolte n'atteignait pas le poids requis était traîné dehors, déshabillé, couché au sol, face contre terre, et recevait une punition proportionnelle à sa faute. C'est une vérité absolue et non exagérée qu'à la plantation d'Epps, on entend le claquement du fouet et le hurlement des esclaves du crépuscule jusqu'à l'heure du coucher, tous les jours, durant la saison de récolte du coton.

Le nombre de coups de fouet est calculé selon la nature de l'offense. En donner vingt-cinq est considéré comme une simple caresse, que l'on administre, par exemple, quand on trouve une feuille morte ou une boule dans le coton, ou quand une branche est cassée au champ. La punition ordinaire pour toutes les fautes un peu plus importantes est de cinquante. Cent pour les cas « graves » : on châtie de la sorte ceux qui commettent le crime de ne rien faire au champ. On donne de cent cinquante à deux cents coups de fouet à ceux qui se battent entre eux. Et cinq cents était le châtiment qui, ajouté au carnage fait par les chiens, condamnait à coup sûr celui qui avait tenté de s'enfuir à des semaines d'atroces souffrances.

Durant les deux années où Epps résida à la plantation de Bayou Huff Power, il avait pour habitude, au moins tous les quinze jours, de rentrer ivre de Holmesville. Les parties de chasse finissaient invariablement en débauche. Quand il était dans cet état-là, il devenait agressif et à moitié fou. Il pouvait casser de la vaisselle, des chaises ou n'importe quel objet sur lequel il mettait la main. Après s'être défoulé dans la maison, il saisissait le fouet et venait dans la cour. Les esclaves avaient alors intérêt à se montrer vigilants et extrêmement prudents. Le premier qu'il croisait sentait passer son fouet. Il les forçait parfois à courir dans tous les sens pendant des heures, l'évitant au détour des cases. De temps en temps, il tombait sur un esclave imprudent et s'il arrivait à lui infliger une bonne correction bien sentie, il s'en réjouissait grandement. C'étaient les enfants et les vieillards, devenus inactifs, qui en pâtissaient le plus. Profitant de la confusion, Epps se cachait sournoisement derrière une case, le fouet levé, prêt à l'abattre sur le premier visage noir qui apparaissait au coin du mur.

D'autres fois, il rentrait à la maison d'humeur moins violente. Il fallait alors faire la fête, tout le monde devait danser en rythme et la musique d'un violon devait venir ravir son oreille mélomane. Il était gai, et dansait avec souplesse, légèreté et joie dans la véranda et dans toute la maison.

Quand il m'avait acheté à Tibeats, ce dernier, tenant l'information de Ford, lui avait dit que je savais jouer du violon. Maîtresse Epps avait insisté pour que son mari m'en achète un lors d'un de ses voyages à La Nouvelle-Orléans. Madame étant passionnée de musique, j'étais souvent sommé de me rendre à la grande maison pour jouer devant la famille.

Quand, en rentrant chez lui, Epps était d'humeur à danser, il nous rassemblait tous dans une grande pièce de la maison. Peu importe à quel point nous étions fatigués et exsangues, il fallait que tout le monde danse. Quand tout le monde était en place, j'entamais une mélodie. « Dansez, maudits négros, dansez ! » criait-il. Dès lors, aucune pause ou retard n'était toléré, aucun mouvement lent ou indolent, tout devait être rapide, vif et alerte. « En haut, en bas, talon, pointe, et c'est reparti ! » était le mot d'ordre. Le corps imposant d'Epps se mêlait à celui de ses esclaves basanés, se mouvant avec rapidité à travers ce dédale de danseurs.

Il avait généralement son fouet à la main, prêt à frapper le moindre esclave insolent qui aurait osé se reposer un instant, ou seulement reprendre sa respiration.

Quand il était lui-même épuisé, nous avions droit à une pause, mais celle-ci était toujours très brève. En faisant siffler, claquer et tourbillonner son fouet, il finissait par se remettre à crier : « Dansez, négros, dansez ! », et ils repartaient, pêle-mêle, tandis que moi, assis dans un coin, encouragé par un coup de fouet cinglant de temps à autre, je jouais sur mon violon une mélodie entraînante. La maîtresse le grondait souvent, menaçant de retourner chez son père à Cheneyville. Parfois, cependant, elle ne pouvait pas s'empêcher d'éclater de rire devant ses farces, qu'elle trouvait hilarantes. On nous retenait ainsi très souvent jusqu'à l'aube. Exténués par un labeur excessif, nous n'aspirions qu'à un peu de repos. Il y eut de nombreuses nuits dans la maison d'Edwin Epps où ses malheureux esclaves furent forcés de danser et de rire, quand ils auraient préféré se jeter sur le sol et pleurer.

Malgré ces contraintes dues aux caprices d'un maître qui ne connaissait pas la raison, nous avions l'obligation d'être aux champs dès le lever du soleil et d'assurer durant la journée les tâches habituelles. Le manque de sommeil ne pouvait pas servir de prétexte si la pesée était insuffisante, ni au champ si l'on ne sarclait pas avec la même rapidité que d'habitude. Les coups étaient aussi sévères que si nous étions arrivés au matin, forts et revigorés par une nuit de repos. En effet, après ces réjouissances frénétiques, Epps était plus aigri et plus féroce encore, punissait à la moindre occasion et usait de son fouet avec plus d'énergie vindicative que d'habitude.

J'ai travaillé dur pour cet homme pendant dix ans, sans aucune récompense. Dix ans de labeur continu qui ont contribué à son enrichissement. Dix ans où j'ai été forcé de m'adresser à lui les yeux baissés et la tête découverte, avec l'attitude et le langage d'un esclave. Je ne lui dois rien, si ce n'est des insultes et des coups que je ne méritais pas.

Désormais hors d'atteinte de son fouet cruel, debout sur la terre libre sur laquelle je suis né, je peux, grâce au ciel, à nouveau lever la tête parmi les hommes. Je peux parler des torts que j'ai subis et de ceux qui me les ont infligés en regardant les hommes droit dans les yeux. Mais je n'ai pas l'intention de parler de lui ou d'un autre autrement qu'avec honnêteté. Hélas, parler honnêtement d'Edwin Epps nous oblige à reconnaître que c'est un homme dont le cœur ne contient aucune bonté ni aucun sens de la justice. Seulement une énergie brute et grossière, associée à un esprit inculte et pingre. Il est connu pour être un « casseur de négros » et il se vante de ses capacités à dompter tout cheval réfractaire. Il regarde l'homme de couleur non comme un être humain, responsable devant le Créateur des quelques talents qu'Il a bien voulu lui accorder, mais comme son « bétail personnel », une simple propriété vivante qui ne vaut pas mieux, hormis son prix, que sa mule ou son chien. Quand on lui apporta la preuve claire et irréfutable que j'étais un homme libre, aussi libre que lui, quand, le jour de mon départ, on l'informa que j'avais une femme et des enfants, qu'ils m'étaient aussi chers que le lui étaient les siens, sa seule réaction fut de s'emporter et de jurer, de dénoncer la loi qui m'arrachait à lui et de déclarer qu'il trouverait l'homme qui avait envoyé la lettre révélant mon lieu de captivité, même s'il devait y laisser sa fortune, et qu'il le tuerait. Il ne pensait à rien d'autre qu'à sa perte ; il me maudit, parce que j'étais né libre. C'était le genre d'hommes qui, si cela lui avait rapporté un quelconque profit, aurait pu rester sans bouger à regarder ses pauvres esclaves se faire arracher la langue, cuire à petit feu jusqu'à être réduits en cendres, ou se faire déchiqueter par les chiens jusqu'à ce que mort s'ensuive. Edwin Epps était à ce point dur, cruel et injuste.

Il n'y avait qu'un homme plus féroce que lui à Bayou Bœuf : Jim Burns. Sa plantation était cultivée, comme je l'ai dit, exclusivement par des femmes. Elles avaient le dos si continuellement blessé et meurtri qu'elles ne pouvaient même plus assurer leurs tâches quotidiennes. Ce barbare se vantait de sa cruauté et il était connu dans la région comme un homme encore plus sévère et violent qu'Epps lui-même. Jim Burns n'avait pas une once de pitié pour ses sujets, et l'idiot qu'il était fouettait et flagellait la main-d'œuvre dont dépendaient ses gains.

Epps resta à Huff Power pendant deux ans. Quand il eut accumulé une somme d'argent suffisante, il agrandit sa propriété en achetant une plantation sur la rive est de Bayou Bœuf. Il s'y installa en 1845, après les fêtes de Noël, et emmena avec lui neuf esclaves. Tous y sont encore aujourd'hui, sauf moi et Susan, qui est décédée depuis. Aucun autre esclave ne rejoignit ce groupe et j'eus pendant huit ans d'affilée les compagnons suivants : Abram, Wiley, Phebe, Bob, Henry, Edward et Patsey. À l'exception d'Edward qui était né par la suite, Epps les avait tous achetés ensemble, à l'époque où il travaillait comme contremaître pour Archy B. Williams, dont la plantation est située sur la rive de la Red River, non loin d'Alexandria.

Abram était grand : il faisait au moins une tête de plus que la moyenne des hommes. Il avait soixante ans et était né dans le Tennessee. Vingt ans plus tôt, il avait été acheté par un marchand, emmené en Caroline du Sud et vendu à James Buford, du comté de Williamsburgh. Durant ses jeunes années, il était connu pour sa grande force, mais l'âge et le labeur incessant avaient eu raison de son corps vigoureux et avaient affaibli ses capacités mentales.

Wiley avait quarante-huit ans. Il était né sur la propriété de William Tassle et s'était occupé durant des années de son ferry sur la Big Black River, en Caroline du Sud.

Phebe était une esclave de Buford, le voisin de Tassle. Comme elle était l'épouse de Wiley, Buford acheta ce dernier à sa demande. Buford était un bon maître, shérif[1] du comté et, à cette époque, un homme riche.

Bob et Henry étaient les enfants de Phebe, d'un mari précédent qu'elle quitta pour Wiley. Sa jeunesse séduisante avait eu les faveurs de Phebe, et l'épouse infidèle avait par conséquent gentiment mis son premier mari dehors. Edward était né de leur union à Bayou Huff Power.

Patsey avait vingt-trois ans et venait également de la plantation de Buford. Elle n'avait aucun lien avec les autres et tirait sa fierté du fait d'être la fille d'une « négresse de Guinée[2] », ramenée par négrier vers Cuba, puis achetée par Buford.

Telle est l'histoire des esclaves de mon maître comme ils me l'ont racontée. Ils étaient ensemble depuis des années. Ils se remémoraient souvent les jours passés et auraient aimé retrouver le chemin de leur ancienne maison de Caroline. Mais leur maître Buford avait eu des ennuis, qui avaient eu des conséquences bien plus graves pour eux. Il fit des dettes et, incapable de s'en acquitter, il fut obligé de les vendre, eux et d'autres de ses esclaves. Enchaînés tous ensemble, ils avaient été conduits au-delà du Mississippi à la plantation d'Archy B. Williams. À leur arrivée, Edwin Epps, qui avait été longtemps son surveillant et contremaître, était

1. Officier responsable de l'application de la justice dans un comté.
2. Pays d'Afrique de l'Ouest.

sur le point de monter sa propre affaire. Il les accepta comme paiement de son salaire.

Le vieil Abram était un homme au cœur bon, une sorte de patriarche à nos yeux, qui aimait tenir à ses compagnons plus jeunes un discours grave et sérieux. Il était profondément marqué par la philosophie telle qu'elle était enseignée dans les cases d'esclaves. Mais la passion la plus grande et la plus vive de l'oncle [1] Abram était celle qu'il cultivait pour le général Jackson [2], que son jeune maître du Tennessee avait suivi à la guerre. Il aimait parler de l'endroit où il était né et raconter les anecdotes de sa jeunesse, à l'époque glorieuse où la nation avait pris les armes. Il avait été athlétique et plus vif et puissant que ceux de sa race en général, mais son œil était désormais affaibli et sa force innée avait diminué. Très souvent en effet, pris dans un débat sur la meilleure façon de cuire la galette de maïs, ou par un de ses grands exposés dédiés à la gloire de Jackson, il oubliait où il avait laissé son chapeau, son sarcloir ou

1. « Oncle » et « tante » sont des surnoms habituellement donnés aux esclaves âgés.

2. Avant de devenir le septième président des États-Unis, Andrew Jackson (1767-1845) fut l'un des principaux acteurs militaires des guerres menées contre les Indiens et les Anglais, dans les années 1812-1815. Les batailles victorieuses qu'il remporta permirent aux pionniers de s'installer dans la plaine du Mississippi et lui valurent d'être nommé gouverneur de Floride, avant de lui ouvrir la voie de la magistrature suprême.

son panier. Le vieil homme en était quitte pour une moquerie si Epps était absent. Il était fouetté si celui-ci était présent. Il était donc perpétuellement inquiet et il déplorait son grand âge et son proche déclin. La philosophie, Jackson et ses trous de mémoire lui avaient causé beaucoup de torts. L'oncle Abram et ses cheveux gris semblaient marcher à grands pas vers leur tombe.

Tante Phebe, qui excellait aux champs de maïs, fut finalement assignée à la cuisine, qu'elle ne quittait pas sauf quand le temps pressait aux champs. C'était une vieille créature rusée. Dès que ses maîtres étaient absents, elle était bavarde au possible.

Wiley, au contraire, était taciturne. Il s'attelait à la tâche sans un murmure ni une plainte, ne s'accordant que rarement le luxe de parler, excepté pour dire son souhait d'être loin d'Epps et de retrouver la Caroline du Sud.

Bob et Henry avaient respectivement vingt et vingt-trois ans. Ils n'avaient rien d'exceptionnel. Quant à Edward, un garçon de treize ans encore incapable de tenir une rangée aux champs de maïs ou de coton, il restait à la grande maison où il s'occupait des enfants Epps.

Patsey était fine et élancée. Elle se tenait aussi droit qu'il est possible. Il y avait quelque chose de noble dans ses mouvements, que ni le travail, ni l'épuisement, ni le châtiment ne semblaient pouvoir détruire. À dire vrai, Patsey était une créature splendide et, si la servitude n'avait pas plongé son esprit dans d'éternelles et profondes ténèbres, elle aurait surpassé une dizaine de milliers de ses pairs. Elle pouvait enjamber les barrières les plus hautes et il aurait fallu un chien de chasse des plus rapides pour la battre à la course. Aucun cheval ne pouvait la désarçonner. Elle savait mener un attelage. Elle cultivait la terre et coupait du bois comme personne. Quand on sonnait la fin de la journée, on pouvait voir ses mules désharnachées, nourries et pansées avant même que l'oncle Abram n'ait eu le temps de retrouver son chapeau. Mais sa grande renommée tenait à l'agilité de ses doigts, une agilité inégalable. À chaque saison de récolte du coton, elle était indéniablement la reine des champs.

Patsey avait un caractère avenant et agréable. Elle était loyale et obéissante. De nature joyeuse, c'était une fille au cœur léger qui aimait rire et qui se réjouissait du simple fait d'exister. Pourtant, elle pleura souvent et souffrit plus que tous ses autres compagnons. On l'avait littéralement mutilée. Son dos portait les cicatrices de milliers de coups de fouet, non pas parce qu'elle avait traîné à la tâche, ni parce qu'elle avait un esprit distrait ou rebelle, mais parce qu'elle était sans cesse la victime d'un maître libidineux et d'une maîtresse jalouse. Elle se recroquevillait sous l'œil lubrique de l'un et tremblait pour sa vie entre les mains de l'autre. Entre eux deux, elle n'avait aucune chance.

Dans la grande maison, on passait des journées à se quereller, à bouder et à s'éviter à cause de cette femme innocente. Rien ne faisait plus plaisir à la maîtresse que de la voir souffrir. Patsey avait tenté plusieurs fois, face au refus d'Epps de la vendre, de me soudoyer pour que je la tue secrètement et que j'enterre son corps dans un endroit éloigné au fond du marais. Elle aurait tout fait pour apaiser cet esprit vengeur, si cela avait été en son pouvoir, mais elle n'osait pas, contrairement à Joseph, s'échapper des griffes de maître Epps et ne lui laisser dans la main que le tissu de ses habits [1]. Patsey avait une épée de Damoclès [2] au-dessus de la tête. Si elle prononçait un mot qui n'allait pas dans le sens de son maître, on recourait immédiatement au fouet pour la soumettre. Si elle n'était pas prudente aux alentours de sa case ou quand elle marchait dans la cour, une bûche de bois ou une bouteille cassée, jetée violemment par

1. Joseph, fils de Jacob, est vendu par ses frères comme esclave en Égypte (NdT). Courtisé par la femme de Putiphar, son maître, il résiste à ses avances mais, dans sa fuite, abandonne le vêtement qui permettra à celle-ci de le calomnier et de le faire emprisonner.
2. D'après une légende antique, Damoclès était un courtisan du roi Denys l'Ancien. Pour lui faire comprendre que le rôle de souverain n'apportait pas seulement de la puissance, mais exposait en permanence à la mort, ce dernier l'invita à un festin. Pendant le repas, Damoclès s'aperçut qu'il avait au-dessus de la tête une épée suspendue à un fil. « Avoir une épée de Damoclès au-dessus de la tête » signifie ainsi être soumis à un danger pouvant survenir à tout moment.

sa maîtresse, s'abattait tout à coup sur son visage. Victime à la fois de la luxure et de la haine, Patsey n'avait dans sa vie aucun réconfort.

Voici donc mes compagnons d'esclavage, les amis avec qui l'on me conduisit chaque jour aux champs et avec qui je résidai pendant dix ans dans les baraquements d'Edwin Epps. S'ils sont toujours en vie, ils doivent encore travailler à Bayou Bœuf. Hélas, ils ne respireront jamais l'air béni de la liberté que je respire aujourd'hui, ni ne se déferont des lourdes chaînes qui les assujettissent, jusqu'au jour où ils retourneront à la poussière.

Chapitre XIV

En 1845, la première année qu'Epps passa à Bayou Bœuf, les chenilles détruisirent presque toute la récolte de coton dans la région. Il n'y avait pas grand-chose à faire, les esclaves étaient donc oisifs la moitié du temps. Une rumeur arriva cependant jusqu'au bayou, disant que l'on avait besoin de travailleurs dans les plantations de sucre de la commune de St. Mary, et que les salaires étaient bons. Cette ville se situe sur la côte du golfe du Mexique, à environ deux cent vingt-cinq kilomètres d'Avoyelles. Un cours d'eau considérable, le Rio Teche, se jette dans le golfe après avoir traversé St. Mary.

Forts de cette information, les planteurs décidèrent de convoyer des esclaves à Tuckapaw, près de St. Mary, afin de les faire employer dans les champs de canne à sucre. Au mois de septembre de cette année-là, on regroupa en conséquence cent quarante-sept esclaves à Holmesville. Abram, Bob et moi-même faisions partie de ce nombre. La moitié environ était des femmes. Epps, Alonson Pierce, Henry Toler et Addison Roberts étaient les Blancs qui avaient été désignés pour encadrer le convoi et s'en occuper. Ils avaient une calèche et deux chevaux sellés à leur disposition. Un grand chariot, tiré par quatre chevaux et conduit par John, un gars qui appartenait à M. Roberts, transportait les couvertures et les vivres.

Vers 14 heures, après déjeuner, on se prépara à partir. J'avais pour tâche de m'occuper des couvertures et des provisions et de m'assurer que rien ne serait perdu en route. La calèche ouvrit le chemin, le chariot suivit, puis les esclaves. Les deux cavaliers fermaient la marche, et c'est dans cet ordre que nous partîmes de Holmesville.

Ce soir-là, nous nous arrêtâmes à la plantation d'un certain M. McCrow, à quinze ou vingt kilomètres de là. On fit de grands feux, chacun étala sa couverture au sol et s'y coucha. Les Blancs dormaient dans la grande maison. Une heure avant l'aube, les surveillants vinrent nous réveiller en faisant claquer leurs fouets et en nous ordonnant de nous lever. On plia les couvertures, que l'on me confia et que je déposai dans le chariot. Le convoi se remit en route.

Il plut violemment la nuit suivante. Nous étions tous trempés, nos habits étaient gorgés de boue et d'eau. Nous nous réfugiâmes sous une sorte de hangar, une ancienne égreneuse, qui nous offrit un abri de fortune. Il n'y avait pas suffisamment de place pour tous nous allonger. Nous restâmes ainsi durant la nuit, agglutinés les uns contre les autres, et reprîmes notre route comme d'habitude le lendemain matin. Pendant le voyage, nous étions nourris deux fois par jour. On faisait bouillir le lard et cuire la galette de maïs de la même façon que dans nos cases. On traversa Lafayetteville, Mountsville et New Town jusqu'à Centreville [1], où Bob et l'oncle Abram furent engagés. Notre nombre diminuait au fur et à mesure que nous avancions. Chaque plantation de canne à sucre avait besoin des services d'une personne au moins.

En chemin, nous passâmes le Grand Coteau, une sorte de prairie, vaste étendue de campagne monotone, sans arbre, excepté quelques-uns, de place en place, plantés à proximité d'une habitation en ruines. L'endroit avait été peuplé à une époque. On avait

1. Villes du sud de la Louisiane et sur le littoral du golfe du Mexique.

cultivé ses terres mais, pour une raison ou une autre, il avait été abandonné depuis. Les quelques âmes éparpillées qui y résident encore ne font qu'élever du bétail. Lors de notre passage, on pouvait observer d'immenses troupeaux en pâture. Au milieu du Grand Coteau, on se sentait comme au milieu de l'océan, comme si l'on ne voyait plus la terre. Aussi loin que l'œil pouvait voir, dans toutes les directions, ce n'était qu'un paysage de ruine et de désolation.

Je fus engagé par le juge Turner, grand planteur et homme distingué dont la grande propriété est située sur Bayou Salle, à quelques kilomètres du golfe. Bayou Salle est un petit cours d'eau qui se jette dans la baie d'Atchafalaya. Chez Turner, je fus d'abord assigné à réparer la sucrerie [1]. Au bout de quelques jours, on me mit un couteau à canne à sucre dans la main et on m'envoya aux champs avec trente ou quarante autres. J'eus moins de difficultés à apprendre l'art de couper la canne à sucre que celui de ramasser le coton. Cela me vint naturellement et instinctivement. Très vite, je fus capable de suivre le rythme des couteaux les plus rapides. Turner me rapatria cependant à la sucrerie avant la fin de la récolte, en tant que surveillant. Du début à la fin de la saison de fabrication du sucre, les bruits de grincement et d'ébullition ne s'arrêtent ni le jour ni la nuit. On me donna un fouet en m'enjoignant

1. Fabrique de sucre.

de l'utiliser sur toute personne que je surprendrais à ne rien faire. Si je n'obéissais pas à la lettre, on en avait un autre pour mon dos à moi. J'avais également pour tâche de signaler à chaque équipe quand elle devait se mettre au travail et quand elle pouvait s'arrêter. Je n'avais aucune pause régulière et n'arrivais jamais à dormir plus de quelques minutes d'affilée.

En Louisiane, comme dans d'autres États esclavagistes, je suppose, la coutume est d'autoriser un esclave à garder toute compensation qu'il obtiendrait pour des services rendus le dimanche. C'est pour lui la seule façon de toucher un peu d'argent et de s'acheter ce qu'il veut avec. Quand un esclave est acheté – ou enlevé – dans le Nord, puis emmené vers une case de Bayou Bœuf, on ne lui fournit ni couteau, ni fourchette, ni assiette, ni bouilloire, ni aucune sorte de vaisselle, ni aucun autre objet. On lui donne une couverture avant son arrivée et il peut s'en envelopper, soit pour rester debout, soit pour s'allonger sur le sol, ou sur une planche si son maître n'en a pas besoin. Il est libre de trouver une calebasse dans laquelle mettre son repas, ou il peut manger son maïs sur l'épi, comme il veut. S'il demandait à son maître un couteau, une poêle ou tout autre ustensile de la sorte, il n'aurait pour toute réponse qu'un coup de pied ou un éclat de rire, comme on aurait ri à une blague. Tout article de ce type que l'on trouve dans une case a été acheté avec de l'argent du dimanche. Quelle que soit l'injure faite à la morale, il va sans dire que le fait de pouvoir briser la loi du Shabbat est une bénédiction pour la condition physique de l'esclave. Autrement, il n'aurait aucun moyen de se procurer le moindre ustensile, pourtant indispensable à celui qui est condamné à être son propre cuisinier.

Sur les plantations de canne à sucre, en temps de récolte, on ne distingue plus les jours de la semaine. Il est admis que tous les ouvriers doivent travailler pendant le Shabbat et il est admis de même que tous ceux qui ont été spécialement engagés, comme je l'avais été par le juge Turner et par d'autres les années suivantes, reçoivent un salaire pour cela. Cela vaut aussi dans les champs de coton : à la période la plus chargée de la récolte, les esclaves travaillent souvent le dimanche. Ces occasions sont en général pour eux une opportunité de gagner assez pour acheter un couteau, une bouilloire, du tabac, etc. Les femmes, qui n'ont que faire de ce dernier luxe, achètent avec leur petit revenu des rubans de couleurs vives dont elles pourront parer leur chevelure aux fêtes de Noël.

Je restai à St. Mary jusqu'au 1er janvier. À cette date, mon argent du dimanche s'élevait à 10 dollars. J'eus des revenus supplémentaires, dus à mon violon, mon compagnon de toujours, source de profit et d'apaisement de mes peines durant mes années de servitude. Une grande fête de Blancs fut donnée chez M. Yarney à Centreville, un hameau dans les environs de la plantation de Turner. On m'engagea pour y jouer, et les noceurs furent si contents de ma prestation qu'ils me donnèrent tous un peu d'argent. Je récoltai ainsi 17 dollars.

Avec cette somme, mes camarades me voyaient comme un millionnaire. Je prenais grand plaisir à la regarder, à la compter encore et encore, jour après jour. Des rêves de meubles pour ma case, de seaux d'eau, de couteaux de poche, de nouvelles chaussures, de manteaux et de chapeaux, flottaient dans mon imagination. Je me laissais aller à l'idée glorieuse que j'étais le « négro » le plus riche de Bayou Bœuf.

Des navires remontaient le Rio Teche jusqu'à Centreville. Un jour, j'osai me présenter au capitaine d'un bateau à vapeur en lui demandant la permission de me cacher au milieu des marchandises. J'avais entendu une conversation qui m'avait assuré qu'il était originaire du Nord, ce qui m'avait donc encouragé à risquer une telle démarche. Je ne lui racontai pas les détails de mon histoire, mais je lui dis seulement mon désir ardent d'échapper à l'esclavage en rejoignant un État libre. Il compatissait, mais me dit qu'il serait impossible de passer au travers de la vigilance des officiers de la douane de La Nouvelle-Orléans. Si l'on nous découvrait, il serait puni et son navire confisqué. Mes sincères supplications suscitèrent évidemment sa sympathie et il y aurait cédé à n'en pas douter, si l'entreprise n'avait pas été aussi risquée. Je fus néanmoins forcé d'étouffer le feu soudain que le doux espoir de ma libération avait allumé dans mon cœur, pour retourner, une fois de plus, aux ténèbres grandissantes de mon désespoir.

Très vite après cet événement, notre groupe d'esclaves fut réuni à Centreville, où nous retrouvâmes nos propriétaires. Ces derniers, après avoir collecté l'argent dû pour nos services, nous ramenèrent à Bayou Bœuf. Ce fut sur le chemin du retour, alors que nous traversions un petit village, que j'aperçus Tibeats, assis sur le seuil d'une misérable épicerie. Il avait l'air miteux et fatigué. Ses passions et le mauvais whisky avaient, à n'en pas douter, fait de lui une épave depuis longtemps.

À notre retour au domaine, j'appris par tante Phebe et Patsey que cette dernière, durant notre absence, avait connu davantage d'ennuis encore. La pauvre fille faisait vraiment peine à voir. La « vieille tête de cochon », comme les esclaves surnommaient Epps entre eux, la frappait plus sévèrement et plus fréquemment que jamais. Dès qu'il rentrait ivre de Holmesville, et cela arrivait souvent à cette époque, elle pouvait être sûre qu'il la fouetterait, ne serait-ce que pour faire plaisir à la maîtresse, et qu'il lui infligerait une punition presque insupportable, pour une faute dont il était lui seul la cause certaine. Quand il était sobre, il lui arrivait de ne pas céder à l'insatiable soif de vengeance de sa femme.

Se débarrasser de Patsey, l'envoyer loin, que ce soit par sa vente, sa mort ou de toute autre façon, semblait être l'idée fixe et l'obsession de ma maîtresse ces dernières années. Patsey, enfant, avait été sa préférée, même dans la grande maison. Elle avait été chérie et admirée pour son incroyable vivacité et son caractère agréable. Elle avait été bien nourrie. L'oncle Abram racontait même qu'on lui donnait du lait et des biscuits les jours où, plus jeune, madame était disposée à l'appeler dans la véranda pour la câliner comme un chaton. Mais un triste revers avait eu raison du caractère de cette femme. Son cœur devint la proie de démons pleins de colère noire, jusqu'à ce qu'elle n'éprouve pour Patsey qu'une haine mortelle.

En réalité, maîtresse Epps n'était pas une femme de nature si mauvaise. Il est vrai qu'elle était possédée par le démon de la jalousie, mais à part cela, elle avait des côtés admirables. Son père, M. Roberts, habitait à Cheneyville, et c'était un homme influent et honorable, respecté au même titre que les autres citoyens de la commune. Elle avait été éduquée dans un établissement de ce côté du Mississippi, elle était belle, accomplie et généralement de bonne humeur. Elle était bonne avec nous tous, à l'exception de Patsey. En l'absence de son mari, il lui arrivait fréquemment de nous envoyer quelques douceurs venant de sa propre table. Dans une autre situation, dans une société différente que celle qui existe sur les rives de Bayou Bœuf, elle aurait été considérée comme une femme élégante et admirable. C'est un mauvais vent que celui qui l'a poussée dans les bras d'Epps.

Epps respectait et aimait sa femme autant que sa nature grossière le lui permettait, mais un égoïsme suprême avait toujours raison de ses affections conjugales.

Il aimait autant que sa nature vile le pouvait,
mais il avait une âme et un cœur mauvais [1].

Il était prêt à céder à tous ses caprices, lui accordait tout ce qu'elle demandait, du moment que cela ne lui coûtait pas trop cher. Patsey valait deux hommes aux champs de coton. Il n'aurait pas pu la remplacer. Par conséquent, on ne pouvait pas songer à s'en débarrasser. La maîtresse ne voyait pas cela du même œil. Sa fierté de femme hautaine était piquée, le sang impétueux de cette femme du Sud bouillait à la vue de Patsey. Elle n'aurait de cesse de torturer cette esclave sans défense jusqu'à ce que mort s'ensuive.

Parfois le vent de sa colère se retournait contre son mari, qu'elle avait de bonnes raisons de détester. Mais la tempête d'insultes finissait par passer et le calme revenait. Dans ces moments-là, Patsey tremblait de peur et pleurait comme si son cœur était sur le point de se briser, car elle avait appris à ses dépens que, si sa maîtresse se mettait dans une colère noire, Epps la calmerait en finissant par lui promettre que Patsey serait fouettée, promesse qu'il tiendrait à coup sûr. C'était

1. Extrait du poème « A Destiny » de Caroline Sheridan Norton publié en 1840 (NdT). Caroline Sheridan Norton (1808-1877) est une pamphlétaire et écrivain féministe britannique.

donc l'orgueil, la jalousie et la furie vengeresse, l'avarice et la passion bestiale qui peuplaient la demeure de mon maître, dont ils faisaient un lieu de disputes et de tumultes quotidiens. Et c'était sur la tête de Patsey, l'esclave naïve, dans le cœur de laquelle Dieu n'avait semé que des graines de vertu, que finissaient par s'abattre ces tempêtes domestiques.

L'été qui suivit mon retour de St. Mary, j'élaborai un plan pour obtenir de la nourriture qui, bien que simple, alla au-delà du succès escompté. Depuis, d'autres hommes de ma condition l'ont maintes fois repris, dans tout le marais. Il a tellement porté ses fruits que je suis à deux doigts de me considérer comme un bienfaiteur. Cet été-là, le lard fut contaminé par les vers. Seule une faim vorace aurait pu nous forcer à l'avaler. Notre ration hebdomadaire de farine suffisait à peine à nous nourrir. Nous avions l'habitude, comme tous les esclaves de cette région, où la ration était en général épuisée avant le samedi soir, ou se trouvait dans un état tel qu'elle était nauséabonde et dégoûtante, d'aller chasser le raton laveur et l'opossum dans les marais. Cependant, la chasse devait se faire la nuit, une fois la journée de travail accomplie. Il y a des planteurs dont les esclaves n'ont, des mois durant, d'autre viande que celle obtenue de cette façon. Aucune objection n'est faite à la chasse dans la mesure où l'on ne se sert pas du tirage du fumoir. De plus, chaque raton laveur errant qui est tué est une menace de moins pour le maïs qui pousse. On les chasse avec des chiens et des gourdins, les esclaves n'ayant pas le droit d'utiliser des armes à feu.

La chair du raton laveur est délicieuse mais, en vérité, pour ce qui est de la viande, rien n'est plus exquis que l'opossum rôti. Ce sont des petits animaux au corps rond et plutôt long, d'une couleur blanchâtre, avec un museau comme celui d'un cochon et la queue d'un rat. Maladroits et lents, ils se terrent parmi les racines et les creux du gommier[1]. Ce sont des créatures fourbes et rusées. Au moindre coup de bâton, elles se roulent sur le sol et font semblant d'être mortes. Si le chasseur laisse un opossum pour en chasser un autre, sans avoir pris le soin de lui briser le cou, il y a de grandes chances pour que, à son retour, celui-ci ait disparu. Le petit animal a su berner son ennemi et s'en est allé. Mais, après une longue et dure journée de travail, l'esclave épuisé n'a guère envie de se rendre au marais pour y chasser son dîner et préfère, le plus souvent, se passer de repas et se laisser choir sur le sol de sa case. Dans l'intérêt du maître, l'esclave ne doit pas souffrir de la faim, mais dans son intérêt également il ne doit pas devenir trop gras. Pour son propriétaire, un esclave est le plus utile quand il est mince et sec, comme un cheval de course l'est quand il est prêt pour la compétition. C'est en général dans cette condition physique que se

1. Arbre qui produit de la gomme, tel que l'acacia, l'eucalyptus ou le mimosa.

trouvent les esclaves des champs de canne à sucre et de coton de la Red River.

Ma case était située à quelques encablures de la rive du marais. La nécessité étant bien mère de toute invention, je mis au point une façon de me procurer la quantité nécessaire de nourriture sans avoir à me rendre tous les soirs dans les bois. Il suffisait de construire une nasse. Mon plan en tête, je décidai le dimanche suivant de le mettre à exécution. Il me sera sans doute impossible de donner au lecteur une idée complète et claire de sa construction, mais ce qui va suivre servira de description.

On fabrique un cadre d'un peu moins d'un mètre carré environ, plus ou moins creux selon la profondeur de l'eau. Celui-ci sert de base pour fabriquer une sorte de boîte, qui constituera notre nasse. On cloue des planches ou des lattes de bois sur trois côtés du cadre, pas trop serrées, afin que l'eau puisse passer au travers. On fixe une porte sur le quatrième côté, de façon qu'elle coulisse aisément dans les rainures que l'on aura creusées dans les deux autres arêtes. Puis on attache un fond amovible que l'on peut remonter jusqu'en haut du cadre sans difficulté. Au centre de ce fond amovible, on perce un trou dans lequel on fixe une poignée ou un bâton arrondi, de façon un peu lâche, afin que celui-ci puisse tourner. C'est avec cette poignée que l'on fait remonter le fond amovible jusqu'en haut du cadre, ou aussi haut qu'on le souhaite. Le long de cette poignée, à différents endroits, on perce des trous, à l'aide d'une vrille, dans lesquels on insère des petits bâtons qui s'étendent vers le côté opposé du cadre. Ces petits bâtons, hérissés autour de la poignée, sont si nombreux qu'aucun poisson de taille raisonnable ne pourrait passer au travers du cadre sans les heurter au passage. On place le cadre dans l'eau et on l'immobilise.

On installe le piège en faisant glisser ou en ouvrant la porte, laquelle est maintenue ainsi par un autre bâton, dont l'une des extrémités repose sur une encoche pratiquée sur la face interne du cadre et l'autre sur une entaille faite dans la poignée qui sert à remonter le fond amovible. Pour l'appât, on mélange une poignée de farine à du coton humide jusqu'à obtenir une masse compacte, qu'on place à l'arrière du cadre. Le poisson qui passe à travers la porte levée et atteint l'appât touche forcément l'un des bâtons, qui fera tourner la poignée, laquelle fait pivoter le bâton qui retient la porte, de sorte que cette dernière se referme sur le poisson pris au piège. On relève ensuite la poignée, on ramène le fond amovible à la surface de l'eau et on retire le poisson.

Il y a sûrement eu d'autres pièges de la sorte avant que je construise celui-ci. Mais, si tel était le cas, je n'en avais jamais vu. Bayou Bœuf est rempli de gros poissons d'une excellente qualité et, à partir de cette époque, je n'en fus jamais à court, ni moi ni mes camarades. C'est ainsi que les enfants asservis d'Afrique découvrirent une mine, exploitèrent une nouvelle ressource à laquelle ils n'avaient jamais pensé, eux qui travaillaient dur avec la faim au ventre, sur les rives de ce fleuve paresseux mais prolifique.

À cette même époque, un événement eut lieu qui me marqua grandement et qui montrait bien le genre de société existant dans cette région, et la façon dont les affronts étaient souvent vengés. Juste en face de nos baraquements, sur l'autre rive du marais, se trouvait la plantation de M. Marshall. Il appartenait à l'une des familles aristocratiques les plus riches du pays. Un gentilhomme venant des environs de Natchez avait négocié avec lui pour acheter sa propriété. Un jour, un messager arriva haletant au domaine et annonça qu'une terrible bagarre avait éclaté chez Marshall, que le sang avait coulé et qu'à moins qu'on ne sépare les combattants sur-le-champ, les conséquences seraient catastrophiques.

Il est presque impossible de décrire la scène dont nous fûmes témoins en arrivant chez Marshall. Sur le sol d'une des pièces gisait le cadavre atrocement mutilé de l'homme de Natchez tandis que Marshall, enragé, couvert de blessures et de sang, tournait frénétiquement en rond et « respirait encore menace et meurtre [1] ». La négociation s'était envenimée, des insultes s'en étaient suivies, on avait dégainé les armes et entamé la lutte, qui s'était achevée tragiquement. Marshall n'alla jamais en prison. Il y eut une sorte de procès ou d'enquête à

1. Voir Actes des Apôtres, 9, 1 : « Saul respirant encore menace et meurtre contre les disciples du Seigneur… » (NdT).

Marksville, où il fut acquitté, et il rejoignit sa plantation plus respecté, je crois, qu'il ne l'avait jamais été auparavant, parce qu'il avait sur la conscience le sang d'un autre être humain.

Epps prit son parti et l'accompagna à Marksville. Il ne perdit jamais une occasion de justifier son acte en public. Mais sa loyauté n'empêcha pas un parent de Marshall de vouloir s'en prendre à la vie d'Epps quelque temps plus tard. Une dispute éclata entre les deux hommes autour d'une table de jeu. Le parent de Marshall y laissa la vie. Peu après, Marshall arriva à cheval devant la maison et somma Epps d'en sortir, afin de mettre un terme à cette querelle une fois pour toutes, sans quoi il le tiendrait pour un lâche et l'abattrait comme un chien dès qu'il en aurait l'occasion. Ce ne fut pas par lâcheté, ni par scrupules, qu'Epps se garda, selon moi, de répondre à la sommation de son ennemi, mais sous l'influence de sa femme. Les deux hommes se réconcilièrent ensuite et sont depuis des amis intimes.

De tels incidents, qui dans les États du Nord condamneraient leurs protagonistes à une punition juste et méritée, sont fréquents dans le bayou au point de ne plus être remarqués ni relevés. Les hommes ont toujours un couteau Bowie [1] sur eux et, si deux d'entre

---

1. Type de couteau particulier, rendu célèbre par le colonel James Bowie (1796-1836), figure légendaire de l'histoire du Texas, mort lors de la bataille de Fort Alamo, en 1836.

eux se fâchent, ils règlent leur différend en tentant de se taillader et de s'embrocher ; on dirait des sauvages plutôt que des êtres civilisés et éclairés.

L'existence de l'esclavage dans sa forme la plus cruelle a tendance à rendre violents les hommes qui l'observent, même les plus compatissants. À force d'assister jour après jour à la souffrance humaine, d'écouter les cris déchirants de l'esclave, de voir son corps qui se tord de douleur sous les coups impitoyables du fouet, mordu et déchiré par les chiens, de le laisser mourir sans soin, de l'enterrer sans linceul ni cercueil, comment ne pas devenir cruel et indifférent à la vie humaine ? On ne peut pas en attendre moins d'eux. Certes, il y a beaucoup d'hommes bons et charitables dans la paroisse d'Avoyelles – des hommes comme William Ford, qui peuvent avoir pitié des souffrances d'un esclave –, autant qu'il y a, dans le reste du monde, d'âmes compatissantes et sensibles qui ne sont pas indifférentes aux souffrances des créatures à qui le Tout-Puissant a donné la vie. Ce n'est pas tant la faute du propriétaire d'esclaves s'il est cruel, que celle du système dans lequel il évolue. Il ne peut pas résister à l'influence des coutumes et des groupes qui l'entourent. On lui a montré dès son plus jeune âge que le bâton était destiné au dos de l'esclave, il est donc difficilement en mesure de faire évoluer ses opinions une fois l'âge adulte atteint.

Il y a sans doute des maîtres pleins d'humanité, comme il est certain qu'il y en a d'inhumains. Il y a sans doute des esclaves bien habillés, bien nourris et heureux, comme il est certain qu'il y en a des déguenillés, affamés et malheureux. Néanmoins, une institution qui tolère autant de torts et d'inhumanité que j'en ai observés est une institution cruelle, injuste et barbare. Des hommes peuvent écrire quantité de romans sur cette vie de misère, la décrire telle qu'elle est ou non, ils peuvent s'étendre très sérieusement sur le bonheur de l'ignorance, ils peuvent débattre avec désinvolture, bien calés dans un fauteuil, des plaisirs de la vie d'un esclave ; mais qu'ils aillent travailler avec lui au champ, dormir avec lui dans sa case, se nourrir avec lui de feuilles de maïs, qu'ils le voient se faire traquer, pourchasser, fouler aux pieds, et ils reviendront alors avec un tout autre discours. Qu'on les laisse entrer dans le cœur du pauvre esclave, qu'ils apprennent ses pensées secrètes, des pensées qu'il n'ose pas prononcer devant l'homme blanc, qu'ils s'assoient à ses côtés dans la nuit silencieuse, qu'ils parlent en toute confiance avec lui de « la vie, la liberté et la recherche du bonheur [1] », ils découvriront alors que quatre-vingt-dix-neuf sur cent sont assez intelligents pour comprendre leur condition et pour chérir l'amour de la liberté dans leur cœur, aussi passionnément qu'eux-mêmes.

1. Extrait de la Déclaration d'indépendance de 1776 concernant les droits inaliénables de l'homme (NdT).

Chapitre XV

À cause de mon inaptitude à ramasser du coton, Epps avait pris l'habitude de me faire employer dans des plantations de canne pendant la saison de récolte et de fabrication du sucre. Il recevait 1 dollar par jour pour mes services, argent avec lequel il engageait quelqu'un pour me remplacer au champ de coton. Cultiver la canne à sucre me plaisait. Je fus à la tête du premier rang chez Hawkins pendant trois années consécutives, dirigeant une équipe qui allait jusqu'à cent ouvriers.

Nous avons décrit la récolte du coton dans un chapitre précédent. Il est sans doute temps de parler de la façon dont la canne à sucre est cultivée.

On trace dans la terre des bandes, comme on le fait pour le coton. On laboure cependant plus profondément. On creuse des trous de la même façon. La plantation commence en janvier et dure jusqu'en avril. Elle n'est nécessaire qu'une fois tous les trois ans. On peut faire jusqu'à trois récoltes avant qu'une graine ou qu'un plant s'épuise.

L'opération nécessite trois équipes. Une équipe prend le plant de canne à sucre de la meule, ou du tas, coupe le bout de la tige et les feuilles sèches pour n'en laisser que la partie saine. Chaque nœud de la canne a un œil, comme celui de la pomme de terre, qui germe une fois enterré dans la terre. La deuxième équipe plante les pousses dans les trous, deux à deux, de manière que des nœuds se forment tous les quinze centimètres environ. La dernière équipe suit avec des sarcloirs et recouvre les pieds de terre, à hauteur de huit centimètres.

En quatre semaines au plus, les pousses sortent du sol et croissent à grande vitesse. On sarcle un champ de canne à sucre trois fois, comme pour le coton, sauf qu'on ramène davantage de terre sur les pieds de canne. Le sarclage est en général fini avant le 1er août. Vers la mi-septembre, juste avant la floraison, on prélève les graines dont on aura besoin pour les stocker. En octobre, tout est prêt pour le moulin ou la sucrerie, et la récolte générale peut alors commencer. La lame d'une machette à canne fait presque quarante centimètres de long et huit de largeur au maximum ; fuselée de la pointe au manche, elle est fine, et on doit s'assurer qu'elle est parfaitement aiguisée afin d'être utilisable en toutes circonstances. Les ouvriers travaillent par trois, l'un marchant devant les deux autres qui l'entourent de part et d'autre. Le meneur coupe d'abord les feuilles des tiges d'un coup de machette, puis le haut de la tige dans toute sa partie verte. Il doit bien faire attention à séparer la partie verte de la partie mûre, car le jus de la première rend la mélasse amère et invendable. Puis il coupe la tige à sa racine et la jette directement derrière lui. Ses compagnons de droite et de gauche posent leurs tiges, une fois coupées de la même façon, sur la sienne. Derrière eux, de jeunes esclaves en chariot ramassent les tiges et les emportent à la sucrerie où elles seront moulues.

Si le planteur craint le gel, la canne est andainée. L'andainage consiste à couper les tiges plus tôt que prévu et à les étaler dans le sens de la longueur dans les rigoles afin que chacune en chevauche une autre pour la protéger. On peut les laisser ainsi à l'abri du gel pendant trois semaines ou un mois sans qu'elles pourrissent. Quand un temps plus clément revient, on les sort pour les tailler et les emporter à la sucrerie.

Au mois de janvier, les esclaves retournent au champ pour préparer une autre moisson. Comme le sol est recouvert par les têtes et les feuilles coupées des cannes à sucre de la précédente récolte, si la journée est chaude, on met le feu aux déchets combustibles, ce qui balaye le champ et le laisse nu, propre et prêt pour les sarcloirs. La terre s'est assouplie autour des racines du vieux brûlis et, avec le temps, une autre floraison germe des graines de l'année précédente. Il en va de même l'année suivante mais, l'année d'après, la graine a épuisé ses forces et le champ doit être à nouveau labouré et planté. C'est la deuxième année que la canne est la plus sucrée. Sa récolte rapporte plus que la première année mais moins que la troisième.

Durant les trois saisons où j'ai travaillé à la plantation de Hawkins, j'ai passé la majeure partie du temps à la sucrerie. Hawkins est connu pour produire la variété la plus fine de sucre blanc. Voici une description de sa sucrerie et du procédé de fabrication qu'il suit.

Le moulin est un immense bâtiment de briques qui se trouve sur la rive du bayou. Un hangar ouvert d'au moins trente mètres de long et de quinze de large y est accolé. La chaudière qui produit la vapeur se trouve face au bâtiment principal, les machines et le moteur se trouvent sur une estrade en briques à cinq mètres du sol, à l'intérieur du bâtiment. Les machines font tourner deux gros cylindres de fer, entre cinquante centimètres et un mètre de diamètre, et de deux mètres à deux mètres cinquante de longueur. Les cylindres sont suspendus au-dessus de l'estrade en briques et roulent l'un vers l'autre. Un convoyeur à vis sans fin, fait de chaînes et de bois, comme les courroies de cuir qu'on utilise pour les petits moulins, s'étend des cylindres en fer jusqu'à l'extérieur du bâtiment et à travers toute la longueur du hangar ouvert. Les chariots qui apportent la canne du champ dès qu'elle est coupée sont vidés dans les coins du hangar. Des esclaves enfants sont postés tout le long du convoyeur ; leur tâche est d'y déposer la canne qui sera ainsi conduite du hangar au bâtiment principal, où elle passera entre les cylindres, sera broyée et jetée sur un autre convoyeur, qui lui fera quitter le bâtiment principal de l'autre côté pour finir dans une cheminée où elle se consumera. Il est nécessaire de la brûler de cette façon, autrement la canne remplirait vite le bâtiment entier, pourrirait et provoquerait des maladies. Le jus de canne tombe dans une conduite au-dessous des cylindres puis dans un réservoir. De là, un tuyau l'emporte vers cinq filtres recouvrant chacun plusieurs tonneaux. Ces filtres sont remplis de charbon animal, une substance qui ressemble à du charbon pulvérisé et qui est composée d'os calcinés dans des récipients fermés ; on l'utilise pour décolorer le jus de canne, par filtration, avant de le faire bouillir. Le jus passe successivement dans les cinq filtres puis dans un grand réservoir souterrain d'où il est conduit, au moyen d'une pompe à vapeur, dans un bain de décantation fait de tôles de fer où il est chauffé à la vapeur jusqu'à ébullition. De ce premier bain de décantation, le jus est amené par des tuyaux à un deuxième puis à un troisième bain, puis dans des marmites closes, à travers lesquelles passent des conduits remplis de vapeur. Quand il bout, il passe successivement dans trois marmites, puis dans d'autres tuyaux jusqu'aux refroidisseurs du rez-de-chaussée. Les refroidisseurs sont des boîtes en bois qui ont pour fond des tamis faits avec des fils de fer extrêmement fins. Dès que le sirop est dans les refroidisseurs, et donc en contact avec l'air, il se cristallise et la mélasse tombe aussitôt dans une citerne à travers le tamis.

On a alors obtenu le plus fin des sucres – clair, propre et blanc comme neige. Une fois refroidi, il est emporté, versé dans des tonneaux et prêt pour la vente. On prend la mélasse de la citerne et on recommence le procédé afin d'obtenir cette fois du sucre brun.

Il y a des moulins plus grands et construits différemment de celui que je viens de décrire tant bien que mal. Mais aucun sans doute n'est aussi célèbre que celui-ci à Bayou Bœuf. Lambert, de La Nouvelle-Orléans, est un associé de Hawkins. C'est un homme très riche qui a, à ce qu'on dit, des intérêts dans plus de quarante plantations de sucre différentes en Louisiane.

*
* *

Le seul moment de répit que l'on donne aux esclaves durant toute l'année, ce sont les fêtes de Noël. Epps leur accorde trois jours – d'autres en donnent quatre, cinq ou six selon leur générosité. C'est la seule période que les esclaves attendent avec hâte et plaisir. Ils sont alors heureux de voir la nuit tomber, non seulement pour les quelques heures de repos qu'elle leur accorde, mais parce qu'elle les rapproche de Noël d'un jour. Cette trêve est chérie autant par les vieux que par les jeunes. Même l'oncle Abram cesse alors de louer Andrew Jackson, et Patsey oublie ses nombreuses peines dans la liesse générale des fêtes. C'est une période de festin, de divertissements et de musique… une saison de carnaval pour les enfants de la servitude. Les jours où on leur accorde un peu de cette liberté restreinte sont rares et c'est de tout leur cœur qu'ils en profitent.

La tradition veut que le planteur organise un « dîner de Noël », auquel il invite les esclaves des plantations voisines à se joindre aux siens pour l'occasion. On reçoit par exemple chez Epps une année, chez Marshall la suivante, chez Hawkins celle d'après, et ainsi de suite. C'est en général entre trois et cinq cents personnes qui se réunissent ; elles viennent à pied, en chariot, à cheval, à mule, montant à deux ou trois, parfois un garçon et une fille, parfois une fille et deux garçons ou encore un garçon à nouveau, une fille et une vieille femme. L'oncle Abram chevauche une mule, avec tante Phebe et Patsey derrière lui. Les voir s'en aller au trot pour le repas de Noël, c'était le rituel de Bayou Bœuf.

C'est également à cette occasion, « entre tous les jours de l'année [1] », que les esclaves se parent de leurs plus beaux vêtements. Le manteau de coton a été lavé, les chaussures cirées au suif et, si l'on a la chance de posséder un chapeau sans bord ni fond, on le porte allègrement. Mais ceux qui viennent au festin tête ou pieds nus sont cependant accueillis avec la même convivialité. En général, les femmes entourent leur tête avec un foulard. Mais si elles possèdent par chance un ruban rouge vif ou une capuche mise au rebut par la grand-mère de leur maîtresse, elles le portent à coup sûr pour une telle occasion. Le rouge sang profond est à n'en

1. Il s'agit peut-être d'une citation du dramaturge anglais Robert Browning (1812-1889).

pas douter la couleur préférée des demoiselles esclaves que je connais. Si elles ne portent pas de ruban rouge autour du cou, vous pouvez être certain que leurs cheveux crépus seront maintenus par toutes sortes de ficelles rouges.

On dresse les tables à l'extérieur, elles sont recouvertes de viandes variées et de pyramides de légumes. On nous épargne le lard et la farine de maïs pour de telles occasions. Il arrive que le repas soit préparé dans la cuisine de la plantation, d'autres fois à l'ombre de larges branches. Dans ce dernier cas, on creuse un trou dans le sol dans lequel on brûle du bois jusqu'à obtenir des braises étincelantes, sur lesquelles on dépose des poulets, des canards, des dindes, des porcs et souvent aussi un bœuf entier. On nous donne de la farine dont on fait des gâteaux, et souvent des pêches et d'autres confitures, avec lesquelles on prépare des tartes et toutes sortes de pâtisseries, à l'exception des *mince pies* [1] qu'ils ne connaissent pas ici. Seul l'esclave qui a vécu tant d'années de sa maigre ration de farine de maïs et de lard peut apprécier pleinement ces dîners-là. De nombreux hommes blancs se réunissent pour nous regarder savourer ce festin.

Les esclaves s'assoient autour de la table, les hommes d'un côté, les femmes de l'autre. Si deux d'entre eux

1. Tartelettes fourrées de fruits secs servies à Noël dans les régions du nord des États-Unis (NdT).

ont échangé un geste de tendresse, ils s'arrangent toujours pour être assis l'un en face de l'autre. Car Cupidon, qui est présent partout, plante aussi sa flèche dans les cœurs simples des esclaves. Une joie sincère et débordante illumine leurs sombres visages à tous. Leurs dents d'ivoire contrastent avec le noir de leur teint et semblent former deux longues lignes blanches jusqu'au bout de la table. De part et d'autre de cette tablée d'abondance, des yeux pétillent de plaisir. On glousse, on rit, puis on entend les couverts et la vaisselle s'entrechoquer. Les coudes de Cuffee taquinent les côtes de son voisin, poussés par une pulsion de joie incontrôlable. Nelly agite son doigt devant Sambo hilare, sans savoir pourquoi, tout le monde rit et s'amuse.

Quand les viandes ont été englouties et que les estomacs des enfants affamés sont rassasiés, on passe à la suite des réjouissances : le bal de Noël. Ces jours de fête, j'ai toujours pour mission de jouer du violon. La race africaine aime la musique, c'est un fait connu, et beaucoup de mes camarades esclaves avaient du coffre ou jouaient du banjo avec dextérité. Mais, au risque de paraître prétentieux, je dois néanmoins avouer que j'étais considéré comme le Ole Bull[1] de Bayou Bœuf. Mon maître recevait souvent des lettres, venant parfois de très loin, pour lui demander de m'envoyer jouer à

1. Violoniste norvégien (1810-1880 [NdT]).

un bal ou un carnaval de Blancs. Il recevait son indemnité et je revenais moi aussi, en général, les poches pleines de *picayunes*[1] trébuchants, contribution supplémentaire de ceux que j'avais divertis. De la sorte, je fis plus de connaissances dans la région du bayou que je n'aurais pu le faire dans d'autres circonstances. Les jeunes gens de Holmesville savaient toujours, dès qu'il voyait Platt Epps traverser la ville son violon à la main, qu'une fête allait avoir lieu quelque part. « Où vas-tu donc, Platt ? » et « Que se passe-t-il ce soir, Platt ? » étaient les questions qu'on me posait de maison en maison. S'il n'y avait pas d'urgence particulière, cédant aux sollicitations insistantes, je sortais mon archet et, à califourchon sur ma mule, jouais pour un groupe d'enfants ravis au milieu de la rue.

Je ne peux me figurer comment j'aurais supporté toutes ces longues années d'esclavage sans mon cher violon. Grâce à lui, j'ai vu des maisons magnifiques, j'ai été exempté de nombreux jours de labeur au champ, j'ai pu acheter de quoi agrémenter ma case, des pipes et du tabac, une seconde paire de chaussures, et surtout j'ai pu échapper au joug d'un maître cruel pour me rendre dans des lieux où régnait la gaieté et où résonnaient les rires. Mon violon était mon compagnon, l'ami de mon cœur, entonnant un puissant chant

1. Petite monnaie utilisée à l'époque dans le Sud des États-Unis (NdT).

de triomphe quand j'étais joyeux, murmurant de douces et mélodieuses consolations quand j'étais triste. Pendant combien de nuits sans sommeil, quand j'avais l'âme perturbée et accablée par la contemplation de mon destin, ne m'a-t-il pas chanté de berceuses apaisantes ! Les dimanches, c'est avec lui que je passais l'heure ou les deux heures de loisir qu'on nous accordait ; il m'accompagnait jusqu'à un endroit paisible sur la rive du bayou et me faisait entendre son discours agréable et charmant. Mon violon était l'ambassadeur de mon nom dans toute la région. Je me fis, grâce à lui, des amis qui ne m'auraient, dans d'autres circonstances, jamais remarqué. J'avais un fauteuil d'honneur aux fêtes annuelles, il m'assurait le plus bruyant et le plus chaleureux des accueils au bal de Noël. Le bal de Noël ! Oh, vous, les fils et les filles de la paresse, avides de plaisir, qui dansez à petits pas, sans énergie comme des limaces, dans une farandole lente et tortueuse, si vous voulez un jour comprendre ce qu'est vraiment la danse, « la poésie du mouvement [1] », si vous voulez observer la joie authentique, effrénée et sans limite, venez donc en Louisiane voir les esclaves danser sous les étoiles un soir de Noël.

---

1. En anglais, « poetry of motion », expression probablement tirée du roman épistolaire de lady Morgan – Sydney Owenson (1776-1859) de son nom de jeune fille –, *The Wild Irish Girl*, ou *La Sauvageonne irlandaise*, œuvre d'inspiration nationaliste parue en 1806.

À ce Noël-là, celui auquel je pense maintenant et dont la description servira de description générale de ces festivités, Mlle Lively et M. Sam, la première appartenant à Stewart, le second à Roberts, ouvrirent le bal. Tout le monde savait que Sam avait le béguin pour Lively. Il n'était pas le seul. C'était également le cas d'un des hommes de Marshall et d'un autre de Carey. Lively portait bien son nom [1]. Elle était de surcroît une grande séductrice et une briseuse de cœurs. Quelle victoire ce fut pour Sam Roberts quand, après le repas, c'est à lui qu'elle tendit la main pour la première danse, le préférant à ses deux rivaux. Ces derniers s'en étaient trouvés un peu déconfits. Secouant la tête de colère, ils auraient voulu foncer sur M. Sam pour le frapper violemment. Mais aucune rage n'agita le cœur du placide Samuel, tandis que ses jambes volaient comme des baguettes de tambour de-ci de-là vers son ensorcelante partenaire. L'assemblée tout entière les encouragea à grands cris et, forts des applaudissements, ils continuèrent à s'éreinter tandis que tous les autres, exsangues, s'étaient arrêtés un instant pour reprendre leur souffle. Mais les efforts physiques surhumains de Sam pour suivre sa partenaire eurent finalement raison de lui, et il laissa Lively seule, tourbillonnant comme une toupie. Un des rivaux de Sam, Pete Marshall, se précipita alors et, de toute ses forces, se mit à bondir,

1. *Lively* signifie « vivante », « pleine de vie » en anglais (NdT).

à s'agiter et à prendre toutes les poses imaginables, déterminé à montrer à Mlle Lively et au reste du monde que Sam Roberts ne lui arrivait pas à la cheville.

Mais les talents de danseur de Pete n'étaient, hélas, pas à la hauteur de son amour pour Mlle Lively. Un exercice d'une telle violence lui coupa directement le souffle et il s'écroula comme un sac vide. Ce fut donc au tour de Harry Carey de tenter sa chance, mais Lively eut raison de sa résistance à lui aussi. Au milieu des hourras et des cris, elle était plus que jamais à la hauteur de sa réputation méritée de « fille la plus leste » du bayou.

Quand l'un est « éliminé », un autre prend sa place. Celui ou celle qui reste le plus longtemps sur la piste reçoit les encouragements les plus sonores, et ainsi continue la danse jusqu'à ce qu'il fasse tout à fait jour. Quand le violon cesse, on ne s'arrête pas pour autant. Dans ce cas, les esclaves jouent leur propre musique. On appelle cela le *patting* [1] et on l'accompagne généralement d'une de ces chansons sans signification particulière, composée pour s'adapter à une certaine mélodie ou à un certain rythme plus que pour exprimer une idée précise. On joue le *patting* en tapant des mains sur les genoux, puis l'une contre l'autre, puis sur l'épaule droite, puis sur la gauche, tout en battant le rythme avec les pieds et en chantant une chanson comme celle-ci :

---

1. *A pat* est une petite tape en anglais (NdT).

La crique Harper et la rivière rugissante
Ça, ma chère, ça sera toujours là
Puis chez les Indiens on s'rendra
Tout ce que je veux dans cette création
C'est une jolie petite femme et une grosse plantation.
Refrain. En haut d'ce chêne et en bas d'cette rivière
Deux contremaîtres et un petit négro [1].

Si ces paroles ne collent pas à la mélodie, on chante « Vieil œil de cochon », spécimen plutôt surprenant de versification qu'on ne saurait apprécier à sa juste valeur ailleurs que dans le Sud. Les paroles vont ainsi :

Qui est venu depuis qu'je suis parti ?
Une jolie fille qui porte un jersey,
Œil de cochon !
Vieil œil de cochon,
Et d'cheval aussi !
J'en n'ai pas vu d'pareille depuis que j'suis né
Voici un beau brin d'fille qui porte un jersey.
Œil de cochon !
Vieil œil de cochon,
Et d'cheval aussi [2] !

1. *Harper's creek and roarin'ribber/ That, my dear, we'll live forebber/ Den we'll go de Ingin Nation,/ All I walls in dis creation/ Is pretty little wife and big plantation./ Chorus. Up dat oak and down dat ribber/ Two overseers and one little nigger* (NdT).
2. *Who's been here since I've been gone ?/ Pretty little gal wid a josey on/ Hog Eye !/ Old Hog Eye/ And Hosey too !/ Never see de like since I was born/ Here come a little gal wid a josey on/ Hog Eye !/ Old Hog Eye/ And Hosey too !* (NdT).

Ou encore la chanson suivante, qui a aussi peu de sens, mais dont l'air est des plus mélodieux quand il sort de la bouche du nègre :

Ebo Dick et Jurdan's Jo,
Ces deux négros m'ont volé ma jeunesse.
Refrain. Bondis avec Jim,
Marche avec Jim,
Parle avec Jim.
Ce vieux Noir de Dan, noir comme du goudron,
Il était bien content de pas être là.
Bondis avec Jim [1]...

Durant les quelques jours de vacances qui suivent Noël, on donne un laissez-passer aux esclaves et on les autorise à aller où bon leur semble dans un certain périmètre. Ils peuvent aussi rester et travailler à la plantation et sont alors payés. Ce dernier cas est néanmoins très rare. À cette période, on voit plutôt les esclaves, les plus heureux du monde, se hâter dans toutes les directions. Ce sont alors des personnes différentes de celles qu'ils sont au champ. Durant ce court répit, où ils peuvent se détendre sans craindre le fouet, leur apparence et leur attitude tout entières se métamorphosent. Ils occupent le temps qu'on leur accorde en rendant

1. *Ebo Dick and Jurdan's Jo/ Them two niggers stole my yo'/ Chorus. Hop Jim along/ Walk Jim along/ Talk Jim along/ Old black Dan, as black as tar/ He dam glad he was not dar/ Hop Jim along...* (NdT).

visite à de vieux amis ou, s'ils sont chanceux, en ravivant une vieille flamme, ou en faisant n'importe quoi d'autre qui leur procurerait du plaisir. Voilà « la vie du Sud telle qu'elle est [1] », *trois jours par an*, comme je l'ai constaté. Les trois cent soixante-deux autres sont des jours d'épuisement, de peur, de souffrance et de labeur incessant.

On contracte souvent des mariages durant les fêtes, si tant est qu'une telle institution existe parmi les esclaves. La seule condition requise avant de s'engager dans cette « union sacrée » est d'obtenir le consentement des propriétaires respectifs. Les maîtres des femmes esclaves y sont généralement favorables. Chaque partie peut avoir autant de maris ou de femmes que le propriétaire le permet et chacun a la liberté d'abandonner l'autre quand il le souhaite. La loi concernant le divorce, la bigamie et le reste n'est bien entendu pas applicable à la propriété [2]. Si l'épouse n'appartient pas à la même plantation que son mari, ce dernier a le droit de lui rendre visite tous les samedis soirs, si la distance le permet. La femme de

---

1. En anglais, « southern life as it is », allusion à un roman de Mary Henderson Eastman (1818-1887), *Aunt Philis's Cabin, or : Southern life as it is*. Écrit en réaction à *La Case de l'oncle Tom* (voir note 1, p. 23), ce livre de propagande dépeint des esclaves heureux vivant en harmonie avec des maîtres pleins de bonté.

2. Les esclaves étant légalement considérés comme des biens meubles, ils ne tombaient pas sous le joug des lois matrimoniales (NdT).

l'oncle Abram vivait à dix kilomètres de chez Epps, à Bayou Huff Power. Il avait la permission de lui rendre visite une fois tous les quinze jours. Mais en vieillissant, comme nous l'avons dit, il finit presque par l'oublier. L'oncle Abram n'avait comme temps libre que celui qu'il consacrait à ses méditations sur le général Jackson. Le batifolage conjugal convenait aux jeunes insouciants, mais pas au philosophe grave et solennel qu'il était.

Chapitre XVI

À l'exception de mon séjour à St. Mary et de mon absence durant les saisons de récolte de canne à sucre, je passai toute ma période de captivité à la plantation de maître Epps. Il était considéré comme un planteur modeste. Comme il n'avait pas suffisamment d'ouvriers pour solliciter les services d'un contremaître, il assumait lui-même cette tâche. N'étant pas non plus en mesure d'augmenter sa force ouvrière, il avait pour habitude d'embaucher pendant la frénésie des périodes de récolte de coton.

Dans des propriétés plus grandes, qui employaient cinquante, cent, voire deux cents ouvriers, on estimait qu'un contremaître était indispensable. Ces gentilshommes se déplaçaient dans les champs à cheval, sans exception à ma connaissance, tous armés de pistolets, d'un couteau Bowie, d'un fouet et accompagnés de plusieurs chiens. Ainsi équipés, ils fermaient la marche derrière les esclaves, gardant sur eux un œil attentif. Pour être contremaître, les qualifications requises sont une absence de cœur totale, de la brutalité et de la cruauté. Son seul objectif est d'obtenir de grosses récoltes, peu importe le degré de souffrance infligé, du moment que le but est atteint. La présence des chiens est nécessaire afin d'arrêter un fugitif qui voudrait filer discrètement, comme il arrive parfois lorsqu'un esclave est faible ou malade et qu'il ne peut plus ni tenir sa rangée au champ ni supporter le fouet. On réserve les pistolets aux cas de force majeure. Il est arrivé que leur utilisation soit nécessaire. Poussé à bout, l'esclave se rebelle parfois contre son oppresseur. L'un d'eux tua même son contremaître en janvier dernier. On érigea la potence à Marksville et il y fut exécuté. Cet incident se produisit à quelques kilomètres de la plantation d'Epps sur la Red River. L'esclave avait pour tâche de couper du bois. Au cours de la journée, le contremaître l'envoya faire une course qui prit tant de temps qu'il lui fut impossible de terminer sa tâche. Le lendemain, on lui demanda des comptes, mais on refusa d'accepter comme excuse la perte de temps occasionnée par la course. Il fut donc sommé de s'agenouiller et de se déshabiller afin de recevoir le fouet. Ils étaient seuls dans les bois, personne ne pouvait ni les voir, ni les entendre. Le garçon se soumit jusqu'à ce que l'injustice le rende fou. Et, ivre de douleur, il se releva, saisit une hache et découpa littéralement le contremaître en morceaux. Il ne tenta nullement de dissimuler son geste, se hâta auprès de son maître pour lui raconter ce qui s'était passé et déclara qu'il était prêt à expier ses péchés par le sacrifice de sa vie. On le conduisit à l'échafaud. La corde autour du cou, il garda une attitude décidée et sereine, et employa ses dernières paroles à justifier son acte.

Le contremaître est assisté de surveillants, selon le nombre d'ouvriers au champ. Ce sont des Noirs qui, en plus d'accomplir la même part de travail que les autres, sont obligés de fouetter leurs équipes. Ils portent le fouet autour du cou et, s'ils n'en font pas un usage intensif, ils sont fouettés eux-mêmes. Ils disposent de certains privilèges par rapport aux simples travailleurs. En effet, dans un champ, ces derniers n'ont pas le droit de s'asseoir pour prendre leur déjeuner. Des chariots remplis de galettes de maïs, cuites à la cuisine, traversent le champ à midi. La galette est distribuée par les surveillants et doit être mangée le plus vite possible.

Quand un esclave cesse littéralement de transpirer, ce qui arrive souvent quand on l'use au-delà de ses forces, il s'écroule, inerte. Il revient alors au surveillant de le tirer à l'ombre des plants de coton ou de canne à sucre, ou à celle d'un arbre voisin. Il doit lui verser des seaux d'eau sur le corps ou user de tout autre moyen pour relancer sa transpiration. Quand c'est chose faite, l'esclave est forcé de reprendre sa place et son travail.

Quand je suis arrivé chez Epps à Huff Power, le surveillant était Tom, un des nègres de Roberts. C'était un gars de forte carrure et extrêmement sévère. Quand Epps déménagea à Bayou Bœuf, c'est à moi que cet honneur revint. Jusqu'à mon départ, je dus porter un fouet autour du cou au champ. Je n'osais montrer aucune indulgence en présence d'Epps. Je n'avais pas suffisamment de courage chrétien, contrairement au fameux oncle Tom [1], pour lui tenir tête en refusant d'exécuter ma tâche. J'ai ainsi échappé au calvaire immédiat qu'il a connu et j'ai également épargné à mes camarades une grande souffrance, comme on en aura la preuve par la suite. Je me rendis vite compte qu'Epps, qu'il soit au champ ou ailleurs, nous avait constamment à l'œil. Depuis la véranda, de derrière un arbre voisin ou d'un autre point d'observation caché, il était toujours en train de nous surveiller. Si l'un d'entre nous avait pris du retard ou s'était arrêté de travailler durant la journée, il fallait nous attendre à être réprimandés à notre retour aux baraquements. Comme Epps mettait un point d'honneur à sanctionner toute faute dont il

1. Dans *La Case de l'oncle Tom*, le héros éponyme s'attire la haine de son maître, Simon Legree, en refusant de fouetter un de ses semblables. Pour briser sa résistance et mettre sa foi chrétienne à l'épreuve, ce dernier le bat violemment.

venait à avoir connaissance, non seulement le coupable était sûr d'être fouetté pour sa lenteur, mais moi également, pour l'avoir laissé faire.

D'un autre côté, l'homme était satisfait s'il m'avait vu utiliser copieusement mon fouet. Qu'il est vrai l'adage qui affirme que c'est « par l'entraînement qu'on atteint la perfection [1] » ! Et durant mes huit années d'expérience comme surveillant, j'ai appris à manier le fouet avec une dextérité et une précision incroyables, le claquant à un millimètre du dos de l'esclave, de son oreille, de son nez, sans pour autant jamais le toucher. Si on voyait Epps au loin, ou qu'on avait des raisons de craindre qu'il rôde dans le coin, je me mettais à jouer du fouet vigoureusement. Comme convenu au préalable, les esclaves se tordaient alors et hurlaient de douleur, alors qu'en réalité aucun d'entre eux n'avait été seulement effleuré. Patsey n'hésitait pas, en présence d'Epps, à marmonner assez fort pour qu'il l'entende se plaindre de Platt qui les fouettait constamment. L'oncle Abram, avec cet air d'honnêteté qui lui était propre, allait jusqu'à déclarer que je leur donnais une plus violente correction que celle que le général Jackson avait donnée à l'ennemi à La Nouvelle-Orléans. Si Epps n'était ni ivre ni d'humeur violente, cela suffisait généralement à le satisfaire. S'il l'était, au moins l'un d'entre

1. « Practice makes perfect » est un proverbe anglais.

nous devait souffrir, c'était évident. Ses accès de violence devenaient parfois dangereux, mettant en péril la vie de son bétail humain. Cet ivrogne dément entreprit un jour, pour se distraire, de me trancher la gorge.

Il était allé à Holmesville assister à une partie de chasse, et aucun d'entre nous n'avait remarqué qu'il était rentré. Je m'affairais à côté de Patsey quand celle-ci me dit soudain à voix basse :

« Platt, t'as vu que la vieille tête de cochon m'appelle ? »

Jetant un regard de côté, je le vis au bord du champ, s'agitant et grimaçant comme il en avait l'habitude quand il était à moitié saoul. Consciente de ses intentions lubriques, Patsey se mit à pleurer. Je lui murmurai de ne pas lever les yeux, de faire comme si elle ne l'avait pas vu et de continuer à travailler. Cependant, soupçonnant le subterfuge, il se précipita rageusement vers moi en titubant.

« Qu'est-ce que tu as dit à Pats ? » demanda-t-il en jurant.

Je répondis de façon évasive, ce qui n'eut pour effet que d'accroître son énervement.

« Dis-moi, depuis quand c'est toi le patron dans cette plantation, foutu négro ? m'interrogea-t-il avec un ricanement malicieux, tandis qu'il saisissait le col de ma chemise d'une main et qu'il plongeait l'autre dans sa poche. Je vais te couper ta gorge de Noir, moi, voilà ce que je vais faire », dit-il en sortant son couteau de sa poche.

Incapable de l'ouvrir d'une seule main, il prit la lame entre ses dents, je le vis sur le point de réussir et voulus lui échapper. Il était évident, vu son état, qu'il ne plaisantait absolument pas. Ma chemise était ouverte sur le devant et, comme je me retournais et bondissais loin de lui, il maintint sa prise et je me retrouvai torse nu. Lui échapper fut ensuite facile. Il me courut après jusqu'à perdre le souffle, s'arrêta pour le reprendre, jura et se lança à nouveau à ma poursuite. Tantôt il me donnait l'ordre de venir à lui, tantôt il essayait de m'amadouer, mais je m'efforçai de garder entre nous deux une distance raisonnable. Nous fîmes ainsi plusieurs fois le tour du champ, lui se jetant sur moi désespérément, et moi l'évitant à chaque fois, plus amusé qu'effrayé, car je savais qu'une fois sa sobriété retrouvée, il rirait lui-même de ses propres sottises d'ivrogne. Je finis par apercevoir la maîtresse qui se tenait près de la barrière de la cour, observant nos jeux mi-sérieux, mi-comiques. Je le contournai et courus directement vers elle. Epps l'aperçut mais ne me suivit pas. Il resta au champ encore une heure, durant laquelle je demeurai aux côtés de la maîtresse, après lui avoir raconté les détails de ce qui s'était passé. C'était elle, désormais, qui était en colère, accusant presque autant Patsey que son mari. Epps finit par se diriger vers la maison, ses esprits à peu près retrouvés, marchant penaud, les mains derrière le dos, et tentant d'avoir l'air aussi innocent qu'un enfant.

Néanmoins, quand il s'approcha de sa femme, elle le tança vertement, le couvrit d'épithètes plutôt irrespectueuses et lui demanda pourquoi il avait voulu me trancher la gorge. Epps feignit l'incompréhension et, à mon grand étonnement, jura sur tous les saints du calendrier qu'il ne m'avait pas adressé la parole ce jour-là.

« Platt, espèce de négro menteur, vrai ou pas ? » me demanda-t-il sans honte.

Il est dangereux de contredire son maître, même quand on dit la vérité. Je restai donc silencieux puis retournai aux champs. Epps entra dans la maison. On ne mentionna plus jamais l'affaire.

Peu après cet événement, un autre surgit, qui faillit dévoiler le secret de ma véritable identité et de mon histoire que j'avais si longtemps veillé à dissimuler – secret dont, j'en étais convaincu, dépendait mon évasion finale. Quelque temps après m'avoir acheté, Epps me demanda si je savais lire et écrire. Quand je lui répondis par l'affirmative, il s'empressa de m'assurer que, si jamais il me surprenait avec un livre, une plume ou de l'encre, il me donnerait cent coups de fouet. Il m'ordonna de bien me mettre dans la tête qu'il achetait des « négros » pour les faire travailler et non pas pour les éduquer. Il ne posa jamais aucune question sur mon passé, ou mon pays natal. À l'inverse, madame, elle, m'interrogeait souvent sur Washington, censée être la ville d'où je venais. Elle me fit plusieurs fois remarquer que je n'étais pas comme les autres « négros », que je ne parlais pas comme eux, et qu'elle était convaincue que j'en savais plus que ce que je voulais bien admettre.

Mon plus grand dessein était de trouver le moyen de faire parvenir secrètement au bureau de poste une lettre que j'aurais adressée à mes amis ou à ma famille du Nord. Seul quelqu'un qui connaît les restrictions sévères qui m'étaient imposées peut comprendre la difficulté d'une telle tâche. D'abord, je n'avais ni encre ni papier. Tout cela m'était interdit. Ensuite, un esclave ne peut pas quitter sa plantation sans laissez-passer, et un postier n'enverra pas de lettre pour lui sans autorisation écrite de son propriétaire. J'ai passé neuf ans en esclavage, toujours à l'affût de la moindre opportunité, avant de réussir à me procurer une feuille de papier. Un hiver, alors qu'Epps s'était rendu à La Nouvelle-Orléans pour vendre son coton, la maîtresse m'envoya à Holmesville pour faire quelques courses, et notamment du papier ministre. J'en subtilisai une feuille que je cachai dans ma case, sous la planche qui me servait de lit.

Après plusieurs tentatives, je réussis à confectionner de l'encre en faisant bouillir de l'écorce d'érable. Avec une plume arrachée à l'aile d'un canard, je me fabriquai de quoi écrire. Une nuit, quand tous ceux qui partageaient ma case se furent endormis, à la lumière des braises, couché sur ma planche, je fus en mesure d'écrire une lettre assez longue. Elle s'adressait à l'une de mes vieilles connaissances de Sandy Hill. Je lui expliquai ma situation et l'exhortai à prendre au plus vite des mesures afin de me faire recouvrer la liberté. Je gardai longtemps cette lettre, élaborant des plans pour la déposer sans encombre à la poste. Un jour, un homme fruste du nom d'Armsby, que je n'avais jamais vu auparavant, arriva dans la région. Il cherchait un poste de contremaître. Il se présenta chez Epps et travailla à la plantation durant quelques jours. Il se rendit ensuite chez Shaw, à côté, où il resta plusieurs semaines. Shaw s'entourait généralement de personnages médiocres, étant lui-même un joueur invétéré et un homme de peu de principes. Il avait épousé son esclave Charlotte et une ribambelle de jeunes mulâtres grandissait dans sa maison. Armsby finit par se retrouver acculé financièrement au point d'être obligé de travailler avec les esclaves. Un homme blanc qui œuvre au champ est un spectacle rare et inhabituel à Bayou Bœuf. Désireux de m'en faire un ami assez proche pour pouvoir lui confier la lettre, je ne perdais pas une occasion de discuter avec lui. Il m'avait dit s'être rendu plusieurs fois à Marksville, une ville qui se trouvait à une trentaine de kilomètres. Je me dis que c'était là-bas qu'il fallait poster la lettre.

Je réfléchis longuement à la meilleure façon d'aborder le sujet avec lui. Je décidai finalement de lui demander simplement s'il pouvait déposer une lettre pour moi à la poste de Marksville, la prochaine fois qu'il s'y rendrait, sans lui dire pour autant ce que la lettre contenait. Je craignais en effet qu'il me trahisse et je savais qu'une compensation financière serait nécessaire afin d'acheter sa confiance en toute sécurité. Une nuit, vers 1 heure du matin, je sortis sans bruit de ma case et traversai le champ pour rejoindre la maison de Shaw. Armsby dormait dans la véranda. Je n'avais que quelques *picayunes* – les fruits de mes prestations au violon –, mais je lui promis tout ce que j'avais au monde s'il acceptait de me rendre ce service. Et, s'il ne pouvait pas me l'accorder, je le suppliai de n'en parler à personne. Il me jura, sur l'honneur, qu'il déposerait la lettre au bureau de poste de Marksville et qu'il emporterait mon secret avec lui dans la tombe. Bien qu'ayant la lettre dans ma poche à ce moment-là, je n'osai pas la lui donner et lui dis que je l'aurais écrite d'ici deux à trois jours. Je lui souhaitai une bonne nuit et retournai dans ma case. Je n'arrivais pas à me défaire de mes soupçons. Je ne dormis pas de la nuit, ne faisant que penser à la façon la plus sûre de procéder. J'étais prêt à prendre les risques les plus grands pour parvenir à mes fins, mais si la lettre tombait entre les mains d'Epps, cela aurait sonné le glas de toutes mes ambitions. J'étais « égaré à l'extrême [1] ».

1. Cf. Shakespeare, *Othello*, acte V, scène 2 (NdT).

Mes soupçons étaient bien fondés, comme le prouva la suite. Le surlendemain, alors que je m'affairais au champ de coton, Epps s'assit sur la barrière qui séparait la plantation de Shaw et la sienne, et nous regarda travailler. Armsby apparut aussitôt et s'assit à côté de lui. Ils restèrent ainsi deux ou trois heures, durant lesquelles je tremblai de peur.

Ce soir-là, alors que je faisais bouillir mon lard, Epps entra dans ma case, un fouet à la main.

« Eh ben, mon garçon, j'ai appris que j'avais un négro savant, qui écrit des lettres et qui demande aux Blancs de les poster. J'me demandais si tu savais qui c'était. »

Mes craintes les plus grandes se concrétisaient. Et, bien que cela ne soit pas très honorable, même dans ces circonstances, j'eus recours à la manipulation et au mensonge. C'était mon seul refuge possible.

« Je suis au courant de rien, maître Epps, répondis-je, feignant l'ignorance et la surprise. De rien du tout, monsieur.

– T'étais pas chez Shaw avant-hier soir ? me demanda-t-il.

– Non, maître, répondis-je.

– T'as pas demandé à ce gars, Armsby, de poster une lettre pour toi à Marksville ?

– Mon Dieu, maître ! Je lui ai pas adressé plus de deux mots de toute ma vie. Je vois pas de quoi vous voulez parler.

– Bien, continua-t-il, Armsby m'a dit aujourd'hui qu'il y avait un diable parmi mes négros, qu'il fallait le surveiller de près ou il s'enfuirait. Quand je lui ai demandé pourquoi il disait ça, il m'a dit que t'étais allé chez Shaw, que tu l'avais réveillé au milieu de la nuit et que tu voulais qu'il porte une lettre à Marksville. Qu'est-ce que tu réponds à ça, hein ?

– Tout ce que j'ai à dire, maître, c'est qu'il y a rien de vrai là-dedans. Comment est-ce que je pourrais écrire une lettre, sans encre et sans papier ? J'ai personne à qui écrire, j'ai aucun ami au monde, à ce que je sache. On raconte qu'Armsby est un menteur et un ivrogne, personne ne croit ce qu'il dit de toute façon. Vous savez que je dis toujours la vérité, et que j'ai jamais quitté la plantation sans un laissez-passer. Et puis, je vois clair dans le jeu d'Armsby, maître, très clair. Est-ce qu'il ne voulait pas que vous l'engagiez comme contremaître ?

– Oui, il voulait que je l'engage, répondit Epps.

– Eh bien voilà, il veut vous faire croire qu'on va tous s'enfuir et il pense que, comme ça, vous engagerez un contremaître pour nous surveiller. Il a juste monté cette histoire de toutes pièces pour obtenir le poste. C'est un mensonge, maître, croyez-moi. »

Epps réfléchit un instant, de toute évidence impressionné par la crédibilité de ma théorie, et s'exclama :

« Bon Dieu, Platt, j'crois bien que tu dis la vérité. Il doit me prendre pour un idiot s'il croit qu'il peut venir à moi avec ces bobards, hein ? Il croit pouvoir me tromper, il se dit sûrement que j'y connais rien, que je sais pas m'occuper de mes propres négros. "Oh ! Cette bonne vieille pâte d'Epps", hein ! Ah ah ah ! Foutu Armsby ! On va lâcher les chiens après lui, Platt. »

Epps sortit de la case, avec bien d'autres commentaires sur Armsby en général, et sur sa capacité à mener son affaire et à s'occuper de ses « négros ». Dès qu'il fut parti, je jetai la lettre au feu. Et c'est le cœur abattu et désespéré que je regardai la missive qui m'avait coûté tant de calculs et d'angoisses, et dont j'avais tant espéré qu'elle me guiderait vers la liberté, se tordre et flétrir sur son lit de braises, jusqu'à disparaître en fumée et en cendres. Armsby, ce misérable traître, fut chassé de la plantation de Shaw peu de temps après. J'en fus soulagé, car je craignais qu'il ne revienne sur le sujet et ne réussisse peut-être à convaincre Epps de sa bonne foi.

Je ne savais plus où chercher mon salut. L'espoir n'était né dans mon cœur que pour y être flétri et brisé. L'été de ma vie touchait à sa fin, je me sentais vieillir prématurément. Je savais que quelques années de plus, le travail sans relâche, la tristesse et les miasmes toxiques des marais auraient raison de moi, qu'ils me condamneraient à l'étreinte de la tombe, où je moisirais dans l'oubli. Rejeté, trahi et isolé, n'ayant plus aucun espoir d'être secouru, je n'eus d'autre choix que de me coucher sur le sol et gémir dans une indicible angoisse. Cette lueur d'espoir, l'idée qu'on vienne me secourir, avait été mon seul réconfort. Elle tremblait désormais, estompée et faible. Encore une déception et elle s'éteindrait une fois pour toutes, me laissant avancer à tâtons dans les ténèbres jusqu'à la fin de mes jours.

Chapitre XVII

Je laisse de côté de nombreuses anecdotes sans intérêt pour le lecteur pour en arriver à l'année 1850, qui fut particulièrement malheureuse pour Wiley, le mari de Phebe, lequel, en raison de sa nature silencieuse et réservée, est jusqu'ici resté en marge de notre récit. Bien que peu bavard et vivant dans son petit monde obscur sans jamais se plaindre, ce « négro » taciturne était néanmoins de nature sociable et chaleureuse. Son indépendance excessive le poussa, une nuit, au mépris de l'avis de l'oncle Abram et des conseils de sa femme, à rendre visite à une case voisine sans laissez-passer.

Il était en si plaisante compagnie qu'il ne vit pas les heures passer, et le soleil se leva avant qu'il ne s'en rende compte. Il se hâta de rentrer et espérait atteindre les baraquements avant le son du cor mais il fut, hélas, repéré sur la route par une patrouille.

Je ne sais pas comment les choses se passent dans les autres terres sinistres où l'esclavage a cours mais, à

Bayou Bœuf, il existe une organisation de patrouilleurs, comme on les appelle, dont la tâche est d'arrêter et de fouetter tout esclave qu'ils surprennent en train d'errer en dehors de sa plantation. Menés par un capitaine, ils se déplacent à cheval, sont armés et accompagnés de chiens. Ils ont le droit, légalement ou par accord tacite, d'infliger la punition de leur choix à tout homme noir surpris en dehors des limites de la propriété de leur maître sans laissez-passer, et même de lui tirer dessus s'il tente de s'échapper. On assigne un périmètre à couvrir à chaque équipe, qui reçoit une compensation de la part des planteurs, laquelle est calculée en fonction du nombre d'esclaves que ces derniers possèdent. On peut entendre le bruit des sabots de leurs chevaux fouler la terre à tout moment de la nuit et on les aperçoit souvent qui courent après un esclave ou le traînent, la corde autour du cou, vers la plantation de son maître.

Quand il croisa l'une de ces patrouilles, Wiley s'enfuit, pensant qu'il pouvait atteindre sa case avant qu'on le rattrape, mais un de leurs chiens, un grand limier vorace, le saisit par la jambe et l'immobilisa. Les patrouilleurs le fouettèrent sévèrement et le ramenèrent prisonnier à Epps. De ce dernier il reçut une autre volée, encore plus sévère. Entre les entailles du fouet et les morsures du chien, son corps fut si meurtri, endolori et brisé qu'il était presque incapable de bouger. Dans un tel état, il lui était impossible de tenir son rang au champ. Par conséquent, il n'était pas une heure dans la journée où le fouet de son maître ne s'abattait sur le dos écorché et ensanglanté de Wiley. Ses souffrances devinrent intolérables, et il décida finalement de s'enfuir. Sans rien dévoiler de ses intentions, pas même à sa femme Phebe, il élabora un plan. Après avoir cuit toute sa ration hebdomadaire de nourriture, il quitta sa case avec précaution un dimanche soir, une fois que tout le monde fut endormi. Quand le cor sonna au matin, Wiley manquait à l'appel. On le chercha dans les baraquements, dans la grange à maïs, à la cotonnerie et dans les moindres recoins du domaine. Nous fûmes interrogés, chacun à notre tour, sur tout ce que nous savions qui aurait pu expliquer sa disparition soudaine ou indiquer l'endroit où il se trouvait. Epps explosa de colère et le chercha partout. Ses recherches furent vaines. Il n'y avait aucun indice, rien qui puisse dire ce qu'il était advenu du fugitif. On emmena les chiens au marais, mais ils furent incapables de retrouver sa trace. Ils tournèrent en rond dans la forêt, la truffe collée au sol, mais revinrent invariablement, peu après, à leur point de départ.

Wiley s'était enfui. Il l'avait fait en secret et si précautionneusement qu'il avait réussi à brouiller toutes les pistes. Les jours et les semaines passèrent, on n'eut aucune nouvelle de lui. Epps ne cessa de jurer et de le maudire. C'était le seul sujet de conversation des esclaves quand ils étaient seuls. On élabora de nombreuses théories : il s'était noyé dans un marais, vu qu'il ne savait pas bien nager, peut-être avait-il été dévoré par les alligators, ou piqué par un mocassin venimeux, dont la morsure est synonyme de mort immédiate. Nos pensées affectueuses allaient toutes vers le pauvre Wiley, où qu'il soit. L'oncle Abram pria maintes fois avec gravité pour que le vagabond soit sain et sauf.

Trois semaines environ passèrent et tout espoir de le revoir un jour fut abandonné. Quelle ne fut pas notre surprise de le voir arriver un matin ! Il nous raconta que, après s'être enfui, il avait d'abord voulu rejoindre la Caroline du Sud pour retrouver les baraquements de maître Buford. Il s'était caché toute la journée, parfois dans les branches d'un arbre, puis il avait rejoint les marais à la nuit tombée. Un matin, à l'aube, il avait fini par atteindre le rivage de la Red River. Il se tenait sur le bord en se demandant comment il allait bien pouvoir traverser, quand un homme blanc l'accosta et lui demanda son laissez-passer. Il n'en avait évidemment pas et, comme il n'y avait aucun doute sur son statut de fugitif, on l'emmena à Alexandria, la ville principale du comté de Rapides, où on l'enferma en prison. Quelques jours plus tard, Joseph B. Roberts, l'oncle de maîtresse Epps, qui se trouvait à Alexandria, le reconnut alors qu'il visitait la prison. Wiley avait travaillé sur sa plantation à l'époque où Epps résidait à Huff Power. Il paya sa caution et lui écrivit un laissez-passer, ainsi qu'une note à l'intention d'Epps, lui demandant de ne pas fouetter Wiley à son retour. Puis il renvoya ce dernier à Bayou Bœuf. C'est l'espoir de cette requête – Roberts lui avait assuré que son maître la respecterait – qui le conforta lorsqu'il s'approcha de la maison. La requête fut cependant, comme on pouvait s'en douter, totalement ignorée. Après trois jours d'attente, Wiley fut déshabillé et contraint d'endurer le châtiment inhumain auquel le pauvre esclave est souvent soumis. Ce fut la première et dernière tentative d'évasion de Wiley. Les longues cicatrices sur son dos, qui devaient le suivre jusqu'à la tombe, lui rappelèrent pour le restant de ses jours les risques d'une telle démarche.

Il n'y eut pas un jour durant les dix années où j'appartins à Epps où je n'aie pas pensé à m'échapper. J'élaborais de nombreux plans, que je considérais à l'époque comme excellents, mais qui furent tous abandonnés les uns après les autres. Aucun homme, à moins qu'il ait connu cette situation, ne peut se douter des milliers d'obstacles qui parsèment le parcours de l'esclave en fuite. Les mains de tous les hommes blancs se lèvent sur lui, les patrouilleurs le poursuivent, les chiens sont sur ses traces, et la nature de ce pays le rend impossible à traverser sans danger. J'étais cependant certain qu'un jour viendrait où je courrais à nouveau à travers les marais. Je me dis qu'il fallait que je sois prêt à affronter les chiens dans cette course, s'ils venaient à me poursuivre. Epps en possédait plusieurs, dont un chasseur d'esclaves renommé, le plus féroce et le plus sauvage de son espèce.

Lors de mes promenades pour chasser le raton laveur ou l'opossum, je ne perdais jamais une occasion, si j'étais seul, de les fouetter sévèrement. Je réussis ainsi à force à les soumettre complètement. Ils me craignaient et obéissaient immédiatement à ma voix, quand les autres n'avaient sur eux aucune autorité. J'étais convaincu que, si on les lançait à ma poursuite et qu'ils me rattrapaient, ils n'oseraient pas m'attaquer.

Bien qu'ils aient la certitude d'être rattrapés, les fugitifs peuplent continuellement les bois et les marais. Nombre d'entre eux, lorsqu'ils sont malades ou exténués au point de ne plus pouvoir assurer leurs tâches, s'enfuient dans les marais, quitte à subir la punition qui leur sera infligée pour une telle faute, dans le seul but d'obtenir un ou deux jours de repos.

Durant mon séjour chez Ford, je fus sans le vouloir à l'origine de la découverte d'une demi-douzaine de fugitifs qui se cachaient dans Great Pine Woods. Adam Taydem m'envoyait régulièrement des moulins au domaine pour faire des courses. Le chemin pour s'y rendre traversait une épaisse forêt de pins. Vers 22 heures, par une belle nuit claire, alors que je rentrais par la route du Texas, transportant un cochon dans un sac jeté sur mon épaule, j'entendis des pas derrière moi. Je me retournai et vis deux hommes noirs en tenue d'esclave s'approcher à grands pas. Quand ils furent à ma hauteur, l'un d'eux leva une massue pour me frapper et l'autre tenta de m'arracher mon sac. Je réussis à les éviter tous les deux, me saisis d'un bout de bois et frappai la tête de l'un d'eux avec tant de force qu'il tomba au sol, apparemment inconscient. À ce moment-là, deux autres hommes apparurent au bord de la route. Je réussis cependant à les esquiver avant qu'ils ne m'attrapent, pris mes jambes à mon cou, apeuré que j'étais, et courus jusqu'aux moulins. Quand Adam fut mis au courant, il courut directement au village indien, réveilla Cascalla et plusieurs de sa tribu. Ils se lancèrent à la poursuite des hommes de la route du Texas. Je les accompagnai à l'endroit où avait eu lieu l'attaque. On y découvrit une mare de sang au milieu de la route, là où l'homme que j'avais frappé avec le bout de bois était tombé. Après avoir soigneusement inspecté les bois pendant un long moment, l'un des hommes de Cascalla remarqua de la fumée qui montait à travers les pins. On encercla l'endroit avec précaution et tous les hommes furent faits prisonniers. Ils s'étaient échappés d'une plantation des environs de Lamourie et se cachaient là depuis trois semaines. Ils n'avaient eu aucune intention de me faire du mal, ils voulaient juste me faire peur pour me dérober mon cochon. Ils m'avaient aperçu marchant vers chez Ford à la tombée de la nuit. Se doutant de la nature de ma course, ils m'avaient suivi, m'avaient vu abattre et préparer le porc puis revenir. Ils étaient affamés, et c'était par nécessité qu'ils en étaient venus à une telle extrémité. Adam les conduisit à la prison locale et fut généreusement récompensé.

Il arrive souvent que le fugitif perde la vie en tentant de s'échapper. Les terres d'Epps étaient délimitées en partie par celles de Carey, une immense plantation de canne à sucre. Carey récolte au moins six cents hectares de canne par an et conditionne deux mille deux cents ou deux mille trois cents tonneaux de sucre, sachant que l'on compte en général un tonneau pour un demi-hectare. Il cultive en outre un peu plus de deux cents hectares de maïs et de coton. L'année dernière, il possédait cent cinquante-trois ouvriers aux champs et à peu près autant d'enfants. Il embauche chaque année une horde d'esclaves supplémentaires durant la haute saison.

Il avait parmi ces nègres surveillants un garçon intelligent et agréable, du nom d'Augustus. Pendant les jours chômés, et parfois lorsque je travaillais dans le champ voisin, j'eus l'occasion de discuter avec lui, et nous finîmes par avoir l'un pour l'autre une affection chaleureuse et mutuelle. Il y a maintenant deux étés de cela, Augustus eut le malheur de déplaire au contremaître, une brute grossière et sans cœur, qui le fouetta violemment. Augustus s'enfuit. Il se cacha sous un tas de cannes à sucre de la plantation de Hawkins. Presque tous les chiens de Carey étaient à sa poursuite, jusqu'à quinze d'entre eux, et l'odeur de ses pas les conduisit vite jusqu'à sa cache. Ils entourèrent la pile, aboyèrent et grattèrent, sans parvenir à l'atteindre. Alertés par le cri des chiens, les poursuivants arrivèrent aussitôt. Le contremaître grimpa sur le tas, en extirpa Augustus et le jeta au sol. Alors toute la meute se jeta sur lui et, avant même qu'on puisse les frapper pour qu'ils arrêtent, les chiens avaient mordu et mutilé son corps de façon effroyable ; leurs crocs avaient pénétré jusqu'à l'os à cent endroits différents. On le releva, on l'attacha à une mule et on le ramena à la maison. Mais ce fut la dernière épreuve qu'endura Augustus. Il survécut jusqu'au jour suivant, puis la mort charitable vint emporter le malheureux garçon, le délivrant enfin de ses souffrances.

À l'instar de leurs camarades masculins, les femmes elles aussi tentaient parfois de s'enfuir. Nelly, une fille d'Eldret avec qui j'avais travaillé à la scierie de Big Cane Brake, resta cachée, couchée dans le hangar à maïs d'Epps, pendant trois jours. La nuit, quand les maîtres dormaient, elle se faufilait aux baraquements pour voler un peu de nourriture et revenait au hangar. Tout le monde s'accorda à dire que cette situation était trop dangereuse pour nous tous, et elle finit par rejoindre sa case.

Mais l'exemple le plus remarquable d'évasion réussie, malgré les chiens et les chasseurs, fut le suivant. Il y avait parmi les esclaves de Carey une fille appelée Celeste. Elle avait dix-neuf ou vingt ans et était bien plus blanche que son propriétaire ou qu'aucun de ses enfants. Il fallait observer ses traits avec une extrême attention pour déceler chez elle la moindre trace de sang africain. Un étranger n'aurait jamais pu imaginer qu'elle était la descendante d'un esclave. Un soir, tard, j'étais assis dans ma case et jouais un air lent sur mon violon, quand la porte s'ouvrit doucement pour laisser apparaître Celeste. Elle était pâle et hagarde.

Je n'aurais pas été plus décontenancé si un fantôme avait surgi de terre.

« Qui es-tu ? demandai-je après l'avoir regardée quelques secondes.

– J'ai faim. Donne-moi du lard », répondit-elle.

J'ai d'abord pensé qu'il s'agissait d'une jeune maîtresse qui avait perdu la tête et qui, après s'être échappée de chez elle, errait sans savoir où, et que le son du violon avait attirée jusqu'à ma case. Mais la robe de coton grossière qu'elle portait, typique des esclaves, balaya vite cette idée.

« Comment t'appelles-tu ? demandai-je à nouveau.

– Je m'appelle Celeste, répondit-elle, j'appartiens à Carey et cela fait deux jours que j'erre parmi les palmiers. Je suis malade et je ne peux pas travailler, mais je préfère mourir dans les marais plutôt que sous les coups de fouet du contremaître. Les chiens de Carey ne me suivront pas. Ils ont bien essayé de les lancer à ma poursuite mais il y a un secret entre eux et moi, et ils n'obéiront pas aux ordres diaboliques du contremaître. Donne-moi de la viande, je meurs de faim. »

Je partageai ma maigre ration avec elle et, ce faisant, elle me raconta comment elle avait réussi à s'échapper, et me décrivit l'endroit où elle s'était cachée. Au bord du marais, à un peu moins d'un kilomètre de la maison d'Epps, se trouvait une grande étendue de terrain, des centaines d'hectares recouverts de palmiers. C'étaient de grands arbres, dont les longues branches s'entremêlaient pour former une canopée si dense que même le soleil ne la traversait pas. C'était comme un crépuscule permanent, même au moment le plus ensoleillé de la journée. Au centre de cette vaste étendue, dont les serpents étaient les seuls habitants, dans un coin sombre et solitaire, Celeste avait construit une hutte sommaire avec des branches mortes et des feuilles de palmier. C'est là qu'elle avait élu domicile. Elle n'avait pas peur des chiens de Carey, pas plus que je ne craignais ceux d'Epps. C'est un fait que je n'ai jamais pu expliquer, mais il existe des personnes dont les chiens refusent catégoriquement de suivre les traces. Celeste était l'une d'elles.

Elle revint à ma case chercher de la nourriture plusieurs nuits d'affilée. Une fois, notre chien aboya alors qu'elle approchait, ce qui réveilla Epps et l'incita à faire une ronde sur le domaine. Il ne la découvrit pas, mais on jugea après cet incident qu'il serait imprudent qu'elle revienne dans la cour. On décida d'opérer différemment : le soir, quand tout était silencieux, je déposais des provisions à un endroit convenu et elle venait ensuite les récupérer.

C'est ainsi que Celeste passa la majeure partie de l'été. Elle recouvra la santé, devint robuste et vigoureuse. Le long du rivage des marais, on peut entendre les hurlements des animaux sauvages la nuit tout au long de l'année. Ils lui firent plusieurs visites nocturnes, la tirant de son sommeil par un grognement. Terrifiée par ces entrevues déplaisantes, elle se résolut à abandonner sa demeure solitaire et retourna, par conséquent, auprès de son maître. On l'attacha par le cou au pilori, elle fut sévèrement punie, puis renvoyée aux champs.

L'année précédant mon arrivée dans la région, il y eut une révolte concertée parmi un certain nombre d'esclaves de Bayou Bœuf qui se termina, c'est peu de le dire, de façon tragique. Je suppose que même le journal en a parlé à l'époque ; mais tout ce que je sais de l'affaire, c'est ce que m'en ont raconté les témoins de l'époque, ceux qui étaient aux premières loges de toute cette ébullition. Cette histoire ne manque jamais de susciter l'intérêt des esclaves du bayou, et elle sera transmise, sans aucun doute, aux générations futures comme un important fait d'armes. Lew Cheney, dont je fis plus tard la connaissance, était un nègre ingénieux et rusé, plus intelligent que la plupart des siens, mais sans scrupule et prêt à toute trahison. Il se mit en tête de former un bataillon assez conséquent pour faire face à toute opposition et rejoindre les terres voisines du Mexique.

On sélectionna comme point de ralliement un endroit reculé, loin dans les profondeurs du marais, derrière la plantation de Hawkins. Lew allait d'une plantation à l'autre, au milieu de la nuit, prêchant sa croisade mexicaine et, tel Pierre l'Ermite [1], provoquait

---

1. Religieux français du XIe siècle qui organisa l'une des grandes croisades.

une ferveur enthousiaste partout où il apparaissait. Il finit par rallier de nombreux fugitifs, qui cachèrent dans les bois des mules volées, du maïs récolté aux champs et du lard chipé dans le fumoir. Le convoi était prêt à partir quand leur cache fut découverte. Lew Cheney, prenant conscience de l'échec imminent de son projet, et afin de s'assurer les faveurs de son maître et d'éviter les conséquences qu'il prévoyait aisément, décida délibérément de sacrifier ses compagnons. Il quitta secrètement le camp, rapporta aux planteurs le nombre d'hommes rassemblés dans le marais et, au lieu de dire honnêtement quel avait été leur vrai dessein, affirma qu'ils avaient eu l'intention de sortir de leur cache à la première occasion favorable et d'assassiner chaque personne de race blanche le long du marais.

Cette nouvelle, amplifiée par le bouche-à-oreille, sema la terreur dans toute la région. Les évadés furent encerclés et faits prisonniers, on les enchaîna et on les conduisit à Alexandria, où ils furent pendus publiquement. Non seulement eux, mais aussi un grand nombre de suspects, quoique complètement innocents, furent arrêtés dans les champs ou les cases. Sans le moindre procès ni une quelconque forme de jugement, on les pressa vers le gibet. Les planteurs de Bayou Bœuf finirent par s'insurger eux-mêmes de cette atteinte inconsidérée portée contre leur propriété. Mais il fallut attendre qu'un régiment de soldats en provenance d'un fort de la frontière texane arrive, détruise la potence et ouvre les portes de la prison d'Alexandria, pour que cessent ces meurtres aveugles. Lew Cheney s'en tira sans dommages et fut même récompensé pour sa trahison. Il vit toujours aujourd'hui, mais son nom est méprisé et honni par tous ceux de sa race dans les villes des comtés de Rapides et d'Avoyelles.

L'idée de l'insurrection n'est cependant pas nouvelle parmi les esclaves de Bayou Bœuf. J'ai, plus d'une fois, pris part à des conversations sérieuses sur le sujet et je crois même que, parfois, un mot de ma part aurait suffi à convaincre de se rebeller des centaines de mes compagnons de servitude.

Nous n'avions ni armes ni munitions et, même si nous en avions eu, j'étais convaincu que notre démarche était vouée à l'échec, au désastre et à la mort, et je me suis toujours prononcé contre.

Je me rappelle tous les espoirs extravagants qui furent entretenus pendant la guerre du Mexique [1]. Les nouvelles de victoires emplissaient de joie la grande maison, mais ne produisaient que tristesse et déception dans les baraquements. Selon moi – et j'ai eu moi-même l'occasion d'éprouver ce sentiment –, il n'y aurait pas eu cinquante esclaves, sur les rives de Bayou Bœuf, qui ne se soient immensément réjouis de l'arrivée d'une armée étrangère.

---

1. Conflit qui opposa les États-Unis au Mexique de 1846 à 1848, déclenché lors de l'annexion du Texas par l'Union. Les États-Unis en sortirent vainqueurs.

Comme ils se trompent, ceux qui se flattent de penser que l'esclave ignorant et avili n'a pas conscience de l'ampleur des torts qu'on lui cause ! Comme ils se trompent, ceux qui s'imaginent que, quand il se relève après avoir été à genoux, son dos lacéré et en sang, il n'a en lui que des sentiments de soumission et de pardon ! Un jour viendra, peut-être – il viendra, si les prières de l'esclave sont entendues –, un terrible jour de vengeance, où le maître à son tour criera grâce en vain.

Chapitre XVIII

Comme nous l'avons raconté dans le chapitre précédent, Wiley souffrait beaucoup entre les mains de maître Epps. Mais, sur ce point, il était à égalité avec ses malheureux compagnons. « Qui aime bien châtie bien [1] » était un proverbe étudié en profondeur par notre maître. Epps était par nature colérique et, quand il explosait, quel qu'en soit le motif, on pouvait être sûr qu'il nous punirait. Les circonstances dans lesquelles je fus fouetté pour l'avant-dernière fois montrent à quel point il suffisait d'un rien pour qu'il sorte son fouet.

1. Le texte anglais dit « Spare the rod », qui est le début d'un proverbe : « Spare the rod and spoil the child » (« Qui refuse d'employer le bâton aura un enfant gâté »).

Un certain monsieur O'Niel, qui habitait dans les environs de Big Pine Woods, voulut m'acheter à Epps. Il était tanneur et corroyeur [1] de métier, dirigeait une affaire importante et voulait m'engager dans l'un de ses établissements. Tante Phebe entendit leur conversation alors qu'elle dressait la table dans la grande maison. Quand elle rentra aux baraquements ce soir-là, la vieille femme courut me voir, dans l'intention, bien sûr, de me faire plaisir avec sa nouvelle. Elle me raconta en détail tout ce qu'elle avait entendu. Tante Phebe faisait partie de ces gens dont les oreilles ne manquent jamais de capter chaque mot d'une conversation tenue en leur présence. Elle insista sur le fait que « maît' Epps allait m'vendre à un tanneur d'Pine Woods » si longuement et si bruyamment qu'elle attira l'attention de la maîtresse, qui écoutait notre conversation depuis la véranda, sans que personne l'ait remarquée.

« Eh bien, tante Phebe, dis-je, j'en suis ravi. Je suis fatigué de ramasser du coton et être tanneur me plairait. J'espère qu'il va m'acheter. »

O'Niel ne fit pas cet achat, cependant, les parties ne s'accordant pas sur le prix, et, le lendemain matin, il rentra chez lui. Il venait de partir quand Epps arriva au champ. Il faut savoir que rien n'irrite plus un maître, Epps tout particulièrement, que l'idée qu'un de ses esclaves soit désireux de le quitter. Sa femme lui avait

1. Artisan qui travaille le cuir.

rapporté l'échange que j'avais eu avec tante Phebe la veille au soir, comme je l'appris ensuite. À son arrivée au champ, Epps marcha droit vers moi.

« Alors comme ça, Platt, on est fatigué d'arracher du coton ? Tu aimerais changer de maître, hein ? T'aimes bien te balader, t'es un voyageur, pas vrai ? Ah ça, oui. T'aimes voyager pour ta santé peut-être ? Tu penses qu'arracher du coton, t'es au-dessus de ça, je suppose. Donc tu te lances dans la tannerie ? C'est un bon métier, un foutu bon métier. En v'là un négro qui a de l'initiative ! J'crois que je vais m'y lancer aussi. Mets-toi à genoux et enlève ta chemise ! J'vais m'essayer à la tannerie. »

Je le suppliai de tout cœur, je m'efforçai de l'amadouer avec des excuses, mais ce fut en vain. Il n'y avait pas d'échappatoire. Je me mis donc à genoux et lui présentai mon dos nu, offert au fouet.

« Alors, t'aimes ça la *tannerie* ? cria-t-il, tandis que le cuir s'abattait sur ma chair. Ça te plaît, la *tannerie* ? » répétait-il à chaque coup. Il me frappa ainsi vingt ou trente fois, prononçant sans cesse le mot « tannerie » d'une façon ou d'une autre. Quand je fus suffisamment « tanné », il m'autorisa à me relever et, avec un rire malicieux, m'assura que, si c'était toujours un commerce qui m'intéressait, il se ferait un plaisir de m'instruire encore dès que je le désirerais. Il souligna que cette séance n'avait été qu'une petite leçon de « tannerie », que la prochaine fois il allait me « corroyer la gueule ».

L'oncle Abram était lui aussi souvent traité avec une grande brutalité, bien qu'il soit l'une des créatures les plus gentilles et les plus loyales au monde. Il fut mon compagnon de case pendant des années. Il y avait sur le visage du vieil homme une expression véritablement bienveillante. Il nous considérait avec une sorte de sentiment paternel et nous donnait toujours des conseils extrêmement profonds et avisés.

Un après-midi, alors que je revenais de la plantation de Marshall où la maîtresse m'avait envoyé faire une course, je trouvai l'oncle Abram étendu sur le sol de la case, ses habits couverts de sang. Il me dit qu'on l'avait poignardé ! Alors qu'il était en train d'étaler le coton pour le faire sécher, Epps, qui s'était rendu à Holmesville pour vendre du coton, était rentré ivre. Il avait trouvé à redire à tout et donné des ordres si contradictoires qu'il était impossible d'en exécuter un seul. L'oncle Abram, dont les facultés s'amenuisaient, s'y perdit et dut commettre une erreur sans gravité particulière. Epps était si en colère que, dans la folie de son ivresse, il se jeta sur le vieil homme et le poignarda dans le dos. La blessure n'était pas belle à voir mais, malgré sa longueur, la lame n'avait pas pénétré assez profondément pour lui être fatale. C'est madame qui recousit la plaie. Elle réprimanda sévèrement son mari, l'accusant non seulement d'être inhumain, mais affirmant aussi qu'à ce rythme il allait plonger leur famille dans la pauvreté, qu'un jour ou l'autre, dans l'un de ses délires d'ivrogne, il allait tuer tous les esclaves de la plantation.

Il lui arrivait également de punir tante Phebe avec une chaise ou un bout de bois. Mais le châtiment le plus cruel que j'aie jamais vu de ma vie, dont la seule évocation me remplit d'effroi, fut celui qu'on infligea à la pauvre Patsey.

Comme nous l'avons vu, la jalousie et la haine de Mme Epps rendaient le quotidien de sa jeune et habile esclave absolument épouvantable. J'ai plaisir à penser que, de nombreuses fois, je permis d'éviter à la pauvre et inoffensive jeune fille d'être punie. En l'absence d'Epps, la maîtresse m'ordonnait souvent de la fouetter sans qu'il y ait eu de sa part la moindre provocation. Je refusais, arguant que je craignais de déplaire à mon maître, et il m'arriva plusieurs fois de protester contre le traitement infligé à Patsey. J'essayais de montrer à madame que Patsey n'était pas responsable des actes qui lui étaient reprochés. C'était une esclave, elle avait suivi les ordres de son maître, c'était lui le seul responsable.

Mais la jalousie, « ce monstre aux yeux verts [1] », finit par pénétrer le cœur d'Epps lui aussi, et il s'unit à la colère de sa femme, faisant de la vie de la jeune fille un festival ininterrompu de misères.

---

1. « Green-eyed monster », expression employée par Shakespeare dans *Othello* (acte III, scène 3) pour désigner la jalousie.

Un dimanche, à la saison du sarclage, il y a peu de temps, nous nous trouvions sur la rive du bayou pour laver nos habits, comme nous en avions l'habitude. Patsey était absente. Epps l'appela plusieurs fois, mais il n'y eut aucune réponse. Personne ne l'avait vue quitter la cour et personne ne savait où elle était allée. Dans les deux heures qui suivirent, on la vit revenir de chez Shaw. Comme nous l'avons évoqué, cet homme, un débauché notoire, n'était pas dans les meilleurs termes avec Epps. Harriet, son épouse noire, connaissait les ennuis de Patsey et se montrait bonne envers elle. Patsey allait donc lui rendre visite dès qu'elle en avait l'occasion. Ces visites n'avaient d'autre motivation que l'amitié qui unissait les deux femmes. Mais Epps finit par devenir soupçonneux, se demandant si une autre passion, plus basse, ne la conduisait pas là-bas et si, plutôt qu'à Harriet, ce n'était finalement pas à ce libertin éhonté qui lui servait de voisin qu'elle allait rendre visite.

Quand elle rentra, Patsey trouva son maître dans une colère noire. Sa violence lui fit peur et elle évita, dans un premier temps, de répondre directement à ses questions, ce qui ne fit que le conforter dans ses soupçons. Elle finit cependant par redresser fièrement la tête et, indignée, nia clairement les faits dont il l'accusait.

« Madame me donne pas de savon pour laver mes affaires, alors qu'elle en donne aux autres, et vous savez pourquoi, dit Patsey. Je suis allée voir Harriet pour qu'elle m'en donne un morceau. »

Elle le sortit de la poche de sa robe et le lui montra.

« C'est pour ça que je suis allée chez Shaw, m'sieur Epps, continua-t-elle, Dieu sait qu'c'est tout.

– Tu mens, espèce de roulure noire ! hurla Epps.

– Non, je mens *pas*, maître. Vous pouvez bien me tuer, ça y changera rien.

– Oh, j'vais t'montrer. J'vais t'apprendre à aller chez Shaw, moi. J'vais te rabattre le caquet », murmura-t-il fermement entre ses dents serrées.

Puis il se tourna vers moi et ordonna que l'on plante quatre piquets dans le sol, désignant du bout de sa botte l'endroit où il les voulait. Quand les piquets furent plantés, il ordonna qu'on la déshabille complètement. On apporta des cordes, et la jeune fille nue fut couchée sur le ventre, ses poignets et ses chevilles fermement attachés à chacun des piquets. Epps alla quérir un grand fouet dans la véranda, il me le tendit et m'ordonna de la fouetter. Aussi épouvantable que cela soit, j'étais contraint de lui obéir. Je ne pense pas qu'il y ait eu ce jour-là, nulle part ailleurs, pareille démonstration de cruauté que celle dont nous fûmes ensuite témoins.

Maîtresse Epps se tenait dans la véranda au milieu de ses enfants et observait la scène avec une satisfaction cruelle. Les esclaves s'étaient regroupés à quelques mètres, et leur visage trahissait la peine que leur cœur ressentait. La pauvre Patsey supplia tant qu'elle put qu'on ait pitié d'elle, mais ses prières furent vaines.

Epps grinçait des dents, trépignait, me hurlait tel un fou de frapper *plus fort*.

« Plus fort ou après c'est ton tour, espèce de vermine ! criait-il.

– Oh pitié, maître ! Oh, ayez pitié ! Oh, mon Dieu ! aidez-moi ! » suppliait Patsey, luttant en vain, sa chair cédant sous les coups de fouet.

Quand je l'eus frappée pas moins de trente fois, je m'arrêtai et me tournai vers Epps, dans l'espoir qu'il en ait eu assez. Mais il m'ordonna de continuer, avec un violent juron et des menaces. Je la frappai dix ou vingt fois encore. Son dos était alors couvert de longues marques qui se croisaient comme les mailles d'un filet. Epps était toujours aussi furieux et enragé, il lui demandait si elle avait toujours l'intention de revoir Shaw, et jurait qu'il la fouetterait jusqu'à ce qu'elle préfère aller en enfer. Je jetai le fouet par terre et refusai de la punir davantage. Il m'ordonna de continuer, me menaçant de me fouetter, moi, plus sévèrement qu'elle si je n'obtempérais pas. Mon cœur se rebella contre l'inhumanité de cette scène, et je refusai catégoriquement de ramasser le fouet. Il s'en saisit lui-même et la frappa avec dix fois plus de force que je ne l'avais fait. Les hurlements et gémissements de douleur de Patsey qu'on torturait se mêlaient aux injures sonores et rageuses d'Epps. Elle était lacérée de partout, je peux même dire sans exagération qu'on l'avait dépecée. Le lasso était trempé de sang, qui coulait le long de ses flancs et s'égouttait sur le sol. Elle finit par cesser de lutter. Sa tête s'enfonça, amorphe, dans la terre. Ses cris et ses supplications diminuèrent progressivement jusqu'à cesser dans un râle étouffé. Elle ne se tordait plus sous le fouet, ne cherchait plus à l'éviter quand il s'abattait sur elle en lui arrachant des lambeaux de chair. Je crus qu'elle était en train de mourir !

C'était le jour du Seigneur. Sous les rayons tièdes du soleil, la campagne était riante, les oiseaux chantaient gaiement sur les branches des arbres. La paix et la joie semblaient régner partout, sauf dans le cœur d'Epps, dans celui de sa victime haletante et dans celui des témoins silencieux qui les entouraient. Les sentiments orageux qui nous animaient tous contrastaient avec la beauté calme et tranquille de cette journée. J'éprouvais pour Epps une haine et une aversion indicibles, et je pensai : « Toi, démon, tôt ou tard, quelque part sur le chemin de la justice éternelle, tu répondras de ce péché ! »

De fatigue, il finit par cesser ses coups de fouet et ordonna à Phebe d'apporter un seau d'eau salée[1]. Après que j'eus soigneusement lavé Patsey, on m'ordonna de la conduire à sa case. Je détachai ses liens et la pris dans mes bras. Elle était incapable de tenir debout et, sa tête sur mon épaule, elle me répéta plusieurs fois, d'une petite voix à peine audible : « Oh,

1. Pour éviter qu'elles s'infectent et que s'y mette la gangrène, les blessures infligées par les coups de fouet étaient frottées de sel.

Platt ! Oh, Platt ! » Rien d'autre. On lui enfila sa robe, mais la toile collait à son dos et fut vite imbibée de sang. On la coucha sur des planches dans la case, où elle resta longtemps, les yeux fermés, à gémir de souffrance. Le soir, Phebe appliqua du suif fondu sur ses blessures et nous nous efforçâmes tous, tant bien que mal, de l'aider et de la réconforter. Les jours passaient, et elle restait allongée sur le ventre, ses plaies lui interdisant toute autre position pour se reposer.

Quelle bénédiction cela aurait été si elle ne s'était jamais rétablie et si elle n'avait pas survécu ! Elle se serait ainsi épargné des semaines et des mois de malheur. Mais elle ne fut plus jamais celle qu'elle avait été. Le fardeau d'une mélancolie profonde pesait lourdement sur son âme. Elle ne marchait plus de ce pas souple et gai qui la caractérisait, il n'y avait plus dans ses yeux cette étincelle malicieuse qui l'avait tant distinguée auparavant. Son énergie débordante, l'esprit vif et rieur de sa jeunesse avaient disparu. Elle sombra dans un état de désespoir et d'abattement, et il arriva souvent qu'elle s'endorme en levant les mains au ciel et en suppliant qu'on ait pitié d'elle. Elle parla de moins en moins, travaillant dur toute la journée parmi nous, sans un mot. Une expression d'accablement s'était installée sur son visage, et elle pleurait désormais plus volontiers qu'elle ne riait. S'il a jamais existé un cœur brisé, foulé aux pieds et flétri par l'étreinte implacable de la souffrance, c'est celui de Patsey.

Son maître n'avait pas pris la peine de l'élever différemment de l'une de ses bêtes et la considérait tout juste comme un bel animal de valeur. Aussi Patsey ne savait-elle pas grand-chose. Et pourtant une maigre lumière avait éclairé son esprit, qui n'était pas totalement enténébré. Elle avait une vague conception de Dieu et de l'éternité, et une encore plus faible du Sauveur, qui était mort aussi pour quelqu'un comme elle. Elle n'avait qu'une idée confuse de la vie qui l'attendait après celle-ci, et ne comprenait pas la distinction entre l'existence physique et l'existence spirituelle. Pour elle, le bonheur consistait à éviter les coups de fouet, le travail, la cruauté des maîtres et des contremaîtres. Son idée de la joie céleste se limitait au *repos*, exactement comme dans ces quelques vers d'un poète mélancolique :

> Je n'ai que faire du ciel,
> Après avoir été opprimée par ce monde,
> Le seul paradis qui me corresponde,
> C'est le repos, le repos éternel.

Il est faux de penser, comme le font certains, que l'esclave ne comprend pas le concept, n'entend pas l'idée de la liberté. Même à Bayou Bœuf, où l'esclavage existe, je crois, dans sa forme la plus abjecte et la plus cruelle, dont les caractéristiques sont tout bonnement inconnues dans les États du Nord, même le plus ignorant d'entre eux sait en général très bien ce que cela veut dire. Ils savent quels privilèges et quels droits s'y rattachent, savent que la liberté leur garantirait les fruits de leur propre travail et leur assurerait les joies du bonheur domestique. Ils ne manquent pas d'observer la différence entre leur propre condition et celle de l'homme blanc le plus vil, et ont conscience de l'injustice des lois qui non seulement mettent entre les mains de ce dernier le fruit de leur labeur, mais lui permettent de les punir sans cause ni provocation, et ce, sans recours ni droit de résistance ou de protestation.

Après cette séance de fouet, Patsey passa son existence à rêver de liberté. Elle savait que loin d'ici, à une distance incommensurable pour elle, existait une terre de liberté. Mille fois elle avait entendu dire que quelque part, loin vers le nord, il n'y avait ni esclaves, ni maîtres. Dans son imagination, c'était un monde enchanté, le paradis sur terre. Vivre là où l'homme noir peut travailler pour son propre compte, vivre dans sa propre hutte, labourer sa propre terre, était un rêve bienheureux pour Patsey. Un rêve qu'elle était condamnée à ne jamais réaliser, hélas !

Ces démonstrations de brutalité ont également des conséquences au sein même de la famille du propriétaire d'esclaves. Le fils aîné d'Epps est un garçon intelligent de dix ou douze ans. Il est désolant de l'observer parfois, quand il punit le vénérable oncle Abram, par exemple. Il lui arrive ainsi de demander des comptes au vieil homme et, si tant est que son jugement infantile l'estime nécessaire, de le punir d'un certain nombre de coups de fouet, qu'il administre avec gravité et beaucoup de sérieux. Montant son poney, il parcourt souvent le champ avec son fouet, faisant le contremaître, au grand bonheur de son père. Dans ces moments-là, il joue de son fouet sans discernement et presse les esclaves en criant et, de temps à autre, en jurant. Son père l'observe en riant et fait l'éloge du caractère rigoureux de son garçon.

« L'enfant est le père de l'homme [1]. » Et avec une telle éducation, quelle que soit sa disposition naturelle, il est évident qu'une fois adulte il ne saurait regarder les souffrances et les misères de l'esclave autrement qu'avec indifférence. L'influence d'un système inégalitaire construit forcément des esprits cruels et insensibles, même dans le cœur de ceux qui, parmi leurs pairs, sont considérés comme compatissants et généreux.

Le jeune maître Epps avait certaines qualités nobles, mais aucune forme de réflexion n'aurait pu le conduire à entendre que, au regard du Tout-Puissant, il n'y a pas de distinction de couleur. Il ne considérait l'homme noir que comme un simple animal, qui ne se différenciait d'un autre animal que par le don de parole et par des instincts légèrement supérieurs, qui lui donnaient un peu plus de valeur.

---

1. Vers tiré du fameux poème « The Rainbow » de William Wordsworth (NdT). William Wordsworth (1770-1850) est un poète britannique.

Pour lui, le destin naturel de l'esclave consistait à travailler comme une mule, à être fouetté, battu et maltraité tout au long de sa vie, à s'adresser à l'homme blanc le chapeau à la main et les yeux servilement baissés vers le sol. Élevés avec une telle conception, celle que nous n'appartenons pas à l'humanité des Blancs, il n'est pas étonnant que les oppresseurs de mon peuple forment une race aussi inflexible qu'impitoyable.

Chapitre XIX

Au mois de juin 1852, M. Avery, charpentier à Red Bayou, commença la construction d'une maison pour maître Epps. Comme nous l'avons déjà dit, il n'y pas de caves à Bayou Bœuf, à cause de la nature marécageuse des sols. On construit en général les demeures sur des pilotis. Une autre particularité tient au fait que les cloisons ne sont pas en plâtre, mais en planches de cyprès, que l'on peint dans une couleur du goût du propriétaire. Les esclaves découpent ces planches avec une scie passe-partout[1], puisqu'on ne trouve aucun cours d'eau à des kilomètres à la ronde sur lequel on aurait pu construire un moulin. Quand un planteur

1. Scie que l'on manie à deux.

décide de se faire construire une maison, cela implique beaucoup de travail supplémentaire pour ses esclaves. Comme j'avais acquis une certaine expérience en charpenterie avec Tibeats, on me fit quitter le champ à l'arrivée d'Avery et de ses ouvriers.

Il se trouvait parmi ces ouvriers un homme pour qui j'ai la plus incommensurable gratitude. Sans lui, j'aurais probablement fini mes jours en esclavage. C'est lui qui m'a sauvé, cet homme dont le cœur débordait d'émotions nobles et généreuses. Je penserai à lui avec reconnaissance jusqu'à mon dernier souffle.

Il s'appelait Bass et habitait, à cette époque, à Marksville. Le décrire avec exactitude, tant physiquement que moralement, est chose délicate. C'était un homme fort, de quarante ou cinquante ans. Il avait la peau et les cheveux clairs. Il était calme, serein et adorait débattre, mais ses propos étaient toujours le fruit d'une mûre réflexion. Il faisait partie de ces personnes dont les manières sont si singulières que jamais ses mots ne blessent quelqu'un. Il tenait impunément des propos qui, dans la bouche d'un autre, auraient paru intolérables. Pas un homme sur la Red River ne partageait ses opinions politiques ou religieuses et pas un, je pense, n'aimait autant que lui discuter de ces deux sujets. On avait admis une fois pour toutes qu'il défendrait toujours la position la moins consensuelle, quelle que soit la question du jour. Son public était toujours plus amusé qu'agacé par sa façon ingénieuse et originale d'entretenir la controverse. Il était célibataire, « vieux garçon » comme on dit, et n'avait plus, à sa connaissance, aucun parent dans ce monde. Il n'avait pas non plus de domicile principal ou fixe, et allait d'un État à l'autre, selon son bon plaisir. Cela faisait trois ou quatre ans qu'il vivait à Marksville. Il était assez connu dans la région d'Avoyelles, autant pour son activité de charpentier que pour son caractère singulier. Il était progressiste à l'extrême, et ses nombreuses bonnes actions l'avaient rendu très populaire au sein de la communauté dont il s'efforçait sans cesse d'ébranler les certitudes.

Il était originaire du Canada. Il avait voyagé loin de son pays dans sa jeunesse puis, après avoir visité les villes principales des États du Nord et de l'Ouest au cours de ses pérégrinations, il était arrivé dans cette horrible région de la Red River. L'Illinois est son dernier domicile connu. Je regrette de ne pas savoir où il se trouve aujourd'hui. Il a rassemblé ses affaires et quitté Marksville un jour avant moi. Les soupçons quant à son rôle dans ma libération l'avaient contraint à déménager. S'il était resté à la portée de la horde de fouetteurs d'esclaves de Bayou Bœuf, il aurait sans aucun doute été assassiné pour l'acte, juste et moral, qu'il avait commis.

Un jour, alors que nous travaillions à la nouvelle maison, Bass et Epps se lancèrent dans un débat que j'écoutai, comme vous le comprendrez aisément, avec la plus grande attention : ils discutaient de l'esclavage.

« Je vais vous dire comme je pense, Epps, dit Bass, c'est mal, vraiment mal, m'sieur, il n'y a là-dedans ni justice ni morale. Je ne posséderais jamais un esclave, même si j'étais riche comme Crésus [1], ce que je ne suis pas comme tout le monde le sait, surtout mes créditeurs. En voilà d'autres foutaises, le système de crédit, sacrées foutaises, ça, monsieur. Pas de crédit, pas de dette. Le crédit conduit l'homme à la tentation. Payer comptant est la seule chose qui le délivrera du mal. Mais, sur la question de l'esclavage, quel *droit* avez-vous sur vos négros, quand on y réfléchit ?

– Quel droit ? Mais je les ai achetés, j'ai payé pour eux !

– Bien sûr que vous avez payé, la loi dit que vous avez le droit de posséder un négro, mais avec tout le respect que je dois à la loi, elle ment. Oui, Epps, quand la loi dit cela, c'est un mensonge, il n'y a aucune vérité là-dedans. Est-ce que tout ce qui est permis par la loi est juste ? Imaginez qu'on promulgue une loi qui vous prive de votre liberté et fasse de vous un esclave !

– Oh, mais ça, c'est inimaginable, répliqua Epps, toujours en riant, j'espère que vous n'êtes pas en train de me comparer à un négro, Bass.

– Eh bien, répondit Bass avec sérieux, non, pas exactement. Mais j'ai connu des négros aussi bons que moi

1. Roi antique du VIe siècle av. J.-C., célèbre pour ses richesses.

et je ne connais pas un Blanc dans cette région que je considère comme meilleur que moi. Maintenant, au regard de Dieu, Epps, en quoi est-ce qu'un homme blanc est différent d'un homme noir ?

– Mais tout est différent, répondit Epps. C'est comme si vous me demandiez la différence entre un homme blanc et un babouin. J'ai vu une de ces bestioles à La Nouvelle-Orléans qui en savait autant que tous les négros que je possède. Vous allez dire que ce sont nos concitoyens, j'suppose ? »

Et Epps se mit à rire de son propre trait d'esprit.

« Écoutez, Epps, continua son compagnon, vous pouvez bien vous moquer de moi si vous voulez. Certains hommes sont malins et d'autres ne sont pas aussi malins qu'ils le pensent. Laissez-moi vous poser une question : est-ce que les hommes sont tous nés libres et égaux comme l'affirme la Déclaration d'indépendance ?

– Oui, mais tous les hommes. Les négros et les singes n'en sont pas. »

Et il se remit à rire de plus belle.

« Il y a des singes parmi les hommes blancs autant que parmi les Noirs, si on va par là, poursuivit calmement Bass. Je connais des hommes blancs qui utilisent des arguments qu'aucun singe sensé oserait avancer. Mais passons. Ces négros sont des êtres humains. S'ils n'en savent pas autant que leurs maîtres, à qui la faute ? Ils ne sont pas autorisés à savoir quoi que ce soit. Vous avez des livres et des journaux, vous pouvez aller où ça vous chante, vous pouvez apprendre des choses de mille façons différentes. Mais vos esclaves n'ont aucun privilège. Si vous en surpreniez un en train de lire un livre, vous lui donneriez des coups de fouet. Ils sont maintenus en servitude, génération après génération, privés d'épanouissement intellectuel ; comment peut-on attendre d'eux qu'ils soient savants ? Tant que vous ne les enfermez pas dans des cages avec des animaux, on ne vous reprochera rien à vous, les propriétaires d'esclaves. S'ils sont des babouins ou s'ils n'ont pas plus d'intelligence qu'eux, c'est votre faute à vous et aux hommes comme vous. Il est là, le péché, le péché horrible de cette nation. Mais il ne restera pas impuni pour toujours. Le jour du jugement arrivera, oui, Epps, un jour qui brûlera comme l'enfer. Tôt ou tard, ce jour arrivera, aussi sûr que le Seigneur est juste.

– Si vous viviez parmi ces Yankees [1] de Nouvelle-Angleterre, je serais pas étonné que vous soyez un de ces maudits fanatiques qui se croient supérieurs à la Constitution et qui se baladent pour vendre des montres et persuader les négros de s'enfuir.

– Si j'étais en Nouvelle-Angleterre, je serais exactement comme ici. J'affirmerais que l'esclavage est une injustice et doit être aboli. Je dirais qu'il n'y a aucune

1. Dans ce contexte, le terme «Yankee» désigne les habitants du Nord, favorables à l'abolition de l'esclavage (NdT).

raison, aucune légitimité dans une loi, ou une Constitution, qui permet à un homme d'en posséder un autre. Ce serait dur pour vous de perdre vos biens, c'est sûr, mais ce ne serait pas aussi dur que de perdre votre liberté. Dans une justice parfaite, vous n'avez pas plus droit à votre liberté que l'oncle Abram là-bas. Vous parlez de peau noire et de sang noir, mais combien d'esclaves dans ce bayou sont presque aussi blancs que vous et moi ? Et quelle différence cela fait-il sur la couleur de l'âme ? Pfff ! Tout ce système est aussi absurde que cruel. Vous pouvez bien avoir des négros et parader, mais moi, je n'en posséderai pas un, même contre la meilleure plantation de Louisiane.

– Vous aimez vous écouter parler, Bass, plus que tous ceux que je connais. Vous soutiendriez que le noir est blanc et le blanc noir juste par esprit de contradiction. Vous êtes content de rien dans ce monde, et je crois pas que vous seriez plus satisfait dans le suivant, si tant est que vous y ayez accès. »

Les deux hommes eurent plusieurs fois par la suite ce genre de débat. Pour Epps, il s'agissait plus de rire aux dépens de Bass que de discuter en toute honnêteté des mérites de la question. Il considérait Bass comme un homme qui s'écoutait parler et que sa vanité pouvait même, quelquefois, pousser à nier ses propres convictions, dans le simple but de montrer son aisance à débattre.

Bass passa tout l'été chez Epps, se rendant à Marksville une fois tous les quinze jours. Plus je le fréquentais, plus j'étais convaincu que je pouvais avoir confiance en lui. Mes précédentes mésaventures m'avaient cependant appris à être extrêmement prudent. Ma position ne m'autorisait pas à parler à un homme blanc, sauf pour lui répondre. Mais je ne manquais pas une occasion de croiser son chemin et m'efforçais constamment d'attirer son attention, de toutes les façons possibles. Un jour, au début du mois d'août, nous nous retrouvâmes seuls tous les deux à travailler au chantier de la grande maison. Les autres charpentiers étaient partis et Epps était aux champs. C'était le moment ou jamais d'aborder le sujet et je m'y résolus, au mépris des conséquences qui en découleraient. Nous étions attelés à la tâche, l'après-midi, quand je m'arrêtai et demandai soudainement :

« Maître Bass, je me demandais de quelle partie du pays vous étiez originaire.

– D'où te vient cette drôle d'idée, Platt ? répondit-il. Ça ne te dirait rien de toute façon. »

Après une seconde ou deux, il ajouta :

« Je suis né au Canada. Devine donc où c'est.

– Oh, je sais où se trouve le Canada, répondis-je, j'y suis même allé.

– Bien entendu, je me doute que tu connais ce pays comme ta poche, dit-il en riant.

– Aussi vrai que je suis vivant, maître Bass, j'y suis allé. Je suis allé à Montréal, Kingston, Queenston[1] et plein d'autres endroits au Canada. Je suis aussi allé dans l'État de New York, à Buffalo, Rochester et Albany, et je peux vous citer les noms des villages qui bordent le canal Érié[2] et le canal Champlain. »

Bass se retourna et me regarda fixement pendant un long moment sans prononcer la moindre syllabe.

« Comment es-tu arrivé ici ? finit-il par demander.

– Maître Bass, répondis-je, si justice avait été faite, je ne serais jamais arrivé ici.

– Que s'est-il passé ? demanda-t-il. Qui es-tu ? Tu es de toute évidence allé au Canada, je connais tous les endroits que tu as cités. Comment t'es-tu retrouvé ici ? Allons, raconte-moi.

– Je n'ai aucun ami ici à qui je puisse me confier, répondis-je. J'ai peur de vous en parler. Même si je crois que vous ne diriez rien à maître Epps si je le faisais. »

Il m'assura solennellement qu'il garderait pour lui chaque mot que je pourrais lui dire. J'avais de toute évidence grandement piqué sa curiosité. Je lui dis que c'était une longue histoire, et qu'elle prendrait du temps à raconter. Maître Epps serait bientôt de retour mais, s'il était d'accord pour que l'on se retrouve le soir, quand

---

1. Ville canadienne située dans l'Ontario.
2. Canal qui relie la rivière Hudson et le lac Érié, à la frontière du nord des États-Unis et du Canada.

tout le monde serait endormi, je lui dirais tout. Il accepta immédiatement ce plan et me proposa de le rejoindre sur le chantier où nous étions en train de travailler. Vers minuit, quand tout fut calme et silencieux, je sortis précautionneusement de ma case et me dirigeai sans bruit vers la maison en construction où il m'attendait.

Il me jura à nouveau qu'il ne me trahirait pas. Je me lançai dans l'histoire de ma vie et de mes mésaventures. Il m'écoutait avec une grande attention, me posant de nombreuses questions sur tout. Une fois mon récit terminé, je le suppliai d'écrire à mes amis du Nord pour les mettre au courant de ma situation et les prier de m'envoyer un certificat d'homme libre, ou de prendre les mesures qu'ils jugeraient nécessaires pour assurer ma libération. Il me promit de le faire, mais insista sur le danger d'une telle opération, si elle était découverte, et sur l'absolue nécessité de garder l'affaire secrète. On élabora un plan avant de repartir chacun de son côté.

Nous étions convenus de nous retrouver le soir suivant à un endroit précis au milieu des herbes hautes qui bordent les rives du bayou, à quelques pas de la grande maison. Il nota les noms et adresses de différentes personnes, de vieux amis du Nord, à qui il enverrait les lettres lors de sa prochaine visite à Marksville. Nous n'avions pas jugé prudent de nous voir sur le chantier. La lampe que nous aurions été forcés d'utiliser aurait pu nous faire découvrir. J'avais réussi durant la journée à me procurer quelques allumettes et un morceau de bougie, que j'avais pris dans la cuisine sans être remarqué, alors que tante Phebe s'était absentée pour quelques minutes. Bass avait du papier et une plume dans sa boîte à outils.

À l'heure convenue, nous nous retrouvâmes sur la rive du bayou et, rampant dans les herbes hautes, j'allumai la bougie tandis qu'il sortait sa plume et se tenait prêt à m'écouter. Je lui donnai les noms de William Perry, de Cephas Parker et du juge Marvin, tous de Saratoga Springs, comté de Saratoga, New York. Ce dernier m'avait employé à l'*United States Hotel* et j'avais été en affaires de nombreuses fois avec les premiers. J'étais confiant dans le fait qu'au moins l'un d'entre eux vivait encore là-bas. Il nota soigneusement les noms et remarqua avec justesse :

« Cela fait tellement longtemps que tu as quitté Saratoga… Tous ces hommes sont peut-être morts ou ont sans doute déménagé. Tu dis avoir obtenu un certificat d'homme libre au Bureau des douanes de New York. Ils en ont peut-être une trace dans leur registre, je crois qu'il serait bon de leur écrire pour vérifier. »

J'étais d'accord avec lui et répétai les circonstances précédemment racontées de ma visite au Bureau des douanes avec Brown et Hamilton. Nous traînâmes sur la rive du bayou encore une heure ou deux, discutant du sujet qui occupait désormais chacune de nos pensées. Je n'avais plus aucun doute sur sa loyauté et je lui parlai librement des nombreuses épreuves que j'avais longtemps tues. Je lui parlai de ma femme et de mes enfants, mentionnant leurs noms et leurs âges, insistant sur le bonheur indicible qui serait le mien si je pouvais les serrer une dernière fois contre mon cœur avant de mourir. Je lui saisis la main et, avec des larmes et des prières passionnées, je l'implorai d'être pour moi un ami, de me rendre aux miens et de me rendre ma liberté, lui promettant de passer le reste de ma vie à fatiguer le ciel à force de prier pour lui. Maintenant que je jouis à nouveau de ma liberté, entouré de mes amis de jeunesse et au sein de ma famille, je n'ai pas oublié cette promesse et je ne l'oublierai jamais, aussi longtemps que j'aurai la force de prier :

> Bénis soient sa voix douce et ses cheveux argentés,
> Et béni soit-il pour le reste de sa vie, jusqu'à ce qu'il me [retrouve au ciel [1].

Il m'assura à nouveau de son amitié et de sa loyauté, affirmant qu'il n'avait jamais éprouvé autant d'intérêt pour le destin de quelqu'un. Il parlait de lui-même sur un ton quelque peu affligé, du solitaire qu'il était, errant à travers le monde. Il disait qu'il se faisait vieux, qu'il arriverait bientôt à la fin de son voyage sur terre et qu'il s'allongerait sur son dernier lit sans amis ni famille pour le pleurer ou se souvenir de lui. Il dit que sa vie

1. Vers extraits du poème « The May Queen » de lord Alfred Tennyson (NdT). Alfred Tennyson (1809-1892) est un célèbre poète britannique.

lui semblait avoir peu de valeur et qu'il devait, par conséquent, la consacrer désormais à me rendre ma liberté et à se battre sans relâche contre ce maudit système esclavagiste.

À partir de ce moment, nous ne nous parlâmes plus guère et nous nous évitions. Il était devenu moins libre dans ses débats avec Epps concernant l'esclavage. Ni ce dernier, ni qui que ce soit d'autre à la plantation, n'eut cependant jamais le moindre soupçon quant à l'existence d'une quelconque intimité entre nous ou d'un secret qui nous aurait lié.

On me demande souvent avec un air d'incrédulité comment j'ai fait, durant toutes ces années, pour ne rien laisser deviner de ma véritable identité ou de mon histoire aux camarades que je fréquentais tous les jours. La leçon terrible que Burch m'avait donnée m'avait appris qu'il était dangereux et inutile d'affirmer que j'étais un homme libre. Aucun esclave n'aurait pu m'aider de toute façon. Tous auraient, en revanche, pu me dénoncer. Pendant douze ans, je n'ai gardé qu'une idée fixe, celle de m'échapper. Mais une chose est sûre, j'ai toujours été prudent et sur mes gardes. Cela aurait été une folie pure de proclamer mon droit à la liberté, et cela n'aurait eu pour effet que de renforcer la méfiance qu'on entretenait à mon égard ; j'aurais probablement été envoyé dans une région encore plus lointaine et reculée que celle de Bayou Bœuf. Edwin Epps n'avait absolument rien à faire des torts ou des raisons de l'homme noir : il était dénué de toute moralité, comme nous ne le savons que trop bien. Il était donc important, non seulement dans le but d'être un jour libéré, mais aussi pour conserver le peu de privilèges auxquels j'avais droit, de lui cacher la véritable histoire de ma vie.

Le samedi soir qui suivit notre conversation sur la rive du bayou, Bass rentra chez lui à Marksville. Le dimanche, il resta dans sa chambre à s'occuper de sa correspondance. Il adressa une lettre à l'agent du Bureau des douanes de New York, une autre au juge Marvin et une autre encore à MM. Parker et Perry conjointement. C'est cette dernière qui conduisit à ma libération. Il les signa de mon vrai nom, mais précisa dans une note que je n'en étais pas l'auteur. La lettre en elle-même montre bien qu'il avait conscience des risques qu'il encourait, qu'il écrivait « au péril de sa vie, si jamais on le découvrait ». Je n'ai pas lu la lettre avant qu'elle soit envoyée, mais j'en ai depuis obtenu une copie, que voici :

Bayou Bœuf, 15 août 1852.

À monsieur William Perry ou monsieur Cephas Parker.

« Messieurs,

« Je n'ai plus de vos nouvelles depuis longtemps et je ne sais pas si vous êtes toujours en vie. C'est donc dans l'incertitude que je vous écris, mais la gravité de la situation le justifie.

Je suis né libre au bord de la rivière, sur la rive en face de vous. Je suis sûr que vous vous souvenez de moi. Je suis désormais détenu illégalement à Bayou Bœuf comme esclave. J'aimerais que vous obteniez un certificat d'homme libre en mon nom et que vous me l'envoyiez à Marksville, Louisiane, commune d'Avoyelles.

« Vôtre, Solomon NORTHUP.

« J'ai été enlevé à Washington après avoir été drogué jusqu'à l'inconscience. Quand je me suis réveillé, on m'avait volé mon certificat et enchaîné. On m'a ensuite vendu comme esclave et envoyé en Louisiane. Je n'ai trouvé personne jusqu'à ce jour qui puisse écrire de ma part. Celui qui écrit pour moi aujourd'hui le fait au péril de sa vie, si jamais on le découvre. »

Le passage faisant référence à mon histoire dans l'ouvrage récemment publié, *Une clé de la Case de l'oncle Tom* [1], retranscrit la première partie de cette lettre, mais omet son *post-scriptum*. Les noms des messieurs à qui elle est adressée ne sont pas non plus correctement orthographiés, il s'agit sans doute d'une coquille. C'est à ce *post-scriptum*, plus qu'au corps même de cette lettre, que je dois ma libération, comme nous allons le voir maintenant.

Quand Bass rentra de Marksville, il me raconta ce qu'il avait fait. Nous continuâmes nos conversations nocturnes mais nous ne nous adressions jamais la parole durant la journée, sauf quand il s'agissait du travail. À son avis, il fallait compter deux semaines pour

1. Voir note 1, p. 23.

que la lettre arrive à Saratoga par voie postale et un temps similaire pour obtenir une réponse. Nous arrivâmes donc à la conclusion qu'il faudrait six semaines tout au plus pour recevoir une lettre, si tant est que l'on ait une réponse. Nous eûmes de nombreuses conversations quant à la façon la plus sûre et efficace de procéder, une fois le certificat d'homme libre reçu. Je me disais que celui-ci serait une protection pour Bass également. En effet, si l'on nous arrêtait en train de quitter l'État, nous aurions pu prouver qu'il n'enfreignait aucune loi, même si le fait d'aider un homme libre à recouvrer sa liberté allait à coup sûr lui attirer l'hostilité de certains.

Bass retourna à Marksville au bout de quatre semaines, mais aucune réponse ne l'y attendait. Je fus extrêmement déçu, mais je me rassurai en me répétant que peu de temps s'était écoulé, qu'il avait pu y avoir des retards et que je ne pouvais pas raisonnablement espérer une réponse aussi vite. Six, sept, huit, dix semaines passèrent cependant, sans qu'aucune lettre arrive. J'étais fébrile chaque fois que Bass se rendait à Marksville. Je ne fermais pas l'œil jusqu'à son retour. La maison de mon maître fut finalement terminée et l'heure arriva où Bass dut me quitter. La veille de son départ, je sombrai dans un profond désespoir. Je m'étais accroché à lui comme un homme en train de se noyer s'accroche à une branche flottante, un homme qui sait qu'il sombrera à jamais sous les flots s'il lâche prise. L'espoir auquel je m'étais attaché avec ferveur se réduisait en cendres entre mes mains. J'avais l'impression de m'enfoncer dans les eaux amères de l'esclavage, profondeurs insondables desquelles je ne referais jamais surface.

À la vue de ma détresse, le cœur généreux de mon ami et bienfaiteur éprouva une immense compassion. Bass s'efforça de me réconforter, me promit de revenir la veille de Noël et, si nous n'avions reçu aucune nouvelle d'ici là, de décider d'un nouveau plan. Il insista pour que je garde le moral et que je sois assuré de son aide. Il m'affirma, de façon très solennelle, que ma libération serait désormais l'unique objet de ses pensées.

Que le temps passa lentement en son absence ! J'attendais Noël avec angoisse et impatience. J'avais presque abandonné l'idée de recevoir un jour une réponse à mes lettres. Il devait y avoir eu un problème dans l'adresse, ou lors du transport. Peut-être que ceux à qui elles étaient adressées à Saratoga étaient tous morts, ou si occupés qu'ils n'avaient que faire du sombre destin d'un malheureux homme noir. Tous mes espoirs reposaient sur Bass. La confiance que j'avais en lui était mon seul réconfort et me permettait de surmonter la vague de déception qui m'avait submergé.

J'étais si absorbé par ma situation et par mon destin que mes camarades finirent par le remarquer. Patsey me demanda si j'étais malade, l'oncle Abram, Bob et Wiley cherchaient souvent à savoir ce à quoi je pouvais bien réfléchir avec autant d'intensité. Mais j'évitais toujours leurs questions par une remarque légère et je gardais mes pensées enfermées dans mon cœur.

Chapitre XX

Fidèle à sa parole, Bass arriva à la plantation la veille de Noël. Il entra dans la cour à la tombée de la nuit.

« Comment allez-vous ? dit Epps en lui serrant la main. Content de vous voir. »

Il ne l'aurait pas été autant, s'il avait connu le but de sa visite.

« Plutôt bien, plutôt bien, répondit Bass. J'avais à faire dans le bayou, alors je me suis dit que j'allais vous rendre visite et passer la nuit ici. »

Epps donna l'ordre à un esclave de s'occuper du cheval de Bass, et ils entrèrent ensemble dans la maison, en devisant et en riant. Bass eut cependant le temps de se retourner pour me lancer un regard entendu, qui disait : « Nous partageons toujours notre secret. » Il était 22 heures quand toutes les corvées du jour furent terminées et que je pus enfin rejoindre ma case. Je m'allongeai sur ma planche et fis semblant de dormir. Quand mes camarades furent tous profondément plongés dans le sommeil, j'ouvris la porte avec précaution et tendis l'oreille, dans l'espoir que Bass m'enverrait un signal. Je restai là jusqu'à minuit passé, mais ne vis ni n'entendis rien. Comme je l'avais supposé, il n'avait pas osé quitter la grande maison de peur d'éveiller les soupçons d'un des membres de la famille. Je pensai, avec raison, qu'il se lèverait plus tôt qu'à l'accoutumée et qu'il en profiterait pour me rendre visite avant qu'Epps soit debout. En conséquence, je réveillai l'oncle Abram une heure plus tôt que d'habitude et l'envoyai faire du feu dans la grande maison, ce qui, à cette époque de l'année, faisait partie des tâches du vieil homme.

Je secouai aussi vivement Bob et lui demandai s'il avait l'intention de dormir jusqu'à midi, lui disant que le maître serait levé avant que les mules aient été nourries. Il ne connaissait que trop les conséquences si cela se produisait et, sautant sur ses pieds, fut au pré en un clin d'œil.

À peine furent-ils partis que Bass entra dans la case.

« Toujours pas de lettre, Platt. »

Cette nouvelle tomba sur mon cœur comme une enclume.

« Oh, il faut écrire à nouveau, maître Bass, implorai-je. Je vous donnerai le nom de tous ceux que je connais. Ils ne peuvent pas être tous morts. L'un d'eux aura bien pitié de mon sort.

– C'est inutile, répondit Bass, inutile. Il faut se faire une raison. Je crains que le postier de Marksville se doute de quelque chose, j'y suis allé tellement de fois en insistant. La situation est devenue trop risquée.

– Alors c'est fini ! m'exclamai-je. Oh mon Dieu, comment puis-je finir mes jours ici ?

– Tu ne vas pas les finir ici, à moins que tu meures très bientôt. J'ai bien réfléchi et j'ai pris ma décision. Il n'y a pas qu'une façon de faire, et il y en a une bien meilleure et bien plus sûre que d'écrire des lettres. J'ai un ou deux contrats encore ici, qui devraient me prendre jusqu'à mars ou avril. D'ici là, j'aurai mis pas mal d'argent de côté et à ce moment-là, Platt, j'irai moi-même à Saratoga. »

J'ai d'abord pensé avoir mal entendu, je n'arrivais pas y croire. Mais il m'assura, afin qu'il n'y ait aucun doute sur la sincérité de son intention, que, pour peu qu'il soit encore en vie au printemps, il se lancerait dans le voyage. Il s'y engageait.

« J'ai passé suffisamment de temps dans cette région, dit-il, je pourrai aussi bien vivre ailleurs. J'ai longtemps pensé retourner dans le pays où je suis né. Je suis fatigué de l'esclavage, comme toi. Si j'arrive à te faire sortir d'ici, ce sera une bonne action à laquelle je repenserai toute ma vie avec fierté. Et je vais y arriver, Platt, j'y suis obligé ! Maintenant, laisse-moi t'expliquer mon plan. Epps sera bientôt debout et il ne faut pas qu'on nous surprenne ici. Pense à tous les hommes de Saratoga, de Sandy Hill et de la région qui t'ont connu. Je trouverai une excuse pour revenir ici durant l'hiver et je noterai alors leurs noms. Je saurai donc à qui m'adresser une fois dans le Nord. Pense au plus de personnes possible. Réjouis-toi, ne sois pas découragé. Je suis avec toi, à la vie à la mort. Au revoir. Que Dieu te bénisse. »

Il sortit en vitesse de la case et entra dans la grande maison.

C'était le matin de Noël, le plus heureux des jours de la vie d'un esclave. Ce jour-là, il ne doit pas se ruer au champ, avec sa calebasse et son sac à coton. Ses yeux et son visage rayonnent de bonheur. Le temps est venu des festins et des danses. Les champs de coton et de canne à sucre sont désertés. Ce jour-là, on enfile nos habits propres, on se pare de rubans rouges, on se retrouve dans la joie et les rires, on se hâte les uns vers les autres. Les enfants de l'esclavage, sur le point de goûter à quelques jours de liberté, sont heureux et se réjouissent.

Après le petit déjeuner, Epps et Bass se promenèrent dans la cour, discutant du prix du coton et d'autres sujets.

« Où est-ce que vos négros fêtent Noël ? demanda Bass.

– Platt va chez les Tanner aujourd'hui. Lui et son violon sont très demandés. Il sera chez Marshall lundi, et Mlle Mary McCoy, de la plantation du vieux Norwood, m'a envoyé une lettre où elle dit qu'elle veut qu'il joue pour ses négros mardi.

– C'est un garçon plutôt malin, n'est-ce pas ? dit Bass. Viens ici, Platt, ajouta-t-il en me regardant venir vers eux, comme s'il ne m'avait jamais spécialement remarqué auparavant.

– Oui, répondit Epps en m'attrapant le bras pour le tâter, y a rien de mauvais chez lui. Pas un esclave dans le bayou qui vaille mieux que lui, il est en pleine forme et il ne vous joue aucun mauvais tour. Sacré Platt, il est pas comme les autres négros, il leur ressemble pas, il se comporte pas comme eux. On m'a offert 1 700 dollars pour lui pas plus tard que la semaine dernière.

– Et vous n'avez pas accepté ? demanda Bass avec surprise.

– Accepter ? Jamais de la vie ! Pourquoi est-ce que je le ferais ? Ce gars est une mine d'or, pur et simple. Il peut fabriquer des poutres, des carrioles, n'importe quoi, aussi bien que vous. Marshall voulait mettre en jeu contre lui un de ses négros et qu'on tire au sort, mais j'ai dit qu'il en était pas question.

– Je ne vois rien de remarquable à son sujet, observa Bass.

– Comment ? Mais regardez-le, enfin ! reprit Epps. On voit rarement un garçon aussi bien fait. Il a pas la peau très épaisse et il supporte pas le fouet autant que d'autres, mais il a ce qu'il faut de muscles et il fait aucune erreur. »

Bass me tâta, me fit tourner et m'examina consciencieusement, tandis qu'Epps continuait de vanter mes mérites. Mais son visiteur semblait finalement ne faire preuve que de peu d'intérêt pour moi. On changea donc de sujet. Bass se mit en route peu après, me lançant un dernier regard entendu. Puis il quitta le domaine sur son cheval.

Après son départ, on me donna un laissez-passer et je me rendis chez Tanner – il ne s'agit pas de Peter Tanner, que j'ai mentionné auparavant, mais d'un de ses parents. Je jouai du violon toute la journée et une bonne partie de la nuit, et je passai le jour suivant, le dimanche, dans ma case. Lundi, je traversai le bayou pour me rendre chez Douglas Marshall ; tous les esclaves d'Epps m'accompagnèrent. Et mardi, je me rendis chez le vieux Norwood, qui est la troisième plantation après le domaine de Marshall, sur la même rive.

Cette propriété appartient aujourd'hui à Mlle Mary McCoy, une fille adorable d'environ vingt ans. Elle est la beauté, le trésor de Bayou Bœuf. Elle possède une centaine d'esclaves, en plus d'un grand nombre de domestiques et de jeunes enfants. Son domaine est administré par son beau-frère qui habite sur la propriété voisine. Elle est aimée de tous ses esclaves ; ces derniers peuvent en effet être reconnaissants d'être tombés entre d'aussi bonnes mains que les siennes. Nulle part ailleurs dans le bayou, ils ne se voient offrir un tel festin et de telles distractions que chez la jeune Mlle McCoy. Là, plus qu'à aucun autre endroit, les jeunes et les vieux venant de très loin aiment à se retrouver pour les fêtes de Noël. Ils savent qu'aucun repas ne sera aussi délicieux et qu'on ne leur parlera jamais aussi gentiment. Personne n'est aussi adoré, personne n'a une place aussi importante dans le cœur de milliers d'esclaves que la jeune Mlle McCoy, l'orpheline maîtresse du domaine du vieux Norwood.

À mon arrivée chez elle, deux ou trois cents personnes y étaient déjà réunies. La table était dressée sous un long auvent qu'elle avait fait construire exprès pour que ses esclaves puissent danser. On trouvait toutes les sortes de nourriture que la région avait à offrir et on proclama que c'était le plus fin des dîners jamais vus. Dinde, porc, poulet, canard et autres viandes rôties, cuites, bouillies et grillées formaient une ligne qui s'étendait sur toute la longueur de la table. Chaque espace libre était jonché de tartes, de confitures, de gâteaux recouverts de glaçage et de pâtisseries en tout genre. La jeune maîtresse déambulait autour de la table, un sourire et un mot gentil pour chacun, et elle semblait se réjouir de chaque instant.

Quand le dîner fut fini, on remisa les tables pour faire de la place aux danseurs. J'accordai mon violon et me mis à jouer un air entraînant. Certains se lancèrent dans un quadrille endiablé, d'autres tapaient du pied et chantaient des chansons simples et mélodieuses. La pièce était remplie de musique qui se mêlait aux voix et au son des pieds qui battaient le rythme.

Le soir, la maîtresse revint et resta un long moment sur le seuil à nous observer. Elle portait de magnifiques habits. Ses cheveux et ses yeux noirs contrastaient vivement avec la clarté et la délicatesse de sa peau. Elle avait une silhouette svelte et ferme et se déplaçait avec une dignité et une grâce naturelles. Elle se tenait ainsi dans ses habits d'apparat, le visage lumineux. Je pense n'avoir jamais vu dans ce monde une créature aussi belle qu'elle. Si j'insiste pour vous décrire la beauté de cette gentille dame, ce n'est pas seulement pour les sentiments de gratitude et d'admiration qu'elle provoque en moi, mais parce que je tiens à ce que le lecteur sache que les propriétaires d'esclaves de Bayou Bœuf ne sont pas tous comme Epps, Tibeats ou Jim Burns. On trouve parfois, rarement il est vrai, un homme de bien comme William Ford ou un ange de bonté comme la jeune mademoiselle McCoy.

Mardi vint mettre un point final aux trois jours de vacances que nous accordait Epps. Mercredi matin, sur le chemin du retour, alors que je traversais la plantation de William Pierce, ce dernier me fit signe et me dit qu'il avait reçu l'autorisation d'Epps, apportée par William Varnell, de m'emmener jouer pour ses esclaves ce soir-là. Ce fut la dernière fois que je participai à un bal d'esclaves sur les rives de Bayou Bœuf. La fête chez Pierce dura jusqu'au lendemain matin, et je rentrai chez mon maître, quelque peu épuisé par le manque de sommeil, mais réjoui des nombreux cadeaux et *picayunes* que les Blancs qui avaient apprécié ma musique m'avaient donnés.

Le samedi matin, pour la première fois depuis des années, je ne me réveillai pas à temps. C'est avec horreur que je découvris, en quittant ma case, que les esclaves étaient déjà aux champs.

J'avais un quart d'heure de retard. Laissant mon déjeuner et ma calebasse d'eau, je me hâtai de les rejoindre aussi vite que possible. Le soleil n'était pas encore levé, mais Epps était sur la véranda quand je sortis de la case et hurla à mon intention que c'était « une bonne heure pour décider de se lever ! ». Redoublant d'efforts, j'avais rattrapé mon retard au champ quand il y arriva après le petit déjeuner. Ce ne fut cependant pas suffisant pour faire pardonner la faute d'avoir dépassé l'heure du réveil. Il m'ordonna de me déshabiller et de me coucher par terre, et me donna dix ou quinze coups de fouet. Quand il eut fini, il me demanda si désormais je pouvais envisager de me lever avant midi. Je répondis que oui, je le pouvais, et, le dos brûlant de douleur, je me remis au travail.

Je passais le jour suivant, un dimanche, à songer à Bass et à tous les espoirs et à toutes les possibilités qui dépendaient de ses actes et de sa détermination. Je méditais sur les hasards de la vie et je me disais que, si Dieu voulait qu'il meure, c'en était fini pour toujours de la perspective de ma délivrance et de mon bonheur ici-bas. Mon dos endolori était peut-être la cause de mon manque d'entrain. J'eus le cœur gros et lourd jusqu'au soir où, lorsque je m'étendis sur la planche rigide qui me servait de couche, je crus qu'il allait se briser tant j'étais accablé de chagrin.

Le lundi 3 janvier 1853 au matin, nous étions tôt aux champs. C'était un matin froid et rude, chose inhabituelle dans cette région. J'étais en avance, l'oncle

Abram était à côté de moi, derrière lui se trouvaient Bob, Patsey et Wiley, notre sac de coton autour du cou. Epps était là, sans son fouet, phénomène pour le moins rare. Il jura à en faire rougir un pirate et se plaignit que nous n'avancions pas. Bob eut l'audace de répliquer que ses doigts étaient si gelés qu'il n'arrivait pas à cueillir le coton aussi vite que d'habitude. Epps, n'ayant pas pris son fouet avec lui, se contenta de l'insulter et déclara que quand il reviendrait, il nous réchaufferait comme il fallait ; oh oui, il nous donnerait plus chaud que si nous étions dans ce royaume de feu où je ne peux m'empêcher parfois de croire qu'il résidera un jour.

Il s'en alla, jurant toujours avec ferveur. Quand il fut assez loin, nous commençâmes à discuter entre nous de la difficulté de mener à bien notre tâche habituelle avec les doigts engourdis par le froid, et de la déraison de notre maître. Nous parlions de lui dans des termes généralement peu élogieux. Notre conversation fut interrompue par le passage d'une calèche qui se dirigeait à vive allure vers la grande maison. Relevant la tête, nous vîmes deux hommes qui s'approchaient de nous à travers le champ de coton.

*
* *

Et puisque j'en arrive désormais au récit de la dernière heure que j'ai passée à Bayou Bœuf, comme je viens d'évoquer ma dernière récolte de coton, peu avant que je fasse mes adieux à maître Epps, je demande au lecteur de revenir avec moi au mois d'août précédent, afin de suivre le long voyage de la lettre envoyée par Bass à Saratoga et de connaître ses effets. Tandis que je dépérissais et désespérais dans les baraquements d'esclaves d'Edwin Epps, grâce à l'amitié de Bass et à la compassion de la Providence, tout se mettait en mouvement pour ma libération.

Chapitre XXI

J'ai à l'égard de M. Henry B. Northup, en particulier, une dette éternelle pour tous les événements relatés dans ce chapitre.

La lettre que Bass avait adressée à Parker et Perry et déposée au bureau de poste de Marksville le 15 août 1852 arriva à Saratoga début septembre. Peu de temps auparavant, Anne s'était rendue à Glens Falls, dans le comté de Warren, où elle avait pris la tête de la cuisine du *Carpenter's Hotel*. Elle habitait cependant toujours le foyer familial avec les enfants et ne s'en absentait que lorsque ses engagements à l'hôtel l'y obligeaient.

Quand ils reçurent cette lettre, MM. Parker et Perry la firent immédiatement parvenir à Anne. Les enfants furent fous de joie quand ils l'ouvrirent, et se hâtèrent au village voisin de Sandy Hill pour s'entretenir avec Henry B. Northup, lui demander son avis et son aide.

Après avoir étudié la question, le gentilhomme trouva dans la législation de l'État une loi concernant le maintien illégal de citoyens libres en esclavage. Elle a été promulguée le 14 mai 1840 et s'intitule : « Loi relative à une protection plus efficace des citoyens libres de l'État de New York contre l'enlèvement et le maintien en esclavage ». Elle dispose qu'il incombe au gouverneur, s'il possède les preuves suffisantes attestant qu'un citoyen libre ou d'un résident de l'État est retenu de force dans un autre État du territoire des États-Unis, sur le fondement ou au prétexte que cette personne serait un esclave, qu'en vertu de quelque usage ou de toute autre loi en vigueur on le considère ou le tient pour un esclave, de prendre les mesures qu'il juge nécessaires pour rendre à cette personne sa liberté. Il est autorisé, à cette fin, à mandater un agent et a l'obligation de lui fournir les autorisations et instructions qui lui permettront d'accomplir sa mission. Cette loi requiert que l'agent ainsi désigné rassemble les preuves suffisantes pour établir le droit à la liberté de la personne concernée, accomplisse les voyages, prenne les mesures et lance les procédures qui seraient nécessaires au bon retour dans l'État de ladite personne. Toutes les dépenses éventuelles pour mettre à bien sa mission incombent au Trésor.

Pour que le gouverneur lance la procédure, il était nécessaire d'établir deux faits. D'abord, que j'étais un citoyen libre de l'État de New York et, ensuite, que l'on me retenait illégalement en esclavage. Le premier point ne présenta aucune difficulté, tous les habitants de longue date de la région étaient prêts à en témoigner. Le second reposait, lui, entièrement sur la lettre envoyée à Parker et Perry, écrite par un correspondant inconnu, ainsi que sur la lettre que j'avais rédigée sur le négrier *Orleans* qui, malheureusement, avait été égarée ou perdue.

On prépara un mémoire que l'on adressa à Son Excellence le gouverneur Hunt. Ce document attestait mon mariage, mon départ pour la ville de Washington, les lettres reçues, mon statut de citoyen libre et autres éléments qu'on jugeait pertinents. Anne vérifia et signa le tout. On versa aussi au dossier plusieurs déclarations sous serment de différents citoyens éminents de Sandy Hill et Fort Edward. Ces dernières corroboraient pleinement les affirmations qu'il contenait. On y ajouta pour finir une requête de la part de plusieurs messieurs, demandant au gouverneur que Henry B. Northup soit désigné comme agent selon la loi précitée.

À la lecture du dossier et des différentes déclarations, Son Excellence fut prise d'un vif intérêt pour l'affaire et, le 23 novembre 1852, sous le sceau de l'État, « désigna, nomma et employa M. Henry B. Northup comme agent, avec tout pouvoir pour mener à bien » ma libération, prendre les mesures nécessaires à l'accomplissement de sa mission, et lui donna l'ordre de se rendre en Louisiane avec toute la diligence voulue.

La nature urgente des obligations professionnelles et politiques de M. Northup repoussa son départ à décembre. Au quatorzième jour du mois, il quitta Sandy Hill et se mit en route pour Washington. L'honorable Pierre Soule, sénateur de Louisiane au Congrès, l'honorable M. Conrad, secrétaire à la Guerre, et le juge Nelson de la Cour suprême des États-Unis entendirent l'exposé des différents faits, examinèrent les copies certifiées du dossier et des déclarations sous serment, et remirent à M. Northup des lettres ouvertes adressées à ces messieurs de la Louisiane, leur enjoignant de lui apporter leur aide pour mener à bien sa mission.

Le sénateur Soulc s'intéressa tout particulièrement à l'affaire. Dans ses lettres, il affirmait vigoureusement qu'il était du devoir et de l'intérêt de chaque planteur de Louisiane d'aider à ma libération et qu'il se fiait au sens de l'honneur et de la justice de chaque citoyen de l'Union pour l'inciter à prendre fait et cause pour moi. Ces lettres précieuses en main, M. Northup se rendit à Baltimore et de là à Pittsburgh. Il avait initialement voulu se rendre directement à La Nouvelle-Orléans, sous les conseils de certains de ses amis de Washington, afin de consulter les autorités locales une fois sur place. Cependant, grâce à Dieu, il changea d'avis quand il arriva à l'embouchure de la Red River. Aurait-il continué qu'il n'aurait jamais croisé Bass, et ne m'aurait sans doute jamais retrouvé.

Embarquant sur le premier bateau à vapeur qui passa, il continua son voyage le long de la Red River, dont le cours paresseux serpente à travers une vaste région quasi déserte de forêts sauvages et de marais impénétrables. Le 1er janvier 1853, vers 9 heures, il quitta le bateau à Marksville et se rendit directement à la Cour de justice, qui se trouvait à six kilomètres de la rive.

La lettre reçue par Parker et Perry portant le cachet de Marksville, Northup en avait conclu que je devais me trouver dans cette ville ou ses environs. À son arrivée, il se rendit chez l'honorable John P. Waddill, un homme de loi distingué, à l'intelligence vive et aux principes nobles, pour lui exposer le dossier. Après avoir lu les documents qu'on lui présentait et écouté les circonstances de mon enlèvement, M. Waddill offrit sans tarder ses services et se lança dans l'affaire avec zèle et rigueur. Comme ceux dont la morale est pure, il avait mon ravisseur en horreur. Non seulement la légitimité du titre de propriété de ses clients et résidents du comté (titre qui constituait la majeure partie de leur richesse) dépendait de la bonne foi avec laquelle on faisait commerce d'esclaves, mais cet homme aux sentiments honorables n'avait pour cette injustice des plus flagrantes que la plus profonde indignation.

Marksville, bien que célèbre et inscrite en caractères gras sur la carte de Louisiane, n'est en réalité qu'un hameau insignifiant. À l'exception de la taverne, gérée par un tenancier jovial et sympathique, de la Cour de justice, peuplée de bœufs et de porcs sauvages quand elle ne tient pas session, et d'une potence, dont la corde pend dans le vide, la ville n'a aucune curiosité à offrir à ses éventuels visiteurs.

M. Waddill n'avait jamais entendu le nom de Solomon Northup, mais il était convaincu que, s'il y avait un esclave de ce nom dans les environs de Marksville, son domestique noir, Tom, le connaîtrait. Tom fut donc convoqué, mais il n'y avait personne de ce nom-là dans le cercle étendu de ses connaissances.

Comme la lettre de Parker et Perry faisait mention de Bayou Bœuf, on décida que c'était là-bas qu'il fallait me chercher. Mais il y avait un obstacle de taille : Bayou Bœuf se trouvait, en son point le plus proche, à trente-sept kilomètres de Marksville. Mais, surtout, le nom désignait une partie du pays qui s'étendait sur une surface allant de quatre-vingts à cent soixante kilomètres de chaque côté du cours d'eau. Des milliers et des milliers d'esclaves résidaient sur ses rives, la richesse et la fertilité remarquables des sols ayant attiré là-bas un grand nombre de planteurs. L'information donnée par la lettre était donc si vague et si imprécise qu'il était difficile d'élaborer précisément un plan à suivre. On finit cependant par décider que la seule façon viable de procéder serait que Northup et le frère de Waddill, qui étudiait dans le cabinet de celui-ci, se rendraient au Bayou, remonteraient les deux rives sur toute leur longueur et me chercheraient dans chaque plantation. M. Waddill offrit que l'on se serve de sa calèche et l'on convint qu'ils se mettraient en route le lundi matin.

Il semble évident que cette expédition aurait dû, *a priori*, se révéler infructueuse. Il leur aurait été impossible de se rendre aux champs et d'examiner chaque groupe d'esclaves au travail. Ils ne savaient pas que l'on ne me connaissait que sous le nom de Platt. Auraient-ils demandé à Epps lui-même qu'il n'aurait pas menti en affirmant ne connaître aucun Solomon Northup.

Mais on s'était arrangé ainsi, et les hommes eurent un peu de temps libre jusqu'au lundi. La conversation entre MM. Northup et Waddill, le dimanche après-midi, s'orienta sur les affaires politiques de New York.

« J'ai du mal à comprendre les différentes distinctions et nuances des partis politiques de votre État, observa M. Waddill. J'ai entendu parler des *soft-shells* et des *hard-shells*, des *hunkers* et des *barnburners*, des *woolly-heads* et des *silver-grays*[1] et je suis incapable de comprendre ce qui les différencie précisément. Je vous en prie, éclairez-moi. »

---

1. Les *barnburners* (brûleurs de grange) et les *hunkers* constituaient les deux factions opposées du Parti démocrate de l'État de New York au milieu du XIXe siècle. Leur scission s'était faite sur la question de l'esclavage, les premiers voulant l'abolir et les seconds le soutenant

M. Northup remplit à nouveau sa pipe et se lança dans un exposé assez élaboré sur l'origine des différents partis. Il termina en expliquant qu'il y avait un autre parti à New York, connu sous le nom des *free-soilers* [1] ou abolitionnistes.

« Je suppose qu'aucun de ses membres ne s'est égaré dans cette partie du pays ? demanda Northup avec ironie.

– Nous n'en avons qu'un, répondit Waddill en riant. Il y a ici à Marksville un personnage excentrique qui prêche l'abolition avec autant de ferveur qu'un fanatique du Nord. C'est un homme généreux et, au fond, inoffensif, mais il met un point d'honneur à se faire l'avocat du diable dans les débats. Cela nous amuse beaucoup. C'est un excellent technicien, quasi indispensable à notre communauté. Il est charpentier de métier. Son nom est Bass. »

(d'où leur nom de *hunkers* : « ceux qui restent en place »). Quelques années plus tard, ces derniers se diviseront en *soft-shells* et *hard-shells*. Une partie des *hunkers* s'étaient, pour des raisons électorales, ralliés aux *barnburners* : on les nomma les *soft-shells* (coquilles molles). Ceux d'entre eux qui étaient restés sur leur position furent appelés les *hard-shells* (coquilles dures). Les *woolly-heads* et *silver-grays* étaient des factions du Parti whig, ancêtre du Parti républicain (NdT).

1. Les *free-soilers* (Parti du sol libre) formaient un parti abolitionniste de l'État de New York qui réunissait indifféremment des membres du Parti démocrate et du Parti whig (NdT).

La conversation sur les différents traits de caractère de Bass continua dans la bonne humeur, quand, soudain, Waddill devint pensif et demanda à voir à nouveau la fameuse lettre mystérieuse.

« Voyons voir ! Voyons voir ! répéta-t-il pensivement pour lui-même, parcourant avidement la lettre à nouveau. “Bayou Bœuf, 15 août”, le cachet est du 15 août. “Celui qui écrit pour moi.” Où Bass a-t-il travaillé l’été dernier ? » demanda-t-il en se tournant subitement vers son frère. Son frère n’en savait rien mais il se leva, quitta le bureau et revint bientôt avec l’information : « Bass a travaillé quelque part à Bayou Bœuf l’été dernier. »

« C’est lui ! s’exclama Waddill en frappant du poing sur la table avec emphase. C’est lui l’homme qui peut nous renseigner sur Solomon Northup. »

On chercha immédiatement Bass, mais sans succès. On finit par apprendre qu’il se trouvait sur le débarcadère de la Red River. Le jeune Waddill et Northup ne mirent pas longtemps pour parcourir les quelques kilomètres qui les en séparaient. Ils trouvèrent Bass dès leur arrivée ; celui-ci était sur le point de partir, il devait s’absenter au moins une quinzaine de jours. Après s’être présenté, Northup demanda à s’entretenir avec lui en privé un moment. Ils marchèrent ensemble vers la rivière.

« M. Bass, dit Northup, permettez-moi de vous demander si vous vous trouviez à Bayou Bœuf en août dernier.

– Oui monsieur, j’y étais en août.

– Avez-vous, au nom d'un homme de couleur de là-bas, écrit une lettre que vous avez ensuite envoyée à des messieurs de Saratoga Springs ?

– Pardonnez-moi, monsieur, si je vous dis que cela ne vous regarde pas, répondit Bass en s'arrêtant et en observant minutieusement le visage de son interlocuteur.

– Je me suis sans doute un peu précipité, M. Bass, et je vous prie de bien vouloir m'en excuser, mais je suis venu de l'État de New York afin d'accomplir la mission qui était l'objet d'une lettre datée du 15 août, partie de Marksville selon le cachet de la poste. Les circonstances m'ont porté à croire que vous en étiez peut-être l'auteur. Je suis à la recherche de Solomon Northup. Si vous le connaissez, je vous supplie de me dire honnêtement où il se trouve, et je vous assure que je ne divulguerai pas la source des informations que vous me fournirez si tel est votre souhait. »

Bass regarda cet étranger droit dans les yeux pendant un long moment, sans rien dire. Il semblait douter de son propre esprit, se demandait si l'on essayait de le duper ou non. Il finit par dire posément :

« Je n'ai rien fait dont je puisse avoir honte. Je suis l'homme qui a écrit cette lettre. Et si vous êtes venu sauver Solomon Northup, je suis content de vous voir.

– Quand l'avez-vous vu pour la dernière fois, et où est-il ? demanda Northup.

– Je l'ai vu à Noël pour la dernière fois, il y a de cela une semaine. C'est l'esclave d'Edwin Epps, un planteur de Bayou Bœuf, près de Holmesville. Il n'est pas connu sous le nom de Solomon Northup. On l'appelle Platt. »

Le secret était percé à jour, le mystère découvert. La lumière de l'étoile qui allait me guider vers la liberté avait enfin percé les épaisses nuées dont j'avais traversé les ténèbres profondes pendant douze ans. Les deux hommes mirent vite de côté toute méfiance potentielle. Ils discutèrent longuement et librement du sujet qui avait occupé toutes leurs pensées. Bass raconta l'intérêt qu'il avait eu pour mon cas, son intention de se rendre dans le Nord au printemps, et déclara qu'il s'était résolu à faire tout ce qui était en son pouvoir pour obtenir ma libération. Il raconta comment il m'avait rencontré et comment nous avions fait connaissance. Il écouta avec une grande attention le récit qu'on lui fit de ma famille et de la première partie de ma vie. Avant de reprendre la route, il dessina une carte du bayou sur un bout de papier avec un morceau de craie rouge et indiqua à Northup où se trouvait la plantation d'Epps et la route qui y conduisait le plus directement.

Northup et son jeune compagnon rentrèrent à Marksville. On lança la procédure visant à établir mon statut d'homme libre. Je fus désigné comme partie plaignante, avec M. Northup pour représentant et Epps comme prévenu. On adressa un procès-verbal au shérif de la commune lui enjoignant de m'arrêter et de me garder en détention jusqu'à ce que la cour rende sa décision. Il était minuit quand tous les documents furent enfin dûment remplis, trop tard pour espérer obtenir la signature du juge dont nous avions besoin, celui-ci habitant en dehors de la ville. Il fallait donc attendre le lundi matin pour poursuivre les démarches.

Tout semblait se passer à merveille jusqu'à ce que, le dimanche après-midi, Waddill fasse appeler Northup dans sa chambre, pour lui parler d'un nouvel obstacle que personne n'avait anticipé. Bass était inquiet : il s'était confié à une connaissance sur le débarcadère et lui avait fait part de son intention de quitter l'État. Cette personne avait trahi, dans une certaine mesure, la confidence qui lui avait été faite. Et la rumeur se mit à courir à travers la ville que l'étranger de l'hôtel, que l'on avait vu en compagnie de l'avocat, Me Waddill, cherchait à faire libérer l'un des esclaves du vieux Epps, là-bas au bayou. Epps était connu à Marksville : il avait visité la ville plusieurs fois lors des sessions de la Cour, et le conseiller de M. Northup craignait que l'information lui parvienne le soir même, lui donnant une chance de me cacher avant l'arrivée du shérif.

Cette crainte eut pour effet d'accélérer considérablement les choses. On demanda au shérif, qui vivait d'un côté du village, de se tenir prêt immédiatement après minuit. On informa également le juge qu'on l'appellerait à la même heure. Il faut rendre justice aux autorités de Marksville et dire qu'elles ont fait tout leur possible pour favoriser ma libération.

Minuit venait tout juste de passer quand l'on obtint la signature du juge et, aussitôt, une calèche quitta à vive allure le village de Marksville en direction de Bayou Bœuf, avec à son bord M. Northup, le shérif et le fils de l'hôtelier comme cocher.

On supposa qu'Epps contesterait mon statut d'homme libre. M. Northup pensa par conséquent que le témoignage du shérif sur notre première rencontre pouvait constituer une preuve importante pour le procès. Ils discutèrent donc durant le voyage et décidèrent que, avant que je puisse m'entretenir directement avec M. Northup, le shérif me poserait quelques questions sur lesquelles ils s'étaient mis d'accord, telles que le nombre et les prénoms de mes enfants, le nom de jeune fille de ma femme, les endroits du Nord que je connaissais et ainsi de suite. Si mes réponses correspondaient à celles qu'on lui avait données, l'interrogatoire serait concluant.

Ils finirent par arriver à la plantation, juste après qu'Epps eut quitté le champ avec la perspective réconfortante qu'il reviendrait nous « réchauffer » sous peu, comme nous l'avons raconté à la fin du chapitre précédent. Nous étions donc en plein travail. Northup et le shérif descendirent de voiture et ordonnèrent au cocher de se rendre à la grande maison et de ne rien dire à personne de l'objet de leur visite, jusqu'à ce qu'ils se retrouvent. Cela fait, ils quittèrent la route et traversèrent le champ de coton jusqu'à nous. Nous les observions, depuis leur descente de calèche, l'un marchait plusieurs mètres devant l'autre. Voir des hommes blancs s'approcher de cette façon était un fait singulier et rare, particulièrement d'aussi bonne heure. L'oncle Abram et Patsey firent quelques remarques pour exprimer leur étonnement. Le shérif arriva à la hauteur de Bob et lui demanda :

« Où est le gars qu'on appelle Platt ?

– Il est là, missié », répondit Bob me pointant du doigt tout en enlevant son chapeau.

Je me demandai alors ce qu'il pouvait bien me vouloir et, me retournant, l'observai minutieusement jusqu'à ce qu'il soit à moins d'un pas de moi. Pendant toutes ces années passées au bayou, je m'étais familiarisé avec le visage de tous les planteurs de la région ; mais cet homme m'était totalement inconnu, j'étais sûr de ne l'avoir jamais vu auparavant.

« Ton nom est Platt, c'est ça ?

– Oui, maître. »

Il pointa son doigt en direction de Northup, qui se tenait à quelques mètres de nous et me demanda :

« Connais-tu cet homme ? »

Je regardai dans la direction indiquée et quand mes yeux se posèrent sur lui, un flot d'images envahit mon esprit. Je vis une multitude de visages connus, celui d'Anne et de mes chers enfants, celui de mon père, toutes les scènes et tous les camarades de mon enfance et de ma jeunesse, tous les amis des jours anciens, et plus heureux. Ces chères visions apparaissaient et disparaissaient, voletaient et flottaient comme des ombres fugaces dans les recoins de mon esprit, jusqu'à ce qu'enfin le souvenir exact de cet homme me revienne et que, levant les mains au ciel, je m'exclamai dans un cri plus retentissant que jamais :

« *Henry B. Northup !* Merci, mon Dieu ! Merci, mon Dieu ! »

Il ne me fallut pas une seconde pour comprendre l'objet de sa visite, et je sentis enfin que l'heure de ma libération était proche. Je me dirigeai vers lui, mais le shérif me barra le passage.

« Arrête-toi un instant, me dit-il. As-tu un autre nom que celui de Platt ?

– Je m'appelle Solomon Northup, maître, répondis-je.

– As-tu une famille ? demanda-t-il.

– *J'avais* une femme et trois enfants.

– Quel était le nom de tes enfants ?

– Elizabeth, Margaret et Alonzo.

– Et celui de ta femme avant de t'épouser ?

– Anne Hampton.

– Qui vous a mariés ?

– Timothy Eddy, de Fort Edward.

– Où vit ce monsieur ? dit-il, pointant à nouveau son doigt en direction de Northup qui se tenait toujours au même endroit.

– Il vit à Sandy Hill dans le comté de Washington de l'État de New York », fut ma réponse.

Il allait me poser d'autres questions mais, n'y tenant plus, je le contournai, me mis à courir vers mon vieil ami et lui saisis les deux mains. J'étais incapable de parler et de retenir mes larmes.

« Sol, finit-il par dire, je suis content de te voir. »

Je tentai de répondre, mais l'émotion étouffait la moindre parole, et je restai donc silencieux. Les esclaves, complètement perdus, observaient la scène sans bouger, la bouche grande ouverte et les yeux exorbités en signe d'incompréhension et d'étonnement extrêmes. J'avais passé dix ans à leurs côtés, aux champs et dans les cases, j'avais traversé les mêmes épreuves, partagé le même traitement, mélangé mes peines aux leurs, ressenti les mêmes maigres joies. Et, pourtant, ils n'avaient jamais eu le moindre soupçon quant à mon véritable nom ou la moindre idée de la réalité de mon histoire, jusqu'à cet instant, le dernier que je devais passer parmi eux.

On resta silencieux pendant plusieurs minutes, durant lesquelles je me cramponnai à Northup, fixant son visage, craignant de me réveiller et de m'apercevoir que tout cela n'était qu'un rêve.

« Jette ce sac par terre, finit par dire Northup, c'en est fini pour toi de ramasser du coton. Viens avec nous voir l'homme chez qui tu vis. »

Je lui obéis et me mis en marche entre lui et le shérif ; nous prîmes la direction de la grande maison. Il me fallut parcourir plusieurs mètres avant de pouvoir retrouver suffisamment ma voix pour demander si toute ma famille était en vie. Il me dit qu'il avait vu Anne, Margaret et Elizabeth peu de temps auparavant, qu'Alonzo lui aussi était en vie et que tous se portaient bien. Je n'aurais plus, cependant, le bonheur de revoir ma mère. Je me remis progressivement de la grande excitation soudaine qui m'avait envahi. Je me sentis tout d'un coup faible et nauséeux au point qu'il me fut difficile de marcher. Le shérif attrapa mon bras pour m'aider, sans quoi je serais sans doute tombé. Quand nous gravîmes le perron, Epps se tenait sur le seuil de la porte et discutait avec le cocher. Ce dernier, fidèle aux instructions qu'il avait reçues, n'avait pas donné la moindre réponse ni la moindre information sur ce qui se passait, malgré les questions incessantes. Quand nous arrivâmes vers lui, Epps était presque aussi perdu et déconcerté que Bob ou que l'oncle Abram.

Epps serra la main du shérif, fut présenté à M. Northup, puis les invita à entrer dans la maison, m'ordonnant en même temps d'aller chercher du bois. Il me fallut un peu de temps pour couper quelques bûches ; j'étais, de façon inexplicable, incapable de me servir de la hache avec la moindre précision. Quand j'apportai enfin le bois, la table était couverte de documents éparpillés. Northup était en train d'en lire un à voix haute. Je mis probablement plus de temps que nécessaire pour disposer les bûches dans la cheminée, m'acquittant de ma tâche avec le plus grand soin. J'entendis les expressions « ledit Solomon Northup », « le déposant affirme donc » et « citoyen libre de New York » répétées à plusieurs reprises et je compris alors que le secret que j'avais si longtemps caché à maître et maîtresse Epps venait d'éclater au grand jour. Je m'attardai autour de la cheminée aussi longtemps que la prudence me le permit, et m'apprêtais à quitter la pièce quand Epps me demanda :

« Platt, connais-tu ce monsieur ?

– Oui, maître, répondis-je, je le connais depuis toujours.

– Où vit-il ?

– Il vit à New York.

– Tu y as déjà vécu ?

– Oui, maître. J'y suis né et j'y ai grandi.

– T'étais un homme libre, alors. Maudit négro ! s'exclama-t-il. Pourquoi tu me l'as pas dit quand je t'ai acheté ?

– Maître Epps, répondis-je sur un ton légèrement différent de celui avec lequel j'avais l'habitude de m'adresser à lui, vous n'avez pas pris la peine de me le demander. De plus, j'en avais parlé à l'un de mes maîtres, celui qui m'avait enlevé : je lui ai dit que j'étais un homme libre et il m'a fouetté presque à mort.

– Paraîtrait que quelqu'un a écrit une lettre en ton nom. Allons, dis-moi qui », demanda-t-il avec autorité.

Je ne répondis pas.

« Je t'ai demandé qui avait écrit cette lettre, répéta-t-il.

– Peut-être l'ai-je écrite moi-même, répondis-je.

– Tu n'as pas pu aller au bureau de poste et en revenir en une nuit, ça, j'en suis convaincu. »

Il insista pour que je lui réponde, mais je refusai de m'exécuter. Il proféra des menaces virulentes contre l'homme en question, qui que ce soit, et annonça la vengeance sanglante et sauvage qu'il lui infligerait le jour où il découvrirait son identité. On voyait à son attitude et à son vocabulaire qu'il était en colère contre celui qui avait écrit pour moi et furieux à l'idée de devoir perdre un tel bien. Il jura à M. Northup que, s'il avait eu connaissance de son arrivée, ne serait-ce qu'une heure à l'avance, il lui aurait épargné la peine de me ramener à New York, qu'il m'aurait conduit au fin fond du marais ou dans un autre endroit reculé, où aucun shérif au monde n'aurait pu me trouver.

Je sortis dans la cour et m'apprêtais à passer la porte de la cuisine, quand quelque chose me frappa le dos. Tante Phebe, qui sortait de la porte arrière de la grande maison avec une casserole de pommes de terre, m'en avait lancé une avec une violence exagérée, afin de me faire comprendre qu'elle voulait me parler un instant en privé. Courant jusqu'à moi, elle murmura à mon oreille avec sérieux :

« Dieu tout-puissant, Platt ! Qu'est-ce t'en dis ? Ces deux bonshommes viennent te chercher. Les ai entendus dire au maît' qu't'es libre, qu't'as une femme et trois enfants là d'où tu viens. Tu vas les suivre ? Tu s'rais un idiot d'pas y aller, Dieu sait qu'j'irais si j'pouvais. »

Tante Phebe continua à déblatérer ainsi à une vitesse impressionnante.

Puis maîtresse Epps apparut dans la cuisine. Elle me parla longuement et me demanda pourquoi je ne lui avais pas dit la vérité. Elle fit part de ses regrets, me complimenta en disant qu'elle aurait préféré perdre n'importe quel autre domestique de la plantation plutôt que moi. Si Patsey s'était tenue à ma place devant elle ce jour-là, la joie de ma maîtresse aurait sans aucun doute été immense. Il n'y aurait désormais plus personne pour lui réparer une chaise ou un autre meuble, personne qui serait d'une quelconque utilité dans la maison, personne pour lui jouer du violon. Les larmes qu'elle versait étaient sincères.

Epps avait demandé à Bob de seller son cheval. Les autres esclaves avaient surmonté la peur de la punition et quitté leur poste de travail pour s'approcher de la cour. Ils se cachaient derrière les cases, hors de la vue d'Epps. Curieux et impatients au plus haut point, ils m'appelèrent pour me parler et me poser une multitude de questions. Si je pouvais répéter les mots exacts qu'ils prononcèrent, avec la même insistance, si je pouvais décrire leurs différentes attitudes, l'expression de leurs visages, cela serait un tableau intéressant, à n'en pas douter. À leurs yeux, j'avais soudain atteint des hauteurs incommensurables, j'étais devenu quelqu'un d'extrêmement important.

Les documents légaux ayant été remis, on convint avec Epps de se retrouver le lendemain à Marksville. Northup et le shérif remontèrent en calèche. J'étais en train de me hisser sur le siège du cocher quand le shérif me dit qu'il serait bon que je fasse mes adieux à M. et Mme Epps. Je revins en courant dans la véranda où ils se tenaient, enlevai mon chapeau et dis :

« Au revoir, madame.

– Au revoir, Platt, dit Mme Epps avec douceur.

– Au revoir, maître.

– Ah, maudit négro que tu es ! marmonna Epps d'un ton revêche et mauvais. Ne crois pas que cette histoire est réglée, t'es pas encore parti, je verrai tout ça demain à Marksville. »

Je n'étais peut-être qu'un « négro », conscient de son infériorité, mais je savais, avec autant de certitude que si j'avais été blanc, que j'aurais eu un plaisir immense si j'avais osé à cet instant lui donner un coup de pied en guise d'adieu. Je rejoignais la calèche, quand Patsey courut de derrière une case et se jeta à mon cou.

« Oh, Platt ! dit-elle en pleurs, tu vas être libre, et là où tu t'en vas on se verra plus jamais. Tu m'as sauvée de tellement de coups de fouet, Platt, je suis contente que tu sois libre, mais oh mon Dieu ! mon Dieu ! qu'est-ce que je vais devenir ? »

Je me défis de son étreinte et montai dans la calèche. Le cocher fit claquer sa cravache, et nous nous mîmes en route. Je me retournai et vis Patsey, la tête baissée, à genoux sur le sol. Mme Epps se tenait dans la véranda, l'oncle Abram, Bob, Wiley et tante Phebe m'observaient depuis le portail. Je leur fis signe de la main, la calèche prit un virage du bayou… Je ne les revis plus jamais.

Nous nous arrêtâmes un moment à la sucrerie de Carey, où un grand nombre d'esclaves étaient en train de travailler. Un tel établissement était une véritable curiosité pour celui qui venait du Nord. Epps filait à cheval à nos côtés ; il se rendait, nous l'apprîmes le jour suivant, à Pine Woods pour voir William Ford, qui m'avait amené dans la région.

Le mardi 4 janvier, Epps et son avocat, Me E. Taylor, Northup, Waddill, le juge et le shérif d'Avoyelles, ainsi que moi-même, nous nous retrouvâmes dans une maison de Marksville. M. Northup énonça les faits me concernant et présenta son mandat, ainsi que les déclarations sous serment qui l'accompagnaient. Le shérif raconta la scène du champ de coton. Je fus également longuement interrogé. Maître Taylor finit par déclarer à son client qu'il en avait assez entendu et qu'un procès serait aussi coûteux qu'inutile. Suivant son conseil, on rédigea un document que les deux parties signèrent, dans lequel Epps affirmait reconnaître mon statut d'homme libre et me rendait officiellement aux autorités de l'État de New York. Le document fut enregistré au bureau du greffier d'Avoyelles.

Aussitôt après, M. Northup et moi-même nous pressâmes vers le débarcadère et montâmes à bord du premier bateau à vapeur qui passa. Peu après, nous descendions la rivière par laquelle, le cœur abattu, j'étais arrivé douze ans auparavant.

Chapitre XXII

Le bateau glissait en direction de La Nouvelle-Orléans. *Peut-être* n'étais-je pas heureux, *peut-être* n'avais-je aucun mal à me retenir de danser partout sur le pont, peut-être n'étais-je pas reconnaissant envers l'homme qui avait parcouru des milliers de kilomètres pour moi, peut-être n'allumais-je pas sa pipe, peut-être n'attendais-je et n'écoutais-je pas ses mots, peut-être ne courais-je pas pour satisfaire la moindre de ses demandes ! Si je ne l'ai pas fait – quelle importance ?

Nous restâmes deux jours à La Nouvelle-Orléans. J'indiquai à Northup où se trouvait la nègrerie de Freeman et la pièce dans laquelle Ford m'avait acheté. Nous croisâmes Theophilus dans la rue, mais je n'estimai pas utile de renouer avec lui. Plusieurs personnes respectables de la région nous apprirent qu'il était devenu une crapule misérable, un homme fini, à la réputation ruinée. Nous rendîmes également visite au greffier, M. Genois, à qui s'adressait la lettre du sénateur Soule. L'homme méritait amplement la grande et honorable réputation qui était la sienne. Il nous donna sans hésiter un laissez-passer officiel signé de sa main et portant le sceau de son étude. Le laissez-passer contenait une description de mon physique par le greffier, il ne serait pas inutile de l'insérer ici. En voici donc une copie.

État de Louisiane – Ville de La Nouvelle-Orléans :
Bureau du greffier, deuxième circonscription.

À tous ceux à qui s'adresseraient les détenteurs de ce laissez-passer :

Je certifie que M. Henry B. Northup, du comté de Washington, dans l'État de New York, m'a apporté les preuves tangibles de la liberté de Solomon, homme mulâtre né dans l'État de New York, d'environ quarante-deux ans, un mètre soixante-quinze, les cheveux crépus et les yeux noisette. Le susnommé Northup ramenant ledit Solomon dans son État d'origine en empruntant les routes du Sud, il est demandé aux autorités civiles de laisser l'homme de couleur Solomon passer sans entrave, sous réserve que son comportement soit honorable.

Remis par moi-même et frappé du sceau de la ville de
La Nouvelle-Orléans, ce 7 janvier 1853.
[L. S.] Th. GENOIS, greffier.

Le 8, nous arrivâmes en train au lac Pontchartrain et rejoignîmes rapidement Charleston en empruntant la route habituelle. Après avoir embarqué sur le bateau et payé la taxe de passage, M. Northup fut appelé par un officier du Bureau des douanes. On lui demanda pourquoi il n'avait pas déclaré son domestique. Il répondit qu'il n'avait pas de domestique, qu'en tant qu'agent de l'État de New York, il accompagnait un citoyen libre qui avait été illégalement réduit en esclavage et qu'il n'avait aucune intention de le déclarer de quelque façon que ce soit. Je compris à sa façon de parler et à son attitude, mais je me trompais peut-être complètement, qu'il ne s'efforcerait pas particulièrement d'éviter les obstacles que les autorités de Charleston pourraient vouloir mettre sur notre route. On finit cependant par nous autoriser à reprendre notre chemin et, traversant Richmond où j'aperçus la nègrerie Goodin, nous arrivâmes à Washington le 17 janvier 1853.

Immédiatement après nous être assurés que Burch et Radburn vivaient toujours tous les deux dans cette ville, nous déposâmes auprès de la police municipale une plainte pour enlèvement et vente illégale en esclavage à l'encontre de James H. Burch. Celui-ci fut arrêté grâce à un mandat signé par le juge Goddard, puis présenté devant le juge Mansel et détenu contre une caution de 3 000 dollars. Au moment de son arrestation, Burch fut pris de panique. Il semblait envahi par la peur et l'inquiétude. Avant d'atteindre le bureau du juge, sur Louisiana Avenue, et avant même de connaître la nature précise de la plainte déposée contre lui, il supplia le policier de le laisser s'entretenir avec Benjamin O. Shekels, négrier depuis dix-sept ans, son ancien associé. Ce dernier paya d'ailleurs sa caution.

À 10 heures, le 18 janvier, les deux parties se présentèrent devant le magistrat. Le sénateur Chase de l'Ohio, l'honorable Orville Clark, de Sandy Hill, et M. Northup étaient les avocats du plaignant, Joseph H. Bradley celui de la défense.

Le général Orville Clark fut appelé comme témoin ; il déclara me connaître depuis l'enfance, que j'étais un homme libre, comme l'avait été mon père avant moi. M. Northup témoigna de la même façon et apporta les preuves qui l'avaient conduit à sa mission à Avoyelles.

Ebenezer Radburn fut ensuite appelé à témoigner à son tour. Il déclara avoir quarante-huit ans, résider à Washington et connaître Burch depuis quatorze ans. Il affirma qu'en 1841 il était le gardien de la nègrerie Williams et qu'il se souvenait de mon emprisonnement cette année-là. À ce stade, l'avocat de la défense admit que j'avais été placé en détention à la nègrerie Williams au printemps 1841 ; c'est sur cet élément que reposait l'accusation.

Benjamin O. Shekels fut ensuite appelé à témoigner en faveur de l'accusé. Benjamin est un homme corpulent, aux traits grossiers, et le lecteur aura sans doute une idée assez précise du personnage en lisant les mots exacts que celui-ci employa pour répondre à la première question de l'avocat de la défense. On lui demanda son lieu de naissance, ce à quoi il répondit précisément, de façon un peu effrontée :

« Je suis né dans le comté d'Ontario, de l'État de New York et je pesais *six kilos et demi* ! »

Benjamin avait été un bébé énorme ! Il affirma également qu'il tenait le *Steamboat Hotel* à Washington en 1841 et qu'il m'y avait vu au printemps de cette année-là. Il se mit à raconter la conversation qu'il avait entendue entre deux hommes, ce qui poussa le sénateur Chase à soulever une objection, soutenant que les dires de tierces personnes constituaient un ouï-dire et étaient donc une preuve irrecevable. L'objection fut rejetée par le juge, et Shekels reprit son récit. Il raconta que deux hommes étaient descendus à son hôtel en déclarant avoir un homme de couleur à vendre, qu'ils discutèrent avec Burch et affirmèrent venir de Géorgie, mais il ne se souvenait pas de quel comté. Puis ils décrivirent le garçon en question, dirent qu'il était maçon de métier et jouait du violon. Burch annonça qu'il l'achèterait s'ils se mettaient d'accord sur un prix. Il confirma que j'étais bien le garçon que les deux hommes essayaient de vendre. Puis Shekels déclara, avec autant de conviction que si cela avait été vrai, que j'avais affirmé être né et avoir grandi en Géorgie, que l'un des deux jeunes hommes était mon maître et que j'avais l'air très affecté au moment de lui dire au revoir. Il alla jusqu'à dire que j'étais « en larmes », mais que j'avais néanmoins reconnu que mon maître avait le droit de me vendre, qu'il devait me vendre et la raison que j'avais donnée, selon Shekels, était que mon maître « avait parié à outrance et fait des folies » !

Il déclara ensuite, comme le montre le compte rendu de l'interrogatoire :

« Burch posa au garçon les questions habituelles, il lui dit qu'il l'enverrait dans le Sud s'il l'achetait. Le garçon dit qu'il n'y voyait aucune objection, que cela lui plairait, même, d'y aller. Burch l'acheta 650 dollars, dans mon souvenir. Je ne sais pas quel nom on lui donna, mais je ne crois pas que ce soit Solomon. Je ne connais pas non plus le nom des deux hommes. Ils sont restés deux ou trois heures dans ma taverne, durant lesquelles le garçon a joué du violon. L'acte de vente fut signé sur mon comptoir. C'était *un formulaire pré-imprimé, rempli par Burch*. Burch a été mon associé jusqu'en 1838. On faisait du négoce d'esclaves. Après quoi, il est devenu l'associé de Theophilus Freeman, de La Nouvelle-Orléans. Burch achetait ici, Freeman vendait là-bas ! »

Avant son témoignage, Shekels avait entendu mon récit des événements liés à ma visite de Washington avec Brown et Hamilton, c'était donc sans risque qu'il parlait de « deux hommes » et de moi en train de jouer du violon. Le reste n'était qu'invention, tout était faux. On trouva pourtant un homme dans Washington pour confirmer ses dires.

Benjamin A. Thorn déclara se trouver chez Shekels ce jour de 1841 et avoir vu un garçon de couleur jouer du violon.

« Shekels a dit qu'il était à vendre. J'ai entendu son maître lui dire qu'il devrait le vendre. Le garçon m'a dit lui-même qu'il était un esclave. J'étais pas là quand on a échangé l'argent. J'pourrais pas jurer qu'il s'agit de ce garçon. *Le maître était au bord des larmes, le garçon, lui, en a versé, je crois !* Je transporte des esclaves vers le Sud, de temps à autre, depuis vingt ans. Quand je fais pas ça, je fais autre chose. »

On m'appela ensuite à la barre, mais une objection fut soulevée et la cour décida que mon témoignage était irrecevable. Celui-ci fut, en effet, rejeté sur le seul fondement que j'étais un homme de couleur, et mon statut de citoyen libre de New York ne fut pas remis en cause.

Shekels ayant mentionné l'existence d'un acte de vente, la cour enjoignit à Burch de le lui montrer, étant donné que ce document pourrait corroborer les déclarations de ses témoins. L'avocat de l'accusé comprit qu'il serait nécessaire de le fournir, ou bien de donner une raison valable de ne pas le faire. C'est donc pour s'expliquer que Burch fut appelé à témoigner en son propre nom. Il fut objecté par la partie civile que ce type de témoignage ne devrait pas être autorisé, qu'il allait à l'encontre de tous les principes de l'équité du procès et que l'accepter serait trahir l'idée même de justice. Son témoignage fut cependant accepté par la cour ! Il jura qu'on avait rédigé et signé un acte de vente, mais *qu'il l'avait perdu, qu'il ne savait pas où il était* ! On demanda alors à un magistrat d'envoyer un officier de police au domicile de Burch, avec pour ordre de rapporter ses livres de comptes contenant les actes de vente de l'année 1841. La requête fut accordée et, avant qu'aucune mesure puisse être adoptée pour l'empêcher, l'officier s'était procuré lesdits livres et les avait rapportés au tribunal. On trouva les ventes de 1841, on les examina minutieusement, mais aucune ne me concernant, sous aucun nom, ne fut découverte ! La cour finit par statuer en faveur de Burch, en affirmant qu'il m'avait acheté en toute honnêteté et en toute innocence. Il fut donc acquitté.

Burch, soutenu par ses acolytes, tenta ensuite de m'accuser d'avoir conspiré avec deux hommes blancs afin de l'escroquer. L'issue de sa démarche est bien décrite dans cet extrait d'un article du *New York Times* paru un ou deux jours après le procès : « L'avocat de Burch avait rédigé, avant que son client soit acquitté, un *affidavit*[1] signé par ce dernier et un mandat contre l'homme de couleur, pour conspiration avec la complicité des deux hommes blancs précités et tentative d'escroquerie sur la personne de Burch pour la somme de 625 dollars. Le mandat fut déposé. On arrêta l'homme de couleur et il fut présenté devant l'officier Goddard. Burch et ses témoins arrivèrent à la cour.

1. Terme latin signifiant « il a déclaré sous serment » et désignant un écrit dans lequel on déclare solennellement devant une personne représentant la loi que les faits qui y sont énoncés sont vrais.

Henry B. Northup, l'avocat de l'homme de couleur, affirma être prêt à plaider et ne demanda aucun délai. Burch, après s'être entretenu en privé un court instant avec Shekels, affirma au juge vouloir retirer sa plainte ; il n'irait pas plus loin. M. Northup tint à ce que le juge prenne note que, si la plainte était retirée, cela ne serait pas à la demande de l'accusé. Burch demanda ensuite au juge de lui rendre la plainte et le mandat, et les prit. L'avocat de la défense fit objection, s'opposant à ce que Burch les reçoive, et rappela que ces pièces devaient rester dans les archives de la cour et que cette dernière devait garder une trace de tous les actes déposés pendant ce procès. Burch finit par les restituer à la cour, qui déclara cette affaire interrompue sur demande du plaignant et classa le dossier. »

Il y aura sans doute des personnes enclines à croire le témoignage d'un marchand d'esclaves, des personnes dans l'esprit desquelles ses affirmations pèseront toujours plus que les miennes. Je ne suis qu'un pauvre homme de couleur, d'une race inférieure et dégradée, dont l'humble voix n'atteint peut-être pas l'oreille de l'oppresseur. Mais je *connais* la vérité et j'ai pleine conscience de mes responsabilités. Je déclare solennellement, devant les hommes et devant Dieu, que toute accusation affirmant que j'aurais, directement ou non, conspiré avec d'autres pour vendre ma personne, que toute autre version concernant ma visite à Washington et mon emprisonnement à la nègrerie Williams que celle décrite dans ces pages serait complètement et absolument fausse. Je n'ai jamais joué de violon à Washington. Je n'ai jamais mis les pieds au *Steamboat Hotel* et je n'ai jamais vu ni Thorn ni Shekels de toute ma vie, avant janvier dernier. L'histoire racontée par ce trio de marchands d'esclaves est une fabrication aussi absurde que déshonorante et infondée. Si cela avait été vrai, je n'aurais pas pris le risque, alors que j'étais en chemin vers ma liberté, de m'en détourner afin de poursuivre Burch en justice. J'aurais plutôt cherché à l'éviter. J'aurais dû savoir qu'une telle entreprise me rendrait tristement célèbre. Dans de telles circonstances, sachant que je me languissais de voir ma famille et que j'étais fou de joie à l'idée de rentrer chez moi, il est peu vraisemblablc quc je me sois infligé le risque, mais aussi la publicité, de poursuites criminelles et d'une condamnation, en me mettant volontairement dans cette position, si les propos de Burch et de ses acolytes avaient contenu la moindre parcelle de vérité. Ce fut pour moi difficile d'aller le chercher, de l'affronter devant un tribunal, de l'accuser du crime d'enlèvement, mais c'est la douleur encore vive des torts qu'il m'avait infligés et le désir que justice soit faite qui, seuls, m'y ont poussé. Il fut acquitté, comme nous l'avons vu. Le tribunal des hommes lui a permis de s'échapper. Mais il existe un autre tribunal, plus grand, où un faux témoignage ne saura prévaloir et au jugement duquel je me soumettrai, du moins pour cette affaire, sans la moindre résistance.

Nous quittâmes Washington le 20 janvier, traversâmes Philadelphie, New York et Albany, et arrivâmes à Sandy Hill dans la soirée du 21. Mon cœur débordait de joie à la vue de tous ces endroits familiers, à l'idée de retrouver les amis des jours anciens. Le matin suivant, je me mis en route pour Glens Falls, où habitaient Anne et nos enfants.

Quand je passai le seuil de la porte de la confortable maisonnette, Margaret fut la première à m'accueillir. Elle ne me reconnut pas. Quand je l'avais quittée, elle avait tout juste sept ans, petite fille bavarde qui passait son temps à s'amuser avec ses jouets. Elle était à présent une femme mariée, mère d'un petit garçon aux yeux brillants. Elle l'avait appelé Solomon Northup Staunton, en hommage à son malheureux grand-père retenu comme esclave. Quand on lui dit qui j'étais, l'émotion l'envahit et elle fut incapable de parler. Elizabeth entra aussitôt dans la pièce, puis Anne accourut de l'hôtel, ayant été mise au courant de mon arrivée. Elles m'étreignirent, les joues ruisselantes de larmes, et vinrent s'accrocher à mon cou. Mais laissez-moi tirer le rideau sur une scène qui s'imagine mieux qu'elle ne pourra jamais se décrire.

Quand la violence de nos émotions céda la place à une joie céleste, quand notre foyer se rassembla autour du feu réconfortant qui crépitait et réchauffait la pièce, nous discutâmes des milliers d'événements qui s'étaient produits, les espoirs et les peurs, les joies et les peines, les épreuves et les ennuis que nous avions chacun traversés pendant notre longue séparation. Alonzo était absent, il s'était rendu dans l'ouest de l'État. Le garçon avait écrit quelque temps auparavant à sa mère pour lui faire part de son projet de réunir assez d'argent afin de racheter ma liberté. Cela avait été l'objet de toutes ses pensées et de toutes ses ambitions depuis son plus jeune âge. Mes enfants savaient que j'étais esclave. Ils tenaient l'information de la lettre que j'avais écrite sur le bateau et de Clem Ray lui-même. Mais ils n'avaient eu aucun moyen de déterminer l'endroit où je me trouvais, jusqu'à l'arrivée de la lettre de Bass. Anne me raconta qu'un jour, Elizabeth et Margaret étaient rentrées de l'école en pleurs. Quand elle leur avait demandé la cause de leur chagrin, elles avaient répondu que, lors du cours de géographie, on leur avait montré des images d'esclaves travaillant aux champs de coton et du contremaître les suivant avec son fouet. Cela leur avait rappelé les souffrances que leur père endurait sans doute dans le Sud. De fait, il les endurait véritablement. On raconta de nombreuses histoires comme celle-ci, des anecdotes montrant combien j'avais toujours été présent dans leurs pensées, mais qui n'ont sans doute pas suffisamment d'intérêt pour qu'on les rapporte au lecteur.

Mon récit touche à sa fin. Je n'ai aucun commentaire à faire sur le sujet de l'esclavage. Ceux qui liront ce livre se feront leur propre opinion de cette « institution particulière [1] ». Je ne prétends pas savoir ce qui se passe dans les autres États, mais, en ce qui concerne la région de la Red River, ce qui est décrit dans ces pages est fidèle à la réalité. Ce n'est pas de la fiction, il n'y a aucune exagération. Si j'ai échoué de quelque façon que ce soit, c'est en présentant au lecteur un récit qui fait la part trop belle aux bons côtés des choses. Je sais de façon certaine que des centaines d'hommes ont été aussi malchanceux que moi, que des centaines de citoyens libres ont été enlevés et vendus comme esclaves et épuisent, en ce moment même, ce qu'il leur reste de vie dans les plantations du Texas ou de la Louisiane. Mais je préfère m'abstenir de donner mon avis. L'esprit étouffé et bâillonné par les souffrances que j'ai endurées, mais reconnaissant à l'Être bon et miséricordieux grâce auquel j'ai retrouvé mon bonheur et ma liberté, j'aspire désormais à mener une vie honnête et humble et, enfin, à me reposer dans le jardin de l'église où dort déjà mon père.

1. Voir note 2, p. 7.

Histoire de l'esclavage et du combat pour l'égalité raciale aux États-Unis

1776 4 juillet : Déclaration d'indépendance des États-Unis d'Amérique.

1777-1817 Abolition progressive de l'esclavage dans les États du Nord. Un mouvement abolitionniste prônant la suppression de l'esclavage dans toute l'Union grandit dans le Nord, ce qui fait naître des tensions entre États « libres » et États esclavagistes.

1787 Proclamation de la Constitution américaine. Le droit de vote est limité aux habitants libres de sexe masculin propriétaires d'au moins 50 acres. L'égalité civique entre Noirs et Blancs n'est pas instituée, sous la pression des planteurs du Sud.

1790 *Naturalization Act* : seuls les étrangers blancs peuvent être naturalisés américains (exclusion des Noirs).

1793 12 février : *Fugitive Slave Act* : un propriétaire d'esclaves a le droit de recouvrer un esclave évadé. Cette loi rend effective la *Fugitive Slave Clause* de la Constitution américaine (article 4).

1817 Abolition de l'esclavage dans la ville et l'État de New York.

1820 *Missouri Compromise* : reconnaissance de l'esclavage dans les États du Sud alors qu'il est aboli dans les États du Nord.

1822 Le droit de vote dans l'État de New York est accordé aux hommes de couleur propriétaires, résidant depuis plus de trois ans dans l'État (contre un an pour les Blancs).

1830-1860 Prolifération des *slave narratives*, récits nés de la collaboration entre des esclaves et des éditeurs.

1845 Frederick Douglass, *La Vie de Frederick Douglass, esclave américain, écrite par lui-même*. Né esclave, Douglass s'est évadé à l'âge de vingt ans. Il deviendra un célèbre homme politique abolitionniste.

1850 Harriet Beecher-Stowe, *La Case de l'oncle Tom*, parution en feuilleton.
18 septembre : second *Fugitive Slave Act* : tout esclave évadé doit être rendu à son maître, même s'il est retrouvé dans un État non esclavagiste. Les autorités et citoyens des États libres ont le devoir de coopérer. L'esclavage est maintenu à Washington, la capitale, même si la vente d'êtres humains y est désormais interdite.

1851 1er octobre : William Henry, un esclave évadé, est arrêté à Syracuse, dans l'État de New York. Le même jour, se tient dans la ville la réunion du Liberty Party, parti politique abolitionniste. À la nouvelle de l'arrestation de William Henry, des centaines d'abolitionnistes déferlent sur la prison et le libèrent.

1852 Harriet Beecher-Stowe, *La Case de l'oncle Tom*, paru en volume, est vendu à trois cent mille exemplaires.

1853 Harriet Beecher-Stowe, *Une clé de la Case de l'oncle Tom*, ouvrage qui recense des faits authentiques sur la vie des esclaves.
Solomon Northup, *Douze Ans dans l'esclavage.*

1857 *Dred Scott Decision* (jugement rendu par la Cour suprême) : les Afro-Américains, esclaves comme hommes libres, ne sont pas citoyens américains et ne peuvent donc pas témoigner dans un procès, même dans les États libres.

1859 16 octobre : en Virginie, État esclavagiste, un commando dirigé par un abolitionniste du nom de John Brown s'empare de l'arsenal de Harper's Ferry. L'arsenal est repris par l'armée. John Brown, blessé, est fait prisonnier.
25 octobre : ouverture du procès de John Brown et de ses compagnons à Charlestown. John Brown est condamné à mort.
2 décembre : lettre de Victor Hugo adressée aux États-Unis, pour obtenir la grâce de John Brown.
8 décembre : la presse américaine reproduit l'appel de Victor Hugo.
16 décembre : exécution de John Brown.

1860 Novembre : Abraham Lincoln, homme politique abolitionniste, est élu président des États-Unis.

1861 Harriet Jacobs, *Incidents de la vie d'une esclave, écrits par elle-même*.
Suite à l'élection de Lincoln, sept États esclavagistes du Sud forment une union indépendante : les États confédérés. Ils sont rejoints par quatre autres États deux mois plus tard.

1861-1865 Guerre de Sécession entre États du Nord (l'Union) et États du Sud (les confédérés).

1863 1er janvier : *Emancipation Proclamation*, décret du président Lincoln. Fondé sur les pouvoirs exceptionnels du président en temps de guerre, ce décret confère le statut d'homme libre à tous les esclaves se trouvant dans les États en rébellion (entre trois et quatre millions de personnes).

1865 9 avril : reddition de l'armée confédérée et fin de la guerre de Sécession.
14 avril : assassinat du président Lincoln.
18 décembre : XIIIe amendement à la Constitution, qui abolit l'esclavage et la servitude involontaire, sauf lorsqu'il s'agit d'un châtiment légal.

1869 26 février : XVe amendement à la Constitution : le droit de vote ne peut être dénié à aucun citoyen pour des raisons de race, de couleur ou de condition antérieure de servitude.

1876-1964 Lois Jim Crow, série d'arrêtés promulgués dans les États du Sud. Ils constituent l'un des principaux outils de la ségrégation des citoyens selon leur « race » dans tous les lieux et services publics (écoles, transports, etc.), bien que leur égalité de droit soit admise. Certains États interdisent les mariages mixtes.

1954 La ségrégation scolaire est déclarée anticonstitutionnelle par la Cour suprême.

1963 28 août : Martin Luther King prononce le discours « I have a dream » devant le Lincoln Memorial de Washington.

1964 2 juillet : *Civil Rights Act* : la discrimination reposant sur la race, la couleur, la religion, le sexe ou l'origine nationale est déclarée illégale.

1965 6 août : *Voting Rights Act* : interdiction de toute pratique de discrimination électorale sur la base de la race.

Mise en page par Meta-systems
59100 Roubaix

N° d'édition : L.01EHRN000400.N001
Dépôt légal : juin 2014
Imprimé en Espagne par Novoprint (Barcelone)